CHINA STUDIES

丝绸之路简史

武斌 著

CIPG | China Foreign Languages Publishing Administration 中国外文出版发行事业局　　外文出版社 FOREIGN LANGUAGES PRESS

前　言

公元前138年，也就是汉武帝建元三年，26岁的张骞带领向导、随员等100多人组成的队伍，带着行囊，牵着骆驼，从长安城西城的雍门走了出来，一路向西，向着一个未知之地出发。这是一次极为艰难的探险，是一个备尝艰辛、充满风险的旅程。崇山峻岭，大漠狂沙，寒风酷暑，风餐露宿，张骞和他的同伴们凭着意志、勇气和智慧，探索出一条走向西域的路，一条走向更广大世界的路。

今天，我们把这条大路称为"丝绸之路"。张骞作为丝绸之路的开拓者被记入世界文明史册。

丝绸之路是一个发展中的概念。在张骞之前很久，活跃在欧亚大陆上的各个民族就有了探索交通道路的努力，开始了人类文明最初的交往和交流。丝绸之路的前史可以追溯到很久远的年代，汉代丝绸之路的畅通是在此前数千年人类活动的基础上实现的。丝绸之路是不断发展着的，这种发展既有纵横向的延伸，也有交往内容的丰富与扩大，更有人们寄托的文化情怀和梦想。经过世世代代的努力开拓，形成了东西贯穿欧亚大陆、纵横交错的交通网络。这个交通网络，既有从东到西的几条干线，也有围绕这些干线形成的许多支线，还有从北到南的若干线路；既有踏过流沙、翻越雪山的陆路，也有万顷波涛的海路，还有纵横万里的草原之路。

有了这样的交通网络，就实现了各民族的联系和交流、文化间的互联互通和文明共享。随着丝绸之路的延伸发展，人们对于外部世界的认知逐渐扩大，也有了进一步走向更遥远世界的动力和愿望。可以说，丝绸之路就是人类文明的一种伟大创造，推动了人类文明的繁荣与发展。丝绸之路所展开的是一幅世界图景。

丝绸之路最初是因为商贸活动而开辟的，是欧亚大陆上主要的贸易路线。跨文化贸易的发展、商品的流动，是丝绸之路最原初的动力，也是丝绸之路上最活跃的内容。各国各民族的商旅是丝绸之路上人数最多、延续时间最长，也是贡献最大的一个群体，丝绸之路沿线的许多城镇都是因他们的活动而繁荣，甚至有些就是这些商人建立起来的。也正因这些商人千百年持续行走在丝绸之路上，才实现了物产和商品的大交换，让各民族充分分享了不同文明的先进成果。中国的丝绸、茶叶、瓷器以及丰富精美的物产被源源不断地输送到世界各地，西方的香料、玻璃和奇珍异宝也被源源不断地输入中国。

商人们不仅传播着物质文化的成果，还在各民族之间沟通文化信息，搭建了各民族相互认识和了解的最初渠道。因此，丝绸之路还是各民族文化相遇、接触、交流与融合之路。在丝绸之路上，除了物产和商品的大流动，还有技术的转移，艺术的交流，宗教和思想文化的传播。在漫长的岁月里，通过丝绸之路，世界上的不同民族及文化展开了大交流、大汇通、大融合，也因此有了东西方文明的大发展，有了世界文明的融合与共同繁荣。丝绸之路的本质是文明对话和文明共享。丝绸之路的历史就是通过欧亚大陆的大联通、文化大交流讲述的世界文明史。

丝绸之路是欧亚大陆各民族在不同时代共同努力、共同开发的结果。在历史上，既有中国人积极向外的探索和开拓，也有西方人自西徂东的冒险与开发，还有草原民族为开辟和发展草原丝绸之路所做的贡献。丝绸之路本身就是全人类文明共同发展的重要成就。然而，丝绸之路以"丝绸"这种中国最古老最有代表性的物产来命名，强调了中华文化在丝绸之路上的特殊意义。工业革命以前，在欧亚大陆上，世界的贸易体系、世界性的跨文化贸易和商品流动，在很长时间里是以中国商品为主导的。中国社会强大的生产能力，为丝绸之路贸易提供了源源不断的产品。因此，从一定意义上说，丝绸之路是中国的物产、物质文化走向世界的道路，也是中国文化与西方文化相遇、交流、融合的道路。在现代学术语境下，"丝绸之路"已经成为一个国际通用的学术名词，远远超越了"路"的地理学范畴。正如联合国教科文组织所定义的那样：丝绸之路是对话之路。这是欧亚大陆各民族文化的对话，是东西方人类文明的对话。通过丝绸之路，各民族从生产生活到礼俗习尚，不断相互交流、相互补充，共同发展进步，历千百年之盛衰兴替，蔚成世界古典文化历史之灿烂辉煌。

丝绸之路是古代中华文化与外来文化相互交流、激荡和影响的主要源泉之一。通过丝绸之路，世界上其他民族的文化，西方的物产和技术、科学知识和发明创造，以及关于西方文化的传闻信息，不断地传播到中国，给中华文化带来了新鲜而丰富的补充；中华文化接受、吸收和融合了多种外来文化，促进了自身的繁荣发展。与此同时，中华物产经由这条国际贸易的大通道输往沿途各国，中国的生产技术、科学知识也陆续传至西方世界。关于中国的种种游记、见闻乃至传闻，不时向西方传达着遥远东方帝国的文化信息，在那里引起一阵阵文化激动。中华文化在不同时期、在海外不同地域产生一定的影响和作用，为世界文化的发展做出了贡献。

丝绸之路的历史是人类文明的成长史。丝绸之路是古代东方和西方从两端互相走近而开辟的。其间山高路远，艰难险阻，都挡不住人们走向远方的雄心和勇气。在这漫漫长路的悠久岁月中，民间商旅、官方使臣、宗教僧侣、探险家和旅行家、征战的军队和迁徙的移民，相望于道，不绝于途。在丝绸之路的历史上，处处都是生命的躁动，处处显现出生命的光辉。那些行走在丝绸之路上的人们，以自己的汗水和热血，书写了辉煌的人类历史。我们追寻丝绸之路的历史，就是寻找人类文明的生命之源，追寻人类文明的成长足迹。丝绸之路的历史故事，其绵长宏大、其丰富多彩、其跌宕起伏、其可歌可泣、其精彩绝伦，都是无与伦比的。这是世界文明史上最壮丽的篇章，是人类所走过的最华美的"路"。它代表着世界文化发展历史上一个奇伟壮丽的文化景观，是人

类文明共生并交融的伟大经验。展示与解读这个巨幅的历史
画卷，总结中华民族与其他民族文化交流互鉴的历史经验，
对我们认识中华文化的特性与品质，理解中华文化的民族性
和世界性内涵，展望全球化时代中华文化和世界文化发展的
前景，都有着有益的启发与指引。

　　与古代世界相比，现在的世界已经发生深刻的变化。交
通工具的发达，现代通信和互联网技术的广泛应用，使整个
世界成为一体。国家民族之间的经贸、政治、文化关系和往
来越来越频繁密切。与此前相比，文化交流无论从规模和广
泛性，还是从基本态势和发展水平来说，都是不可同日而语
的。各民族之间的相互沟通、相互了解，各文化之间的相互
渗透、相互融合，使作为整体的人类有了更多的共同语言和
共同的价值基础。全球化时代的实质意义在于人类文明的共
享，在于每个民族都能很快吸收世界文明的最先进成果。而
互联互通和文化共享，正是丝绸之路精神的核心，是丝绸之
路本身所呈现的文化理想。

　　所以，丝绸之路不仅是古代的文化交流之路，也存在于
当今世界，丝绸之路的历史文化遗产仍然深深地影响着我们
的生活。通过丝绸之路，我们去看世界，与世界同行，获得
一种面向全人类的世界观和文明观。

　　以丝绸之路为载体的人类文明史，是一部辉煌壮丽、博
大厚重且具有永久魅力的历史，是一部艰苦卓绝而又风光无
限的历史。我们回溯这一段历史，会时时在心里涌起激动、
感慨和景仰之情。我们回顾历史，不仅是要重绘那幅历史画

卷，更是要在这种重绘、叙述和解读中，总结丝绸之路历史的文明成就，获得对历史的新认知，寻求新智慧。以历史赋予我们的智慧和营养来面对今天的时代和文化，为中华文化乃至世界文化的繁荣发展，贡献出新的智慧和力量。

目　录

绪　论

一、什么是丝绸之路？

在中西文化史和交流史上，"丝绸之路"是一个使用最频繁、影响最广泛的概念，也是一个经常被提起的概念。

"丝绸之路"这一概念最早是由德国地理学家和地质学家李希霍芬（Ferdinand von Richthofen，1833—1905）提出来的。从1868年到1872年，李希霍芬先后对中国进行了7次考察，走遍了大半个中国。李希霍芬在他的著作中把中亚地理与东西文明交流联系起来，把从公元前114年到公元127年间，中国与中亚的阿姆河锡尔河之间的地带即"河中地区"，以及中国与印度之间，以丝绸贸易为媒介的这条交通路线，称为"Seidenstrassen"，亦即英文的"Silk Road"，汉文译名就是"丝绸之路"。

后来，德国东方学家阿尔巴特·赫尔曼（Albert Herrmann）在《中国与叙利亚之间的古代丝绸之路》一文中进一步扩大了丝绸之路的含义，把丝绸之路的终点之一从河中地域向西扩延到叙利亚。在罗马统治时期，叙利亚曾出现帕尔米拉人建立的阿拉伯国家。公元2世纪至3世纪，帕尔米拉人在东西方贸易中起了活跃的中介作用。赫尔曼的这个提法就把丝绸之路与地中海文明进而与欧洲联系起来。

李希霍芬提出的"丝绸之路"是一个具有深远学术影响的概念，从此开启了一扇了解中国与世界关系史、中外文化交流史的大门。李希霍芬的学生、著名探险家斯文·赫定（Sven Hedin，1865—1952）在20世纪30年代出版的著作就以"丝绸之路"命名，并说丝绸之路是个"很能说明问题的名称"，充分肯定了这个概念的重要学术意义和文化价值。"丝绸之路"的概念一经提出，立即得到国际学术界的广泛响应，成为描述中西之间历史关系普遍使用的概念。这一概念的重大意义，在于廓清了中西交通的大干道，为研究中西文化交流史提供了一个空间和地理的线索；同时，以"丝绸"来命名这条路线，强调了中国商品长期在国际贸易中的主导地位，反映了几千年来中西交通和文化交流的基本事实；几千年的中国文化史和世界文化史，也有了一条贯穿始终的主线。因此，有的西方学者说，丝绸之路的历史就是"半部世界史"。

19世纪末20世纪初，俄国、英国等国的探险家开始深入亚洲腹地，在中亚和中国西北地区进行探险活动，出现了中亚地区探险考察的高潮。一些西方探险家在这里发现了许多古代中西方交往的遗址和遗物，为丝绸之路提供了考古学证据，用实物证实了丝绸之路的存在和发展，引起了世界学术界的极大兴趣和关注。这些探险家在所写著作中介绍这些情况时，广泛地使用了"丝绸之路"这个名称，把古代丝绸贸易所到达的地区，都包括在丝绸之路的范围之内。于是，丝绸之路就成为从中国出发，横贯亚洲进而连接非洲、欧洲这条陆路通道的统称。

丝绸之路原初的意义，所指的是从中国西安或洛阳经过河西走廊，穿过天山脚下，进入中亚、西亚，再通向地中海地区的交通道路。这条道路是古人很早就开辟的一条贯穿欧亚大陆的大通道。后来，人们把联系欧亚大陆的草原之路和海上交通，分别称为"草原丝绸之路"和"海上丝绸之路"。又有学者把古代从四川、云南经过缅甸通往印度的道路即"中印缅道"称为"西南丝绸之路"，这条道路也很重要，因为到达印度，就可以走到印度洋的岸边，这里的港口很早就与地中海和波斯湾通航。还有的学者把东南沿海地区包括山东半岛的港口通往朝鲜半岛和日本的航道称为"东方海上丝绸之路"，把通过陆上前往朝鲜半岛的交通称为"东北亚丝绸之路"，这样也把中国与朝鲜半岛及日本的交通纳入丝绸之路的广义概念之内。

如此，贯穿欧亚大陆、绵延数千千米的古代丝绸之路，就不只是一条商贸道路，而成为一张连接欧亚大陆政治、经济、文化的交流"网络"。

通过各条丝绸之路编织的交通网络，中华文化持续地走向世界，向海外广泛传播并产生影响，西方各民族文化也传播到中国，对中国文化的发展起到丰富和促进作用。

二、丝绸之路与丝绸

那么，为什么要用"丝绸"来命名贯穿欧亚大陆的交通网络呢？

桑蚕丝绸是中国文化中一项最伟大的发明，是中华文明的象征之一。中国是世界上最早饲养家蚕和缫丝制绢的国家，曾经是长期以来从事这种手工业唯一的国家。或许可以认为，丝绸是中国对世界物质文明的重大贡献之一。

中国人养蚕、缫丝和织绸，可能在几千年前的新石器时代就已经开始了。传说中，黄帝的后妃嫘祖发现桑树上蚕吐的丝柔软细长，可以用来编成织物遮体御寒。于是，她教导人们把蚕养起来，缫丝织绸，以制衣裳。这是中国远古的美丽传说之一。这位教人蚕桑织丝的嫘祖是中国女性劳动和智慧的化身，是丝绸的人格化形象。这个传说的本质意义在于把丝绸的起源追溯到与中华文明起源的诸要素一样遥远而古老，是中华文化发生期所创造的文化成果之一。或者说，丝绸的起源实际上是与中华文明起源同步的，丝绸的发明是中华文化形成期的一项重要内容，与青铜器、玉器具有同等重要的意义。

据现代考古发掘的结果，一般认为中国丝织物开始出现于中国东南地区的良渚文化（约前3300—前2300）时期，这时的中国先民已经可以饲养家蚕，利用蚕吐的丝作为原料，织造丝绸之物。1977年在浙江河姆渡新石器遗址考古发掘证明，距今7000年前，河姆渡先民对生产蚕丝已有认识。距今

4700年前，浙江吴兴钱山漾一带，已能生产丝绢。

到商代（前1600—前1046），中国丝织物便已达到很高的水平，除了平织的绢以外，已经有了经线显花的单色绮和多彩的刺绣。至迟在商代，中国人民已充分利用蚕丝的优点，改进了织机，发明了提花装置，能够用蚕丝织成精美的丝绸。《诗经》中有不少描写桑事织衣的诗篇，这是对中国中原地区丝织发达、分布之广的一个记录。

由于生产机具和生产技术的改进，生产效率提高，汉代（前206—220）丝织业有了相当大的发展，生产规模大，花色品种多，产品数量也很大，出产了如锦、纱、罗、绫、缎、绸、绒、缂丝等丰富多彩的丝织品。汉朝在长安设少府，其下有东西织室，设织室令，管理丝织生产。在地方也设有专门管理织造的机构，《汉书·贡禹传》说仅齐地就有"作工各数千人，一岁费数钜万"。民间从事丝织生产的人也相当多，纺织业十分兴盛。丝绸生产是人民生活的重要组成部分，凡宜蚕之地，每家每户均树桑养蚕，并以绢作为赋税。到了唐代（618—907），丝织业有了更进一步的发展。无论官营还是私营丝织业都很发达，产品种类非常多，质地优良，产地遍布全国，尤以关东、巴蜀及吴越地区为盛。

丝绸是中国人对世界物质文化的一项伟大贡献。精美绝伦的各色丝绸，为人们提供了舒适的衣料和美丽的装饰物，丰富了人们的日常生活。所以，中国丝绸在传播过程中，都受到热烈的欢迎，也是世界贸易中倍受崇尚、极受欢迎的商品之一。丝绸是中国最早的、持续时间最长的、分布地区最广的大宗出口货物。早在商代就有丝织物成批地外销。葱岭以西，最早在乌兹别克斯坦南部的萨帕利特佩（Sapalli Tepe）遗址发现丝织品。在萨帕利特佩138座墓葬中，从25座属于公元前1700—前1500年的古墓中出土了丝织品的残件。这一发现为揭示商代丝绸外销的地域范围提供了具有说服力的佐证。传说周穆王西征时，带着大批精美的丝织物作为礼品送予西王母。汉代以后，朝廷将丝绸作为礼品向其他民族赠赐，以丝绸与各民族进行以物易物贸易。在奔走在丝绸之路上各国商人的帮助下，中国丝绸出现大批量向外输出的盛况。直到明清时代，丝绸一直是向海外输出量巨大且广受欢迎的中华物产之一。经丝绸之路运往中亚、西亚乃至欧洲的中华物产，在很长一段时间里以丝绸为主。在漫长的历史时期内，在经销数量之大、范围之广、持续时间之久和影响之深远方面，世界上没有任何一种产品能与中国的丝绸相比。西方世界最初也是通过传去的丝绸而知道并认识中国的。

在丝绸之路沿线各地，从甘肃武威、敦煌，新疆楼兰、民丰、罗布泊，到中亚和西亚地区，甚至远到希腊、罗马，都有中国古代丝绸遗物出土，见证了古代丝绸贸易的繁荣。丝绸持续不断地传播到世界各地，被人们称为"东方绚丽的朝霞"。丝绸以其美轮美奂的色彩和风情万种的姿韵，风靡全球，成为人见人爱的织物和艺术佳品。在世界各国人民的心目中，"丝绸"是极具代表性的中国文化符号之一。

丝绸的大量外销，不仅具有贸易交流的经济意义，还具有重要的文化意义。在一定程度上，正是丝绸贸易促进了中外交通的开辟，推动了中华文化向海外的传播。绚丽多彩的中国丝绸，把整个欧亚大陆连接了起来；也正是因为丝绸，才有了东西交通的大通道，有了这个美好浪漫并令人产生无限遐想的名称——丝绸之路。

三、丝绸之路与文明互鉴

在现代学术语境下，丝绸之路已经远超"路"的地理学范畴，成为东西方文化交流的重要象征。

丝绸之路作为东西方文化的交流和对话之路，在世界文明史上有特别重要的地位和意义。丝绸之路所经过、沟通和连接的欧亚大陆，正是世界古典时代文明的先进地带。从地中海沿岸到中国，有许多古代民族，无数古代邦国，集结为几个古代大帝国。丝绸之路像一条金色的丝带，横亘在古老的欧亚大陆上，将几大文明古国连接起来，将东方与西方连接起来。所以丝绸之路文化意义的基本点就在于中华文明与地中海文明之间的各种文化的大交汇与大交流。通过丝绸之路，各民族文化不断相互交流，相互激荡，共同发展进步。

交流是文明发展的动力。对于任何一个民族的文化来说，要持续地保持其生机勃勃的活力并得到发展，必须拥有健全的开放机制，通过与其他文化的交流，吸收先进的文明成果，来补充、丰富和发展自身。一种民族文化，无论它曾经多么丰富辉煌，如果把自身封闭起来与外部世界相隔绝，不与其他民族文化沟通交流，就会使自己的发展失去源头活水和刺激动力，难以保持自我更新和发展的生命力，更不可能获得世界性的文化价值和意义。

文化交流首先是不同文化的相遇和接触，进而对双方产生一定的影响。所有伟大文明的发生都源于文化接触。文化是民族的，也是世界的。这不仅是指各民族文化都参与了世界文化的创造和发展，是世界文化的组成部分，也不仅是指各民族文化包含着世界文化的普遍内容和普世价值，其中还有这样一层意思，就是各民族文化吸收其他民族文化积极先进的成果，将其纳入自己的文化体系之中，并与外来文化融合，使之成为自己的文化。就是这一过程使得民族文化获得了世界文化的意义。

实现不同民族之间的文化交流，首要前提就是交通问题。交通是人类生活的基本前提之一，也是文化交流得以实现的最根本条件。交通状况决定和制约了文化交流的规模和程度，而文化交流的繁荣与否，对交通状况也起着促进或滞碍的作用。自古以来，生活在欧亚大陆的各民族，都在不断地突破技术障碍，发明和改进交通工具，探索交通路线，为开拓大陆交通做出不懈的努力。交通的重要性体现在它是一切物质文化、科学艺术、精神文明交流的客观物质基础。随着技术的不断突破，交通工具的不断改进，交通道路变得更加畅通，各民族和各地区之间的交流呈现出日益频繁密切的态势，相互了解和认识增多，吸收其他民族地区的文化也就更丰富了。

丝绸之路是中国文化走向世界的道路，丝绸、瓷器等丰饶的中华物产，经由这条国际贸易通道输往沿途各国，中国的生产技术、科学知识也陆续传往西方世界，关于中国的种种游记、见闻乃至传闻，向西方不时地传达着遥远东方帝国的文化信息。域外各民族的优秀文化成果也不断传入，被接纳和融合到中华文化中，推动了中华文化自身的更新、改造和完善，为中华文化的发展提供了内在的活力机制。中华民族是一个善于学习的民族，中亚游牧文化、波斯文化、印度佛教文化、阿拉伯文化、欧洲文化等，都在不同的历史时期通过各种不同的渠道，不同程度地传播到中国，被中华文化吸收和融合，成为中华文化的组成部分，对中华文化的丰富和发展具有十分重大的意义。

通过丝绸之路，中华文化努力向海外开拓，积极与世界其他民族交流，走向世界以追求获得自身文化的普遍性和世界性。从历史上看，中华文化在世界文化格局中占据重要地位，是参与世界文化总体对话的重要一极。由于中华文化的参与，世界文化格局才显得如此丰富多彩、气象万千；世界文化的总体对话才显得如此丰富活跃、生机盎然。

中华文化源远流长，几千年繁荣发展而不中辍，在很大程度上得益于多方位的、持续不断的中外文化交流。从交流的层面、规模、地域，不断创新着文化交流的高潮，可以说，中华文化是在与世界各民族文化的广泛交流中成长的。虽然中国历史上也有过海禁、闭关锁国的时期，但毕竟是暂时和短暂的。从整个中国历史来考察，开放的时代远远超过封闭的时代。即使在封闭的时代里，也不是完全割断与外部世界的联系、中断与外来文化的接触和交流。

文化交流，不仅在于学习吸收外来文化的成果，补充和丰富自身，更在于通过对外来文化的认识，开阔人们的眼界，看到其他民族文化的创新和先进，从而反观自身的不足以促进改变和发展，这些外来文化提供的借鉴和参照，进一步启发了文化创造的灵感和智慧。

丝绸之路上与域外各民族的文化交流，不断地开阔着中国人的世界眼光，增强着中国人的世界意识。鲁迅说："国民精神之发扬，与世界识见之广博有所属。"所谓"世界识见"，就是一种世界的眼光，世界的意识，世界的胸怀。中国人世界眼光的扩大，与中国人自己走向世界的步伐有关。汉代是对外文化交流的第一个高潮，就是在这时，由于陆上、海上交通技术的发展，中国人的视野一下子打开了，并真正地对中国的思想世界产生了有意义的影响。中国历史上许多有重大意义的变革，首先都是与对外部世界的认知有关。对外开放的扩大促进了自身内部的变革。在文化交流中"我"之"外"的"他者"，往往起到了对于本土文化反思的参照作用。

在全球史的视野中作比较，中华文化在很长时期内处于领先地位，甚至一度成为世界文化的高峰。保持其领先性或先进性，有两个基本条件：一个是积极地吸收世界文化最先进、最新的文化成果；另一个是拥有开阔的世界眼光和世界意识，了解世界文化发展的大趋势。不断地吸收其他民族的先进文化成果，扩大自己的世界眼光，使得中华文化具有了

与时俱进的能力，始终与时代同行，保持自身文化的时代性
与先进性。

坦诚主动地进行文化交流，广泛地吸收外来文化，积极
地输出自身文化都是对本民族和文化有着强烈自信的表现。
汉唐时代的中国人有一种鲁迅所说的"放开度量，大胆地，
无畏地，将新文化尽量地吸收"的气魄。这种度量和气魄是
中华文化的基本精神，而丝绸之路的开辟和发展，正是中华
民族文化精神物化的体现。

四、波澜壮阔的丝绸之路历史

丝绸之路源远流长。人类文明在草创时期，就有了走向
远方的梦想，有了与外部世界初步的接触和交往。各个民族
都积极开拓交通道路与其他民族进行文化交往，初步形成了
最早的道路网络。

随着人类文明的发展、交通的发达、对外交往的扩大，
丝绸之路也不断地延伸发展，丝绸之路上文化交流的内容更
加丰富，产生的影响也越来越大。在丝绸之路的发展历史
上，最耀眼的是几次大的高潮。

第一次高潮是在汉代，特别是在汉武帝时期开辟丝绸之
路以后。张骞通西域，正式开辟了丝绸之路的交通路线，把
丝绸之路纳入汉王朝的视野，开始了中原王朝对丝绸之路的
经略和守护。彼时的汉帝国疆域广大，中华文化的基本形式
和格局已渐成熟，工艺学术全面繁荣，出现了中华文化发展

的第一个鼎盛时期，处处体现出宏阔包容的气度和开拓进取的精神。在这一时代，中华文化与外部世界展开了多方位、多层次的广泛交流，在世界文化总体格局中初步确立了举足轻重的地位。

第二次高潮是在唐代。唐代是中国古代封建社会极度强盛发达的时代之一，中华文化也达到一个兴隆昌盛、腾达壮丽的高峰。这一时期，丝绸之路发展进入黄金时代，陆路和海路并举，东西南三个方向都十分畅通。唐朝通往西域的陆路交通畅达，每年有大批波斯、阿拉伯商人、使节沿着丝绸之路来中国进行贸易。中唐以后，海上交通与贸易的发展显得更为重要。沿着海上航线，中国和亚非各国的商船，往返不绝。交通的发达为国家间交往和民间交流都提供了便利条件，唐代的海外贸易发展到前所未有的新高度，长安也成为一个世界性大都市和中外文化交汇融合的中心。各国庞大的外交使团出入长安，各国与唐代的贸易也十分繁盛，以至于长安、洛阳等大城市里"商胡"云集，广州设有市舶司，不少波斯和大食商人聚集于广州、泉州和江浙沿海港口，新罗商人则多活跃在山东沿海一带。

第三次高潮是宋元时代。宋代（960—1279）远不如唐代那样强盛和生机勃勃，但在文化上达到了一个新的境界，处处体现出它的纯熟和深厚。宋朝特别重视海上贸易，推动了海上丝绸之路全面发展，与日本、朝鲜、东南亚和南亚地区的海上贸易都十分活跃，中国商船甚至远达波斯湾和非洲东海岸。到元帝国时代，横跨亚欧的帝国版图以及驿站制度的完善，使东西方的交通畅通无阻。在陆上丝绸之路、海上丝绸之路畅通的同时，草原丝绸之路也再度繁荣。在这样开放的环境下，东西方的交往空前频繁，使节往来、命令传递、商队贸易、大规模移民络绎不绝，形成了文化大交流、大融合的壮观景象。中国的许多重大发明，如火药和火器技术、雕版印刷术、指南针等，都是在这一时期大规模西传的。同时，以马可·波罗为代表的欧洲来华人士，第一次直接面对中华文化，并把他们的发现介绍到西方。

第四次高潮是16至18世纪，即晚明到清前期，这一时期中西文化广泛交流并都留下相当有意义的影响。新航路的发现是海上丝绸之路的新发展，伴随大航海时代来临，欧洲各国商船接踵而来直接与中国贸易，瓷器、漆器、茶叶、丝绸等日常生活用品大量销往欧洲，在欧洲各国刮起了持续两个多世纪的"中国风"，一定程度上影响甚至改变了人们的日常生活方式和艺术风格。这一时期来华的天主教传教士充当了文化交流的主要角色。他们向中国广泛介绍欧洲的科学文化，推动了第一次的西学东渐。同时，他们把许多中国学术典籍翻译介绍给欧洲，并通过撰写专著和大批的书信报告，介绍中国的历史地理、政治制度、社会生活、民间风俗、文学艺术，在欧洲思想界引起强烈反响，对正在兴起的启蒙运动产生了重大影响。

19世纪后，随着西方工业文明的发展，世界范围的交通、通信变得更为便捷，人员往来和物质文化交流也更为频繁。现代交通通信改变了人们的交往方式，实现了全人类文明的互联互通和交流互鉴。其交流的速度、广度与深度，是古丝路无法比拟的。但这并不意味着丝绸之路的衰落，而是在新的历史条件下，丝绸之路所代表的文化精神的被传承和发扬。这个时期是中国全面进入世界体系、真正走进全球化的时代，也是中国高度开放的时代。全球化时代的实质意义在于人类文明的共享，而这也正是丝绸之路精神的核心所在，是丝绸之路本身所呈现出的文化理想。

丝绸之路是人类文明的一种伟大创造，丝绸之路发展繁荣的历史就是人类文明发展的历史。人类文明一直行走在丝绸之路的大道上。

第一章

起源、开拓与发展

一、对西域的想象与探索

"西域"是中国历史文献中经常出现的一个名称。"西域"一词最早见于《汉书·西域传》。丝绸之路首先是通往西域之路。丝绸之路的起源开始于对西域的想象与探索。

一般说来，历史上的"西域"有广义和狭义两种指称。广义的"西域"，包括葱岭以西的中亚等地，如阿富汗、中亚地区、伊朗、阿拉伯国家以及更远的地方，至地中海沿岸一带，有时连印度、巴基斯坦、尼泊尔等国以及非洲东北部的一些国家和地区也都包括在里面。唐代高僧玄奘的《大唐西域记》，记录的地方就很广泛了。

西汉时，狭义的西域是指今甘肃敦煌西玉门关、阳关以西，葱岭以东，昆仑山以北，巴尔喀什湖以南，即汉代西域都护府的辖地。所以狭义的"西域"是指中国境内的西部疆土，主要是指新疆一带。不过，汉代中国的西部疆土要比现在的版图远为广阔。唐代比汉代的西疆更远，直到黑海岸边，设有北庭都护府，管理军事行政，建立屯田制度。在西域包括昭武九姓的领地，在唐代都属中国，设有羁縻州。因此，就狭义说来，中国史上的西域可说是相当于今日的中亚地区。

从狭义的西域来看，在可考历史中，这一带于公元前5世纪左右形成国家，并开始独立发展。《汉书·西域传》记载当时已有30余国分布在西域地区，故有"西域三十六国"之说。汉代"西域三十六国"为西域都护府管辖的地区。所谓"三十六国"只是一个大概的说法，并且常有变动，名称也时有变化。东汉末年，西域各国相互之间不断兼并，至晋朝初年形成了鄯善、车师等几个大国并起的局面。南北朝时期，西域局势再度变化，新兴的高昌王国相继击败西域诸个国家，建立了一个地跨新疆大部的强国，除少数国家外西域诸国国土西迁，为中亚地区带来了繁荣的文化。

中亚地区是古代中外文化交流的最重要区域。在历史上，中亚地区是世界上几大文化圈都曾波及的地方，是希腊、波斯、阿拉伯、印度和中国古文化的交汇地。各种文化在这里进行大规模碰撞融合，形成人类文化交流和传播史上的一大奇观。历史上无论是草原丝路还是绿洲丝路，各主要干线无不以中亚地区的草原、绿洲和山口为必经之路。在东西方之间，民族的迁徙、商贸物品的运输以及使者和僧侣的旅行，也必须在中亚地区的草原或沙漠中穿行。因此，也可以说，历史文献中所说的"西域"，大体上就是丝绸之路延伸的中国以西的广大地区。古代把丝绸之路沿途所经，统称为"西域"。

西域地方多元文化交汇的历史特点，形成了西域文化特殊的形态。西域是历史上与文化上的中西交通的走廊，是西方和东方的中介者。这种地位对全人类的文化发展有着重大影响。

在古代中国人眼中，"西域"是一个很大的外部世界。汉代以前，西域对于中原人们来说，是一个相当遥远和神秘的地方，人们对西域的认识多基于神话传说和奇异想象。《山海经》《尚书·禹贡》等文献中都有关于西域神奇的记载，反映了古代人们对地理空间的想象和认知。传说中，西域是一片现实与神话合一的地方，充满着奇珍异宝，居住着异民与神仙。对来自西域的事物，也赋了了许多奇异的故事。早期人们对西域的奇异想象，最突出的是关于西王母的神话。周穆王西行，最后就是要去见西王母。

奇异的想象激发了人们探索的愿望。在新石器时代，人类的迁徙和交流有所扩大，各地的新石器文化也有互通信息的可能性。新石器时代，欧亚大陆的东西之间即有一定的交通。我们的先民可能很早就通过这些交通路线，与北部和西部的其他民族交往，交换物质成果和文化信息。这样的迁徙和交流，奠定了欧亚各民族文明时代的生活基础。

彩陶文化的传播路线是早期中西交通的一个例证。研究者发现，主要分布在黄河流域的仰韶彩陶文化与西方各地彩陶文化十分相似，说明这些新石器时代居民是有一定联系的，也就是说，在丝绸之路形成之前，先有一条彩陶之路。彩陶之路是以彩陶为代表的早期中华文化，以陕甘地区为根基自东向西拓展传播之路；同时，西方的麦、羊、马、车以及青铜器和铁器冶炼技术等逐渐渗入中国广大地区。可以说，彩陶之路是早期中西文化交流的首要通道，是丝绸之路的前身。

玉器是中国独特的艺术品。中国玉石开采历史悠久，形成了源远流长的玉文化。大约从4000年前开始，出产于新疆昆仑山一带的优质和田玉，大规模地输送至中原。《山海经·西山经》记述："南望昆仑，其光熊熊，其气魂魂，西望大泽，后稷所潜也，其中多玉。"从商代出土玉器中，我们看到和田玉已经得到开发生产，并应用于商代玉文化各个领域。说明至少在公元前13世纪，中国内地就已经开始和西域乃至更远的地区进行商贸往来。和田玉的输出，很早便形成一条从西域到中原的"玉石之路"。《史记·大宛列传》载："汉使穷河源，河源出于阗，其山多玉石"。玉石之路大致由于阗（今新疆和田）起，向东一支经且末、罗布淖尔，沿阿尔金山蜿蜒前行，另一支经昆岗、龟兹（今新疆库车）、高昌、伊吾（今新疆哈密），横越星星峡。它们在玉门关会合，再继续向东延伸，穿雁门关到长安、洛阳。玉门关位于敦煌西北90千米，相传两汉时西域和田等地所产的玉石必经此关方能进入中原内地，其命名"玉门关"应是因和田玉的缘故。

我们今天可以把"彩陶之路"和"玉石之路"作为丝绸之路在欧亚大陆上存在的早期形态，是为丝绸之路后来的开辟发展奠定的基础。

二、商周时期的西域之路

商周时期，对外文化交流的途径和规模又有所扩大，人们继续探索通往西域的交通。商代方国众多，商汤时伊尹作"四方献令"，规定诸国前来朝贡的进贡方物。其中西方有昆仑、狗国、鬼亲、枳己、阗耳、贯胸、雕题、离卿、漆齿，北方有空同、大夏、莎车、姑他、旦略、豹胡、代翟、匈奴、楼烦、月氏、孅犁、其龙、东胡。这些都是与商有来往的方国。方国所献方物，实际上就是这些边远民族与中原的物质文化交流。商代还有从事长途贩运的"旅人"，推动了对外的商贸关系。这时黄河中下游的华夏民族与边地各民族之间，都有"百物"的交换，不仅包括动物、植物和矿物，还有更重要的人工制品。上文提到的玉石贸易，应该是商代与西北部族贸易的大宗商货之一。

通过与这些北方游牧民族的交涉，商代文明与域外文化的接触联系可能有所扩大。通过北方草原，长城地带的北方民族在向北迁徙时，将商文化中的刀、戈和短剑以及青铜装饰品一直扩散到外贝加尔湖、阿尔泰地区和叶尼塞河上游。还通过鄂尔多斯草原和居延海进入天山北麓，直至伊犁河流域。这些交通线以及后来联系天山南麓和河西走廊的道路，组成中国与其以西广袤世界最早的联系通道。

周朝（前1046—前256）建立以后，其对外关系比商朝有所扩大。古代传说中有不少关于周初周边国家进献方物的记载。"贡物"关系实际上是一种官方的贸易关系，是一种物质文化交流的方式。周边国家向周朝进贡方物，中原的物产也会输入周边国家。《拾遗记》说，周成王"播声教于八荒之外，流仁惠于九围之表。神智之所绥化，遐迩之所来服，靡不越岳航海，交赆于辽险之路。瑰宝殊怪之物，充于王庭；灵禽神兽之类，游集林薮。诡丽殊用之物，镌斫异于人功"。从这些记载来看，周初与域外交往还是比较多的，传入周朝的物质文化在当时已经是十分丰富了。

周朝的势力向西北地区伸展，与天山南北保持一定的联系，汉族的移民也到达葱岭以东的地方。传说周太王古公亶父派季绰到葱岭以东的地方，"以为周室主"，建立了赤乌国。《山海经·大荒西经》把这个地方叫作"西周之国"，说那里有发达的农耕生活，居民也和周宗室一样姓姬。周成王（前1042—前1021年在位）时平定殷人叛乱，四邻民族都来朝贺，其中有中亚的渠搜国送鼩犬，康民赠桴苡，还有祁连山以北的禺氏（月氏）献騊。丝绸外销，随着骑马民族的迁徙走遍欧亚草原，这是西周时代以来十分醒目的史实。新疆东部的月氏，葱岭以西的斯基泰，都是活跃在草原、河谷间的骑马民族，他们是丝绸西运的重要中介商。

周穆王"西狩"是早期丝绸之路上的重大事件。传说穆王前后两次西征。当时，位于西域地方的犬戎部族势力扩张，不肯臣服，阻碍了周朝和西北方国部落的来往。穆王十二年（前965），周穆王率六师之众，西征犬戎，把一批犬戎部落迁到太原。这就打开了通向大西北的道路，开辟了周人和西北地区友好联系的新篇章。

第二次是穆王十七年（前960），这时候，穆王应该是将及七旬的老人了。穆王向西巡游，经河宗氏、赤乌氏、容成氏、鄮韩氏等20余个域外邦国部落，最后抵西王母之邦，受到西王母的隆重接待。所谓"西狩"，其实穆王一路上并无战事，率六师之众，只是作为一种仪仗，但可以想见这支队伍是十分庞大的。穆王所到之处，各部族都友好接待，无不贡献方物特产，穆王也莫不一一赏赐中原物品，进行大规模的物质文化交流活动。这种献赐活动反映了一种以物易物的交换贸易关系。所以，穆王西狩还具有与西域各地进行贸易活动的意义。这可能是公元前4世纪中国和北方畜牧者交往关系一种通常的实际情形。

记穆王西巡狩事最详的是《穆天子传》一书。书中记周穆王绝流沙、征昆仑"周游四荒"的历程，凡殊方异域之山川地理、风习物产、人物传说，多有涉及；所记月日、里程、部落，往往具体翔实，班班可考。同时，书中又夹杂不少奇闻逸事、神话传说，富于文学色彩。《穆天子传》虽是小说家言，不是信史，但对于了解穆王西狩之传说和西周与西域的交通往来仍具有珍贵的价值。

周穆王西狩，是最早走通西域交通、开始向域外开展文化交流传播的先驱事件。周穆王是丝绸之路上留下姓名的第一位重要人物，而且作为一位帝王，他代表着一个王朝对外开放的自觉意识和国家意志。

《穆天子传》记载周穆王西行的路线，第一段路线大体是：自长安出发，过秦、汉之长水（漳水），历华亭西北（钘

山）、泾水正流（溥沱）、固原南部（隃）、武威以东地区（焉
居）、武威、张掖地区（禺知），至于张掖河流域（阳纡）、居
延附近（积石）。周穆王到达居延一带后，稍事休憩，即折向
西行，入新疆境，至塔里木河流域。然后绕塔克拉玛干沙漠
南缘，过葱岭，经塔什干，进入中亚西王母之邦。周穆王抵
西王母之邦后，再北行有"大旷原"，即吉尔吉斯旷野，那是
周穆王西巡的终点。

　　近人考证《穆天子传》成书当在战国前期，为赵国人所
作，可能是依据西域商贾们所见所闻来写的穆王对西域部族
的巡行。该书中穆王折向西至西王母之邦的路线和东返之路
的西段，经证实正是实际存在的丝绸之路。因此，可以推测，
《穆天子传》所写穆王西征、东返之路，山川方向，道里远
近，叙述明了，实际上就是战国时期中原与西域各部族进行
物质、文化交流的商贾之路，是那一特殊历史时期的"丝绸
之路"。

　　春秋战国时期中原与西域的通商情况，也可以从考古
发现中得到证实。在广大的西域范围内，陆续出土了大量
从春秋战国一直到汉晋时代的丝绸制品。1936年，考古
学家在阿富汗喀布尔以北约60千米的地方，挖掘建于公元
前4世纪后半叶的亚历山大城遗址时，曾在一处城堡中发现
了许多中国丝绸残片。1977年，在新疆吐鲁番盆地西缘的
阿拉沟（托克逊县以西）东口，发现了一批时间跨度为春
秋战国时期到汉代的墓葬。其中出土的菱纹链式罗是战国
时内地才刚刚有的丝织珍品，已经沿着丝绸之路外销到天

山南麓。在阿拉沟古墓中，还曾出土过数量众多的虎纹圆
金牌、虎纹金箔带、虎纹银牌及熊头图案金牌等，仅30号
战国古墓中就出土圆金牌8块。在汉代张骞通西域前，这些
制作金银器具饰物的原料都是由商贾们带到西域以用来交
换西域土特产用的。

从商周时代开始，地处欧亚草原东端的阿尔泰山脉，
就成为中原文明与西方文明及南西伯利亚古代文明相互沟通
的中介地带。阿尔泰最具代表性的巴泽雷克文化，分布于
巴泽雷克谷地（俄罗斯戈尔诺阿尔泰省的巴泽雷克盆地）。
巴泽雷克是古代丝绸之路上的一个驿站，西亚的毛织品可通
过中亚大草原运抵这里，中国的丝绸也可由斯基泰商人转运
到西亚。巴泽雷克大墓出土的遗物反映出当地人同其他民族
的广泛联系，如来自中亚的良马、拉绒毛毯等，器物上的某
些纹饰母题和神话形象应系传自波斯。代表中原文明的遗
物有绢质的安褥垫，其刺绣图案是凤凰栖息在树上或飞翔于
树间。

三、张骞的伟业：丝路之"凿空"

早期文明对西域的想象和探索，彩陶之路和玉石之路，
以及周穆王西巡，都是丝绸之路的前史。丝绸之路的正式开
通，是从张骞通西域开始的。但丝绸之路的前史说明，张骞
的伟业并不是凭空出现的，在他之前已经有了数千年探索的
基础。

　　张骞（前164—前114）事业开始于汉建元三年（前138）。这次张骞西行，是汉武帝临时安排的一项任务。汉武帝派张骞去西域找一个叫大月氏的国家，联合他们一起抗击匈奴。

　　匈奴长期以来是中原王朝的主要边患。汉初时，汉朝一直对匈奴采取忍让妥协的政策，与匈奴和亲并赠送大批缯絮米蘖。但匈奴仍自恃强大，经常策骑南侵，掳掠汉边民和财富，给汉朝的安定造成很大威胁，同时压迫西域各国，阻遏汉与西域各国的商业往来。汉武帝继位时，汉朝处在蒸蒸日上的时期，经济繁荣，国力强大，武帝决定改变对匈奴的政策，积极抗击匈奴的侵扰。

　　武帝听说，原居住在河西走廊一带的大月氏人几十年前被匈奴驱赶出故地，被迫西迁。匈奴单于还杀了大月氏王，大月氏人常思报仇。于是，武帝决定派遣张骞作为国家的使臣出使大月氏，劝说大月氏人和汉朝联合起来共同击败匈奴。

　　张骞一行就带着这样重大的使命出发了。但他们并不清楚大月氏迁到西域什么地方，他们完全是向着一个未知的地方行进。这是一项极为艰巨的任务。他们从长安出发，一路向西，备尝艰辛。他们来到号称"四塞之国"的陇西地区，也就是现在的甘肃省东部地区，是去西域的必经之路，在当时是匈奴人控制的地区。张骞一行被匈奴军队抓获，押送到位于今内蒙古呼和浩特附近的匈奴王庭，被羁押了十余年。在这些年里，他们对匈奴的情势有了充分的了解，学会了匈奴人的语言，并一直谋划寻找出逃的机会。至元光六年

（前129），张骞和随从人员找准机会终于逃了出来，他们一行并没有返回长安，而是继续向西而行，去完成自己的外交任务。他们取道车师国，进入焉耆，又从焉耆溯塔里木河西行，经过龟兹、疏勒（今新疆喀什）等地，翻过葱岭。经过几十天的长途跋涉，最后到了中亚大国大宛。大宛位于帕米尔西麓，也就是今乌兹别克斯坦费尔干纳盆地。张骞一行在大宛向导的陪同下，来到了大宛的邻国康居。康居位于锡尔河流域，是当时西域北部的大国。张骞到康居后，康居国王热情款待，并派人送他们一行到大月氏。同年，张骞一行抵达大月氏。

此时大月氏已立新王，吞并了西域国家大夏。大夏地处今兴都库什山和阿姆河上游之间。这里土地肥沃、生活安定，大月氏人已经在此安居乐业。大月氏王热情地接待了张骞一行，但大月氏王对张骞提出的与汉联盟共破匈奴的建议并无多大兴趣。张骞在大月氏的都城监氏城留居一年多，虽然受到很好的款待，但终没有说服大月氏王，不得不空手而返。

汉武帝元朔元年（前128），张骞一行为了避开匈奴人，改从南道东归。他们翻过葱岭，沿昆仑山北麓而行，经莎车、于阗、鄯善等地，进入羌人居住地区，不料又被匈奴骑兵所获。一年后，适逢匈奴内乱，张骞乘机逃出，于元朔三年（前126）回到长安。

张骞西行前后共历13年，此行并未达到联合大月氏以抗匈奴的目的。但他的西使，经历了中原使者前所未有的途程，其意义远超他的直接使命。作为汉朝的官方使节，张骞

实地考察了东西交通要道，是中国官方开拓通往西域道路的
第一人。张骞的功绩，司马迁称为"凿空"。他"凿空"了通
往西域的大道，意味着东西交通大干线的正式开辟。现在，
人们把这条交通大干线称为"丝绸之路"。"凿空"就是丝绸
之路的正式开通。

　　说丝绸之路正式开通，并非否认丝绸之路前史的存在，
也不是说此前的交通不重要。所说"正式开通"的意思是，
是指从汉武帝派遣张骞出使西域开始，中原王朝通过丝绸之
路的交通，与西域少数民族政权建立了官方的往来关系，把
西域纳入中原王朝的管辖疆域或势力范围。也是从这个时代
开始，这条交通大道正式进入中原王朝的视野。此后的历
代王朝都认识到丝绸之路对于国家经济贸易、国家安全和
国际地位的重要性，都重视经营丝绸之路，派出管理机构
和官员，如汉朝建立西域都护府，唐朝建立安西都护府和北
庭都护府，派遣驻军，建立驿站，来保障丝绸之路的畅通。
从这时开始，丝绸之路确实比以前更通畅、繁荣了，东西
方的往来更加频繁，商贸交流更加丰富，文化交流也更加
深入。

　　用《史记》中的话说，"汉率一岁中使多者十余，少者
五六辈，远者八九岁，近者数岁而反"，"西北外国使，更来
更去"。从此，人们对于丝绸之路的关注、对于丝绸之路的记
载，都进入官方和私家的史籍中，并且是史不绝书，因而也
就是进入了"历史"。所以，历史学界都把汉武帝派遣张骞的
西域之行作为丝绸之路正式开辟的历史起点。

汉王朝是当时东方世界最强盛的大帝国。在西北，汉朝采取积极抗击匈奴的战略，控制了天山南北，移民屯田，后又设西域都护，巩固和拓展西北边地，开辟了通往西域的交通线，为正式开通丝绸之路准备了条件。汉王朝不仅积极经略周边地区，而且大力发展对外关系和经济文化交流。司马迁《太史公自序》中说，汉兴以来，"海外殊俗，重译款塞，请来献见者不可胜道"，讲的就是汉代在文化大一统局面下的对外交往和文化交流。所以，汉武帝派遣张骞出使西域，可能有更深层的原因，还可能有文化上的考虑。

汉代对外交流的大发展，首先得益于交通的开辟和发展。丝绸之路，首先强调的是"路"，有路才有交通往来，才有物质和文化的交流。与前代相比，汉时对外的交通道路是大大发展了。有学者概括了汉代中国5条主要的对外交通路线，即：

东方：朝鲜半岛到日本列岛的"北海道中"航线的存在；

北方：由匈奴人所控制的草原丝绸之路；

西域：南北沙漠绿洲丝绸之路的"凿空"；

西南：四川与滇—缅—印古道的连接；

南海：由合浦至黄支国海上航线的开辟。

通过这些线路，汉朝与朝鲜半岛南部的三韩部落、日本北九州岛地区、中南半岛、马来半岛、南亚地区、中亚以及西亚地区，有了经常性的直接往来。上述这5条交通路线，现在学术界都分别冠以"丝绸之路"的称呼，如"东方海上丝绸之路""草原丝绸之路""绿洲丝绸之路""南方（或西南）丝绸之路"和"海上丝绸之路"。"丝绸之路"成了汉代开辟或发展的对外交通路线的总概括。

但是，学术界通常所说的"丝绸之路"，从严格意义上讲，或者说从狭义上讲，是指从西安或洛阳出发，经过河西走廊，出阳关或玉门关，通往西域的这一条交通大道。我们说张骞"凿空"了丝绸之路，丝绸之路正式开通，就是指这条通往西域的大路的开通。为了区别后来比较泛用的"丝绸之路"概念，学术界又把从中原通往西域的大道称为"绿洲丝绸之路"。

丝绸之路可以根据地理上和政治上的状况，从东向西划分为东段、中段和西段。西段从欧洲往东，到中亚地区，在亚历山大东征的时候已经走通。东段从长安出发，经河西走廊的武威、张掖、酒泉、安西到敦煌，敦煌郡龙勒县有玉门关和阳关，这一段地区是中国中原王朝传统的控制地区，交通道路一直通畅。所谓张骞的"凿空"，实际上是走通了"中段"的这一部分，即出玉门关和阳关往西，到帕米尔和巴尔喀什湖以东以南地区。《汉书·西域传》记载：

自玉门、阳关出西域有两道。从鄯善傍南山北，波河西行至莎车，为南道；南道西逾葱岭则出大月氏、安息。自车师前王廷随北山，波河西行至疏勒，为北道；

北道西逾葱岭则出大宛、康居、奄蔡焉。

这里说的就是丝绸之路的中段。

中原与西域的交通路线，据诸史所记，代有不同。综合古代文献的记载，当时通西域的道路大致为通过河西四郡，出玉门关或阳关，穿过白龙堆，到楼兰（即鄯善），自此分南、北两道：

> 北道，自楼兰向西，沿孔雀河至渠犁（今新疆库尔勒）、乌垒、轮台，再经龟兹、姑墨（今新疆阿克苏）至疏勒。

> 南道，自鄯善的扞泥城，西南沿今车尔臣河，经且末、扜弥、于阗、皮山、莎车至疏勒。

东汉时，与北匈奴多次交战，迫使北匈奴西迁，汉又开辟了新北道。新北道由敦煌向北到伊吾，然后西经柳中、高昌壁、车师前部交河城（今新疆吐鲁番），经焉耆，越天山至龟兹。再循原北道西行抵疏勒。

三条路最后都在疏勒即喀什汇合。自疏勒越葱岭往北，可到大宛（费尔干纳）、康居（撒马尔罕）。

丝绸之路中段的这一部分，即通常所说的西域地方，茫茫戈壁之间，分散着许多绿洲国家，是丝绸贸易带动了这些绿洲国家的繁荣和发展。丝绸之路上的远程贸易原本是一站转一站接力式地进行的，首先是在邻接地区之间，相互地、由甲地到乙地，逐步到达远隔地区的间接交通。也就是说，通过西域的丝绸之路实际上就是一个个"绿洲桥"，是由此绿洲到彼绿洲逐一连接起来的交通线。通过这些链条式排列的绿洲，这一地区形成了西方与中国文明之间的交通线。古商道上的这些绿洲城市，作为沟通中国、伊朗和罗马之间的丝绸之路上的中转站，起到了十分重要的作用。

中路的三条路线在疏勒汇合后，自疏勒往西，越葱岭，向西南，到大月氏（主要地区在今阿富汗境），再往西到达安息（今伊朗），更西到达条支（今伊拉克一带），最后可直达大秦（罗马帝国东部）。这是丝绸之路的西段。

丝绸之路的开通不仅为中西文化的交流提供了物质条件，也迎来了一个文化大交流的时代。在秦汉大统一的基础上，中华文化的对外交流，无论是对于外来文化的接受、学习和吸收，还是中华文化在世界上的传播与推广，都出现了前所未有的高潮。这是一个气象广阔的时代，是一个文化大交流、大碰撞、大对话的时代。正是这样广阔的文化交流与互动，刺激促进了汉唐文化的大发展、大繁荣。

丝绸之路自西汉正式开通以后，历1500余年，直到明代（1368—1644），一直承担着中原与西域、中国与亚欧一些国家之间政治、经济、文化联系的重要任务。其间虽因政治上的原因，曾经出现过时通时绝的情况，但总的来说，丝绸之路是持续着、发展着、完善着的，直到后来海道代替它和因其他原因使它中断为止。

四、对丝绸之路的经略与守护

张骞"凿空"之后，通往西域的丝绸之路大开，汉王朝与西域各国使节往来不断，民间商旅更是相望于道，贸易十分频繁活跃，中西文化交流进入了一个高潮时期。

武帝时，汉朝向西域遣使十分频繁，每年都要派遣五六批乃至十余批，每批由百余人至数百人组成的使团，这些使节往返一次常常要八九年，近的也要几年。汉朝使者不仅到乌孙、大宛、大月氏等，远者到达安息、奄蔡、犁轩、条支、身毒。经贸往来是汉与西域交流的主要内容。

与此同时，西域诸国也频繁向中原派遣使节。西域的使节在中原受到相当的礼遇。如武帝巡狩时带上外国客人，并给予很多赏赐，设酒池肉林宴，还开示府库让他们欣赏贮藏品，以示汉朝之广大。西域文化也传播到汉帝国。据史书记载，西汉京师长安，西域货物云集，异国客人熙熙攘攘。大宛的葡萄、石榴、胡麻，乌孙的黄瓜，奄蔡的貂皮，大月氏的毛织品，异域的杂技、音乐、绘画艺术、风土人情，注入中土。

往来的官方使节除了担负政治、经济和军事使命外，还负有文化交流的使命，至少会向中原介绍西域各地的文化信息。而那些往来的民间人士，一些往来于中原与西域之间的旅人，包括商人、艺术家甚至旅行家，还有来自西域的商胡，也带来许多关于西域的见闻，向人们讲述西域的奇闻逸事、奇珍异物，这些都引起人们极大的兴趣。这样，中原人对于西域的知识就大大增加了。

在张骞出使西域期间，汉武帝先后派卫青、霍去病等率大军数次西进，打击匈奴的势力。卫青和霍去病经过连年征战，收复河朔、河套地区，击破单于军，汉朝业已控制了河西走廊，"自盐泽以东，空无匈奴，道可通"。卫青和霍去病为北部疆域的开拓和丝绸之路的畅通做出重大贡献。

为了加强与西域诸国的交通往来，汉朝还在西北边境地带设置地方行政机构。在汉代，大抵一征服边境地区，中央即决定置郡，以加强在那里的统治和管理，并作为发展对外关系的前哨。从元鼎六年（前111）起，汉朝先后设置武威、酒泉、张掖、敦煌河西四郡，这是汉朝直接统治河西地方的开始。河西四郡和其他边郡建置一样，都是汉朝经略边地的重要措施。河西四郡设立之后，西汉政府将长城西延到玉门，太初三年（前102）李广利伐大宛后，又进一步延伸到盐泽（今罗布泊），建立起一条数千里的防御线。同时，为保障丝绸之路安全，还在一些重要路口建置了驿道、驿站以及烽燧亭障等一系列军事设施。

神爵二年（前60），汉朝又进一步设西域都护。西域都护是由汉朝中央政府派遣管理西域的最高官吏，相当于中原地区最高一级的地方官即太守。西域都护的治所，叫作"西域都护府"。西汉时，西域都护府设在乌垒城（前名轮台国，今新疆轮台县境），辖西域36国（后增至50国）。从此西域这块地方正式列入汉代的版图。

"都护"这一名称，原意就是总领丝绸之路南北两道安全的意思。西域都护的主要任务，就是在他所管辖的西域地区内，推行汉朝中央政府的各项政令，保证天山南北两道交通的安全、通畅，组织和管理西域地区的屯田。西域都护的设置，使汉朝对西域和丝绸之路的经略进一步发展，与西域各国的交流往来得以巩固和扩大。可以说，设置西域都护的半个世纪，是丝绸之路极度活跃的时代之一。

西汉末东汉初，汉王朝忙于国内战事，无暇顾及西域。匈奴乘汉王朝内部混乱之机，征服了西域北道诸国和南道大国于阗，不断袭扰汉朝边境，丝绸之路又被隔断。汉明帝改变了东汉初期对西域和匈奴采取的消极政策，决心"遵武帝故事，击匈奴，通西域"，开始积极经营西域和打击北匈奴的势力。永平十六年（73），奉车都尉窦固率汉兵分四路出塞，在蒲类海（今新疆巴里坤湖）击败北匈奴，攻占战略要地伊吾卢。同时，窦固派假司马班超及从事郭恂率吏士36人出使西域。在经营西域、维护丝绸之路畅通方面，班超发挥了重要作用，建立了卓越的历史功绩。

班超到了西域后，首先致力于打通匈奴控制薄弱的南道各国，驱除了西域南道的匈奴势力。永平十七年（74），奉车都尉窦固、驸马都尉耿秉等再度举兵西征，在蒲类海击破北匈奴白山部，并击降役属北匈奴的车师前、后部，南道基本打通，北道东西两站也为汉朝控制。西域与中原的联系得到恢复。同年，在西域设立都护、戊己校尉等官。

永平十八年（75）三月，北匈奴出动2万余骑兵，重返西域。当时汉朝留在西域的势力主要是班超所率36名壮士。

汉章帝下诏，召班超回朝。沿途各地纷纷要求东汉政府收回成命，极力挽留班超。班超上书朝廷说，西域各地"复愿归附，欲共并力破灭龟兹，平通汉道"，请求派兵支持他平定西域，并陈述自己"愿从谷吉效命绝域，庶几张骞弃身旷野"的不可动摇之志。经过班超等人近十年的努力，匈奴的势力再次被赶出西域。永元三年（91），东汉再次正式恢复西域都护、戊己校尉等官职，任命班超为西域都护，西域大小50余国均归附东汉。

班超40岁出使西域，在西域共30年，为开辟和巩固丝绸之路，为加强中原与西域的联系，做出了重大贡献。班超巩固了东汉在西域的统治，维护了西域安定，也加强了中国同中亚各地的联系。班超平定天山南北以后，汉朝的政治势力继续向西扩展，远达帕米尔高原以西的中亚。这一时期是东汉西域经营最多彩的一幕，也是东汉西域经营的高峰。

汉安帝永初元年（107），即班超自西域返回洛阳后的第五年，安帝认为西域险远、耗资过巨，下令撤西域都护，匈奴乘机南下，再度占据西域。汉元初七年（120），班超之子、军司马班勇（？—127）上"西域策"，向邓太后进谏指出，西域与河西唇齿相依，控制西域，才能有河西的安全。班勇建议朝廷应以敦煌为基地，设置护西域副校尉，负责与西域各地恢复联系事宜。延光二年（123），安帝遂决定在敦煌置西域校府，任命班勇为西域长史，经营通西域、开丝路的事业。班勇的努力取得了巨大的成功，西域诸国复归于东汉朝廷统辖之下，为东汉后期丝路的长期开通，奠定了基础。

为了开通西域的丝绸之路，汉朝对匈奴几经征战，消耗了大量的军力和财富，付出了重大代价。从张骞"凿空"到东汉时的"三绝三通"，经过几代人的努力，开辟和巩固了丝绸之路。正因为如此，才有了中西交通和文化交流大发展的盛况。《后汉书·西域传》概括自西汉迄东汉400年间中西交通大势说："汉世张骞怀致远之略，班超奋封侯之志，终能立功西遐，羁服外域。"自此以后，"立屯田于膏腴之野，列邮置于要害之路。驰命走驿，不绝于时月；商胡贩客，日款于塞下"。

五、丝绸之路的黄金时代

东汉末年，中原内乱，无暇顾及西域，通往西域的丝绸之路交通又有滞碍；直到三国时期，曹魏与西域的交通才得以恢复。魏晋时期，中原王朝继续保持了汉代以来对西域交流的高度重视。十六国时期和北朝历代都积极经营西域，加强与西域的联系，保证丝绸之路的畅通。南朝虽然面对北朝的阻隔，仍然设法与西域建立联系。所以，在这一时期，中原与西域的联系和人员往来继续扩大，商贸也得到发展，特别是有许多"胡商"进入中原，成为担当中原与西域物质文化交流的骨干力量。在这一时期，西域承担了佛教向中原传播的中转站，许多印度僧侣和西域高僧来到中原，为佛教文化的传播做出了重要贡献。与此同时，丝绸之路上的技术文化交流也逐渐密切起来。

不过，魏晋南北朝四百年是一个大动荡的年代，中原局势的频繁变动和战乱不止，对西域的交通和文化交流都有不利的影响。北朝时也尽力加强对西域的经营，但有时力不从心。这一阶段后期，西域诸国逐渐脱离中原政权的控制，先后陷于铁勒、柔然、突厥等草原民族的统治之下。以至唐人李延寿说，齐、周二代"不闻有事西域"。当然，当时的民间交通还是存在的，文化和经贸的交流也没有中断，但毕竟大不如从前了。

直到隋唐实现了国内统一安定的局面，特别是唐代进入中国文化的盛世，丝绸之路的发展繁荣也进入一个黄金时代。

唐代是中国古代社会最繁荣发达的时期，社会稳定，经济富庶，国力强盛，呈现出前所未有的文化盛世。这是一个在各个领域都显示出蓬勃生机、蒸蒸日上的时代，是一个超越前朝历代并在发展的总体水平上领先于世界的时代。盛唐文化的灿烂辉煌、异彩焕发，不但对后世中国文化产生极大影响，而且对欧亚大陆许多地方，产生了不同程度的影响，引导世界文化发展潮流大势。唐代是中华文化向海外传播极其广泛的时期之一，是中华文化在世界舞台上威望最高、最令各国倾慕景仰的时期。与此同时，这一时期也是中国主动走向世界，向外部世界寻求知识和精神营养，是学习、接受和融合海外文化最广泛、最丰富的时期。

正是在盛唐文化的宏阔气象中，包括陆上丝绸之路、草原丝绸之路和海上丝绸之路，也包括通往印度的西南丝绸之路和通往韩国、日本的东方海上丝绸之路，空前地畅通和辉煌，显现出灿烂多姿的风采。

隋朝（581—618）建立的时候，西有吐谷浑、党项羌，西北有突厥，皆与隋朝对抗。吐谷浑、突厥都地遏丝绸之路要冲，是隋朝与西域交通的两大障碍。因此，隋初与西域虽有交通，但规模不大。开皇九年（589），隋灭陈，中原统一，国势渐盛，隋之声威亦及于四邻。这对丝绸之路的畅通起到了重要的推动作用。大业五年（609），炀帝亲征吐谷浑，吐谷浑可汗慕容伏允逃遁。六月，炀帝到达甘州，同月即于其地设立西海、河源、鄯善、且末四郡，后又立伊吾郡。从河源到且末，隋朝设有屯田戍卒。不久，又命筑伊吾城，捍卫交通。

随着一度威慑西域的突厥和吐谷浑势力渐衰，西域人"引领翘首"，迫切要求加强和内地的联系。炀帝曾派遣韦节、杜行满一行出使西域，展开了与西域的联系和交往，最远至印度王舍城（Rajagrha）。炀帝又派裴矩驻于张掖，主持和西域的联系及商业交通事宜，张掖成为当时中西贸易中心，兴盛时有40多个西域国家的商人集中在这里经商。自此，丝绸之路畅通无阻，中原与西域的交往得以恢复和发展，"西域诸蕃，往来相继"。

在隋朝发展与西域联系的基础上，唐朝进一步加强了和西域的政治、经济与文化联系，加强了对西域的经略与管制，为丝绸之路的空前繁荣奠定了坚实的基础。

唐贞观八年（634），唐军大败吐谷浑，不仅解除了吐谷浑对河西的长期威胁，还使昭武九姓胡康国大首领康艳典率所属一系列城镇归附唐朝，由此打开通往西域的道路。贞观十四年（640），唐太宗发动了对西域的战争，驱逐了西突厥在西域东部的势力，灭高昌国，立为西州，并分兵攻取西突厥屯兵的可汗浮图城，立为庭州，置安西都护府于交河城，管理西域军政事务。贞观二十二年（648），唐朝攻取龟兹，随即将安西都护府自高昌移至龟兹，下统龟兹、于阗、碎叶、疏勒四镇，以控扼西境，保护丝绸之路。当地各族首领都摆脱了西突厥的统治，服属于唐朝，贡使通商，往来不绝。

自此，唐朝恢复了在西域的统治，其疆域直抵里海东岸，包括中亚广大地区。此后由于吐蕃和大食的介入，西域局势屡经变动，唐朝在西域的军事、行政组织设施以及羁縻府州的具体设置都发生了较大变动。但直到8世纪末年唐朝退出西域为止，在将近一个半世纪的历史进程中，这种统治结构一直是维持西域社会秩序一个最重要的因素。

唐朝在西域的直接统治，使中西交通的干道比以往任何时候都更加通畅繁荣，中西贸易大为发展，人员往来也更为频繁。除了唐朝派往西域行使行政权的官吏、戍边的军队外，还有不少中原汉人移居西域。西域诸国也有大批移民侨居内地，多数成了华化的"蕃胡"的一部分。这些人员的往来杂居，促进了汉族和各族人民的融合。

丝绸之路的通畅，带动了沿途经济的发达。在唐代，丝绸之路沿线包括西域之地是全国著名的繁华和富庶的区域。《资治通鉴》记载说："是时中国盛强，自安远门西尽唐境，万二千里，闾阎相望，桑麻翳野，天下称富庶者，无如陇右。"随着经济的繁荣，在丝路沿线出现了一些较大的城市，如岑参诗句说"凉州七里十万家"。北庭都护府治所庭州，安西都护府治所高昌或龟兹，也都是人口众多、经济文化比较发达的大城市。

唐代丝绸之路东段指由长安连接敦煌的道路。从长安西通敦煌的路线分为南路、北路和青海道等3条通道：

（1）南路的大体走向是长安—咸阳—扶风府—陇州汧源县—陇山，转而沿陇山西南行，经清水至秦州西行，经伏羌县—渭州襄武县—渭源县—临州，转而北上至兰州，由庄浪河北上，经广武县—凉州昌松县，至姑臧县与北道合，西行经删丹—甘州—肃州—瓜州等地至敦煌。

（2）北路从长安出发，经奉天—邠州—泾州—平凉弹筝峡，转而向北，经原州至石门关，由此向西，经会州，自乌兰关渡黄河，西北行至凉州姑臧，与南道合，至甘州—肃州—瓜州—敦煌。

（3）青海道从兰州或临州西行，经河州—鄯州—鄯城，转而西北行，渡大通河，越大雪山，经大斗拔谷至删丹县，与北道合，至甘州—肃州—瓜州—敦煌。

青海道又称"吐谷浑道"，或称"河南道"和"古羌中道"，南北朝时期成为丝绸之路主干路段之一。这条路线就是从吐谷浑的辖区经过，因而吐谷浑一度在丝绸之路史上占有重要的位置。上述南北两道和青海道，是从内地到敦煌的交通，即丝绸之路的东段。在敦煌汇合后，从自玉门关、阳关出西域有两道：

> 从鄯善，傍南山北，波河西行，至莎车为南道，南道西逾葱岭则出大月氏、安息。
>
> 自车师前王庭（今新疆吐鲁番），随北山，波河西行至疏勒为北道。北道西逾葱岭则出大宛、康居、奄蔡（黑海、咸海间）。北道上有两条重要岔道：一是由焉耆西南行，穿塔克拉玛干沙漠至南道的于阗；一是从龟兹西行过姑墨、温宿（今新疆乌什县），翻拔达岭（今新疆乌什县西北别迭里山口），经乌孙首府赤谷城（今新疆特克斯河流域），西行至怛罗斯。
>
> 东汉时在北道之北另开一道，隋唐时成为一条重要通道，称"新北道"。原来的汉北道改称中道。新北道由敦煌西北行，经伊吾、蒲类海、北庭（今新疆吉木萨尔）、轮台、弓月城（今新疆霍城县）、碎叶至怛罗斯。

自汉以后，绿洲地区继续繁荣，丝绸之路的东西往来仍然侧重在天山以南地区。到了后来突厥族兴起，丝路北道才越来越显示出其重要性。

随着唐代全国的统一，丝绸之路也向南北方向大大扩展。丝绸之路北面已远越天山直抵漠北，出现了经由阿尔泰山与漠北相通的道路，南面出现了由阿尔金山翻越喀喇昆仑和青藏高原联系的路线。与此同时，在西域地区也出现了更多的横向路线，从而把整个丝路联结成一个整体的交通网络。

唐代前期，除了在西域地区建立安西、北庭两大都护府，下辖各个都督府、州外，并在各地设置"军""城""镇""守捉"等各军事据点。这些府、州所在地和各种军事据点，既是行政和军事要地，也是一些交通中心，它们各自有路，彼此相通，从而形成了一条条纵横交错的路线。尤其是著名的唐代安西四镇即安西、疏勒、于阗、碎叶（后为焉耆），成为四通八达、往来无阻的交通中心。

总之，在唐代前期，无数南北相通的横行线路，不仅把东西走向的各条基本干线联结起来，还组成了东西南北、纵横交错、十分复杂的交通网。

丝绸之路的畅通和繁荣对于唐朝的发展以及这一时代的中西文化交流意义十分重大。随着唐与西域交通的便利，以及在西域经略和势力的增强，西域诸国的交往也日益频繁，各国纷纷遣使来朝，与唐朝关系相当密切，形成了自汉以来丝绸之路交通的高潮。丝绸之路畅通无阻，中西商路盛极一时。杜甫诗说"驼马由来拥国门"，《唐大诏令集》说"伊吾之右，波斯以东，职贡不绝，商旅相继"，这一时期被称为"丝路的黄金时代"。

唐代前期通往西域的丝绸之路在中西交通中占据主导地位。但到了唐代中期，随着安史之乱爆发，吐蕃乘机北上占据河陇，回鹘亦南下控制了阿尔泰山一带，同时西边的大食亦加强了中亚河中地区的攻势，随之出现了这三种力量之间的争夺与混战。从此，唐朝逐渐失去了对西域的控制，一时丝路上"道路梗绝，往来不通"。杜甫诗说："乘槎消息断，无处觅张骞"，"数年逆气路中断，蕃人闻道渐星奔"。此后，唐朝与西方的交通，除了走草原之路，主要是依靠海上丝绸之路了，促使海上丝绸之路更为繁盛起来。

第二章

游牧民族与草原之路

一、草原丝绸之路的开拓

在古代欧亚大陆辽阔的大旷原上，生活着许多游牧部族，这些游牧部族"无城郭常处耕田之业"，经常迁徙，在中国古典史学上叫"行国"。

欧亚大陆各地的农牧业出现后，逐渐向其他地区扩散，最后传播到草原地带，形成了一种混合经济。到了距今4500年至4000年左右，游牧经济在草原地带获得了主导地位。在这条游牧经济带的北面是狩猎经济，南面则是农业经济。欧亚草原是一个独特的生态系统，从多瑙河到中国长城东西绵延，长约8500千米，南北宽400—600千米，从北部的森林和森林草原带到南部的丘陵、半沙漠和沙漠带，地理跨度为北纬47°—58°。

据草原文化考古学研究，欧亚大陆间游牧的草原文化，在公元前2000年开始有扩散的现象。由于游牧社会"逐水草而居"的习性或其他自然灾害等方面的原因，一批又一批游牧民族和部落在草原上迁徙，不断接触并沟通着其他地区的民族乃至农业社会。这些游牧部族居中西两大古典文明中间，在古代中西文化交流中起到中介作用。游牧民族是欧亚草原之路的开拓者和先行者，使草原之路最早出现在欧亚大陆上，成为促进人类文明聚合和发展的大通道。这条大通道的开辟，为后续的民族迁徙和文化交流创造了条件。现在的学者们将这条草原大通道称为"草原丝绸之路"。

草原之路的存在已经被沿路诸多的考古发现所证实。这条路就是最早的丝绸之路的雏形。环境考古学资料表明，欧亚大陆只有在北纬40°—50°之间的中纬度地区，才有利于人类的东西向交通，这一地带恰好是草原地带，除了天山和阿尔泰山的弧形山区外，几乎整个大陆被一条纵向的草原覆盖着。这条狭长的草原地带，东起蒙古高原，向西经过南西伯利亚和中亚北部，进入黑海北岸的南俄草原，直达喀尔巴阡山脉。除了局部有丘陵外，地势比较平坦，生态环境也比较一致。这条天然的草原通道，向西可以连接中亚和东欧，向东南可以通往中国的中原地区。草原丝绸之路的主体线路由中原地区向北越过古阴山（今大青山）、燕山一带的长城沿线，西北穿越蒙古高原、南俄草原、中西亚北部，直达地中海北陆的欧洲地区。草原丝绸之路东段最为重要的起点是内蒙古长城沿线，这里是游牧文化与农耕文化交汇的核心地区，是草原丝绸之路的重要连接点。

草原丝绸之路指的就是以欧亚大陆草原为主线的一条东西向的古代通道。这条通道被认为是绿洲丝绸之路出现之前，连接东西方文化的主要干线。东西方人类的最初交往，主要就是通过这个通道实现的。

人类很早就已经在草原通道上往来迁徙。良种马及其他适合长距离运输的动物开始被人们用于交通运输，使大规模的贸易文化交流成为可能。在公元前11世纪，阿拉伯半岛上的人便使用耐渴、耐旱、耐饿的单峰骆驼用于商旅运输，双峰骆驼在不久后也被运用在商贸旅行中。另外，欧亚大陆腹地是广阔的草原和肥沃的土地，对用于游牧民族和商队运输的牲畜而言可以随时随地安定下来，就近补给水和食物。这样一来，商队、旅队或军队就可以进行持久而路途遥远的旅行。

二、月氏人和匈奴人西迁

草原之路的形成，草原民族持续的大迁徙，对于欧亚大陆的历史变迁也有着重要的影响。法国历史学家勒内·格鲁塞（René Grousset，1885—1952）认为，繁衍生息在欧亚大草原上的游牧民族，在历史上是一股巨大的力量。他们的历史重要性在于，他们向东、向西运动，对中国、波斯、印度和欧洲所产生的影响，不断推动着这些国家和地区的历史发展。

中原汉地在历史上一直与北方草原民族保持着频繁的接触，这对中国社会的变迁、文化的发展有着极其重要的影响。中原民族与草原民族的贸易、交往，甚至是冲突，对草原民族的文化发展和迁徙流动也有着直接的影响，并且间接地引发草原上的民族流动。

公元前7世纪，中原地区的齐桓公（前685—前643年在位）、晋文公（前636—前628年在位）、秦穆公（前659—前

621年在位）为解决华夏诸国与周边少数民族日益加剧的冲突问题，发动了"尊王攘夷"运动，向北和西北方面进攻，阻止了北方游牧民族南下，驱赶原先分布在中国北方和渭水以西的草原民族戎人和部分大夏人向西迁徙。这些游牧民族的迁徙，在欧亚大陆引起连锁反应，形成一波又一波的迁徙浪潮，并间接影响了欧洲的历史进程。在经历了这场民族间的大规模碰撞和迁徙浪潮之后，有的民族完全被其他民族融合了，而那些仍保持原有稳定结构的民族之间也开始有融合的趋势。东西方文明在这个过程中彼此借鉴，互为影响。

匈奴是古代著名的游牧民族，长期活动在中国北方草原上。匈奴是一个大族，根据一些文献资料推算，汉初匈奴盛时人口约有200万。匈奴各王所驻牧地，遍布大漠南北。到战国末年（公元前3世纪末），各分散的匈奴部落联合起来，形成统一的部落联盟，凭借强大的军事力量，积极扩张，建立起庞大的部落国家。

公元前2世纪，匈奴人驱赶月氏人，造成了一次草原上的大迁徙。自战国时代至汉初，月氏人一直居住在河西走廊这一带，是游牧民族中比较强大的一支，有控弦之士一二十万。汉初匈奴强盛起来后不断进攻月氏，月氏大部分被迫西迁到天山以北伊犁河上游地区。

西迁的称为"大月氏"；另一支未西迁的部族移居祁连山，称为"小月氏"。大月氏的西迁，是草原之路上一次重要的民族迁徙，震撼了整个中亚细亚、中东与南亚次大陆，对这些地区以后数百年的历史产生了深远的影响。大月氏西迁之初，一步步紧追着塞人往西迁徙，给了中亚塞人以很大的压力，使得中亚的塞人不得不纷纷南下，闯入了安息北边边疆。至公元1—2世纪，大月氏人更加兴盛，在阿姆河流域和印度河流域之间建立起强大的贵霜帝国。

匈奴长期是中原王朝的主要边患。汉武帝时，匈奴在汉军的打击下屡屡败北，受其奴役的其他民族遂乘机摆脱其控制。东汉建武二十四年（48），匈奴分裂为南北两部，南匈奴呼韩邪单于降汉，迁居塞内，分布于晋陕北部和内蒙古西部地区，转向农耕定居，并逐渐与汉族和其他民族融合。北匈奴留漠北，不敢南下侵略，遂改向北边、西边进攻，北并丁零（贝加尔湖一带），西破坚昆（今吉尔吉斯斯坦）、乌揭（坚昆东边的游牧部落），称霸于中亚，在都赖水（今怛罗斯河）畔新建都城。这是匈奴的第一次西迁。

公元73年，东汉遣窦固等分四路反击北匈奴，深入其腹地，斩获甚众。公元87年，鲜卑进击匈奴，斩北单于，大掠而返。此时北匈奴四面受敌，《后汉书》说其"南部攻其前，丁零寇其后，鲜卑击其左，西域侵其右。不复自立，乃远引而去"。这是匈奴的第二次西迁。

《后汉书》只说北匈奴在公元91年"远引而去"，但究竟"远引"何处，到了什么地方，产生了什么历史影响，这是后世学术界反复研究讨论的一大问题。据历史学家齐思和考证，北匈奴西迁的历程，大体是从公元91年离开漠北单于庭，到4世纪70年代出现于东欧，其间经历了280多年的漫长时间。

从中国北部西迁的北匈奴人经过了6000千米的长途跋涉，

历200多年的时间，终于在374年到达欧洲。继而，北匈奴人征服东哥特人，侵占西哥特人故地，建立起强大的匈奴帝国。匈奴的西迁不仅席卷中亚细亚，而且深入欧洲腹地。受到匈奴西迁压力的其他游牧、半游牧部族，波涛相逐，先后涌入亚欧大陆农耕世界，欧洲历史也因之进入一个新的时期。

当时欧洲正处在历史大变革的时期，罗马帝国分裂为东西两个帝国，处于衰微败落时期。匈奴人在欧洲东征西战，给已经面临崩溃的罗马帝国以沉重打击，加速了西罗马帝国的灭亡，对促进欧洲历史的大变革过程起了重大作用。西罗马帝国的灭亡，在西方历史乃至整个世界历史进程中，都是一个具有划时代意义的事件。

汉朝时对匈奴的抵抗，有效阻止了匈奴南下侵扰，使北匈奴掉头西向。他们漫长的西迁过程，也对欧洲的历史进程产生了影响，特别是促进了欧洲奴隶制的瓦解。

三、参天可汗道与回纥道

北匈奴西迁后，在中国北方继匈奴而起的游牧民族又有鲜卑人、柔然人、嚈哒人等，他们也都曾在广阔的北亚草原地区活跃一时，并参与到对西域地区的争夺中。到6世纪50年代，突厥人迅速崛起，取得了漠北霸主的地位，建立起一个称雄300年的强大汗国，创造了辉煌的草原文化。6世纪末，突厥分裂为东、西两部分。东突厥汗国受隋朝册封，成为隋朝统治下的边疆民族政权。西突厥汗国则西据中亚，统治西域达半个世纪之久，在中亚历史上产生重大的影响。西突厥汗国的领土范围包括北至阿尔泰山南北，东起巴里坤、伊吾，西达咸海、里海，南至天山南北的辽阔区域。强大的突厥草原帝国迅速向西扩张，沿黑海、里海和咸海北岸到达东方的欧亚草原之路重新活跃起来。在当时的欧亚大陆上，突厥人扮演了东西方贸易担当者的角色。

随着唐朝对漠北草原的统一，草原丝绸之路得到进一步的发展。贞观年间（627—649），唐朝军队连破突厥、铁勒汗国，漠北草原游牧部落在回纥率领下归附唐朝。唐朝以铁勒、回纥诸部设置六个都督府和七个州，并给诸部首领玄金鱼符为符信。公元646年，唐朝从回纥可汗牙帐开始，置邮驿66所，以便双方使节通往，并称此漫长驿道为"回纥道"，中原与草原之路的联系畅通无阻。唐太宗被草原各部尊为"天可汗"，各草原民族的君长来长安朝拜，多走阴山河套一线，所以这条路又称为"参天可汗道"。

参天可汗道大体走向是：由长安北上至丰州，西北行经䴙鹈泉入碛，经麚鹿山、鹿耳山、错甲山、密粟山、达旦泊、野马泊、可汗泉、横岭、绵泉、镜泊至回纥牙帐。通过参天可汗道，不仅加强了漠北与中原之间的联系，还开辟了西部与北部边疆往来的通道。从此，西部地区和广大漠北连成一片，因而丝绸之路向北面获得了显著扩展。

经居延海和唐朝北庭也有通往漠北草原的道路。"居延海道"从汉代以来就是重要的南北通衢。具体路线是：由甘州北出合黎山口，循张掖河（今额济纳河）北上至居延泽，复北行抵花门山堡，东北与参天可汗道合，至回纥牙帐。

回纥（788年更名为回鹘），是中国北方"逐水草转徙"的游牧民族。汉文史籍中的回鹘族先民可追溯至公元前3世纪北方游牧民族丁零，以及后来的高车、狄历、敕勒，甚至远古塔里木盆地的原始土著居民。唐贞观初年，东突厥颉利可汗败亡之后，以薛延陀、回纥为当时草原上最强大的部落。贞观二十年（646），回纥部落酋长击败了薛延陀的可汗，兼并其土地，领土扩展到了贺兰山阙，回纥由此渐盛。回纥汗国与大唐在经济、政治、文化上互有往来，丝绸之路贸易是回纥汗国经济生活的一项重要内容。

安史之乱以后，河陇被吐蕃攻占，河西走廊及青海道都被阻塞，官方使臣、僧侣、商贾往来西域，不得不选择草原之路与西域各国进行经贸和文化交流，即取道回纥，"回纥道"更成了由陆路通西域的唯一通道。

四、草原丝绸之路再繁荣

唐代后期，唐朝的势力衰弱并逐渐退出西域，海上交通变得越来越重要，海上丝绸之路进入空前繁荣的阶段。但是，这并非说陆上的丝绸之路就被废弃或阻隔了。相反，在宋代，丝绸之路仍有交通，占据丝绸之路要冲的西夏政权利用这一有利地理位置，与西域地方保持了比较频繁的贸易往来；辽朝（916—1125）则进一步开拓了草原丝绸之路；宋朝也努力通过间接的渠道保持与西域国家的陆上往来。到了元代（1206—1368），一个空前大帝国的出现，实现了丝绸之路前所未有的大畅通，丝绸之路出现了又一个繁荣的高潮。

辽朝是由中国北方游牧民族契丹建立的王朝。辽朝疆域辽阔，一度十分强盛，长期统治中国北方大片区域，称霸于亚洲东部，影响远及欧洲。辽朝是一个开放的王朝，对外交往相当频繁。除了与宋朝保持十分密切的往来和贸易关系外，在东与高丽、日本，在西与哈剌汗国、大食、波斯等都有往来。契丹人原起于东北辽水流域，立国之初，便积极向西北扩张。神册元年（916），辽太祖耶律阿保机发动西征，几经征战，打通了经漠北通往西域的道路。统和二十二年（1004），辽朝建漠北三城即镇州、维州、防州，作为统治漠北的前哨基地，确保了对漠北的统治和与西域的贸易路线，一直持续到辽朝末期。

辽朝与西方的往来都要依靠草原之路，同时将草原之路向东延伸，起到了沟通南北、联结东西的重要作用。大体上说，辽朝通往西方的草原之路有南北两条干道，其中以南道最为重要。北线由上京西北上防边河董城（一名回鹘可敦城，今乌兰巴托南）、西南至皮被河城、西行至塔懒主城、西行至镇州，途经防州、维州，均在今乌兰巴托西北，经招州（鄂尔浑河西岸，原有古回鹘城），西北行经乃蛮部、辖嘎斯国，再转西南经金山、精河、八喇沙衮，回入阿萨兰回鹘。南线西起喀什，经叶尔羌、于阗、古楼兰，抵敦煌，东北行穿过阴山山脉，杭爱山支脉，进入东蒙草原，到达上京临潢府。

草原之路基本把辽朝的各个城市连接起来。以上京（今内蒙古巴林左旗林东镇南）、中京（今内蒙古宁城县大明城）、东京（今辽宁辽阳）、南京（今北京城西南隅）、西京（今山西大同）为骨干，形成了交通干线上的全方位开放格局，进一步促进了草原地区经济文化的繁荣。西域诸国的商人和使团，带来大批西方珍奇物品进献。契丹商人也携带草原和中原地区的商品，沿草原丝绸之路万里跋涉到西域，和中亚、西亚各国贸易。当时，宋朝与西方贸易主要走海上丝绸之路，契丹则通过草原丝路与阿拉伯国家进行贸易和交流。

保大四年（1124）秋七月，在辽朝濒亡之际，耶律大石（1087—1143）脱离辽廷，率200骑西北行至可敦城（今蒙古国布尔干省青托罗盖古回鹘城），自立为王，建立起一支新的军事力量，在漠北立住了脚，为以后的发展打下了基础。1132年，耶律大石在叶密立（今新疆额敏河地区）称帝，汉尊号为"天祐皇帝"，建元延庆，史称"西辽"，又称"哈剌契丹"（黑契丹）。在其后的十年中，耶律大石利用有利的国际环境，东征西讨，建立起一个疆域辽阔的帝国。其疆域东起土拉河，西包咸海，北越巴尔喀什湖，南尽阿姆河、兴都库什山、昆仑山，面积不下400万平方千米。西辽一度国力强盛，在蒙古兴起前，称雄于中亚，左右丝绸之路形势近百年，推动了当地社会经济文化的发展。

五、元代丝绸之路的大畅通

13世纪蒙古在中国北方崛起，西进灭亡西夏王朝，南下中原，先后灭亡金朝和南宋，建立了统一中国的元朝。在中外文化交流史和丝绸之路的历史上，元代是一个十分重要的时代。

在13世纪上半叶，蒙古军队先后发动了三次大规模的西征。

1206年成吉思汗统一蒙古各部落，建立大蒙古国。此后不久，他便把眼光转向更大的外部世界。1219年，成吉思汗率领大军进行了蒙古的第一次西征。这次西征打开了东西方交通的大道，为日后世界性蒙古大帝国的建立奠定了基础。

成吉思汗死后，继任大汗的窝阔台继承成吉思汗的事业，继续西征。1236年到1242年，术赤次子拔都和先锋速不台率领25万大军，进行了第二次西征，征服欧洲的计划正式付诸实现。此次西征给欧洲各国以极大震撼，也扩大了术赤在伏尔加以西的领地，控制疆域西扩至多瑙河口。

1253年，蒙古大军开始第三次西征。这次西征主要方向是西南亚地区，头等目标是消灭木剌夷国（Mulahid，在今里海南岸的伊朗北部）。1257年，蒙军荡平木剌夷之地，并挥师继续西进，攻陷报达（Baghdad，今巴格达），灭亡历时500多年的阿拉伯阿拔斯王朝。1260年，攻占大马士革，其前锋曾渡海收富浪（即今地中海东部的塞浦路斯岛）。

在近半个世纪中，蒙古帝国以蒙古大漠为中心，通过三次西征，以及对中国内陆地区包括金朝、西夏以及南宋王朝的征服，把欧亚大陆的大部地区都纳入蒙古帝国的版图中，形成了从东到西的庞大的蒙古汗国。从东亚的海边一直延伸到欧洲的内陆，跨越了东亚的中国、中亚和西亚的穆斯林以及欧洲的基督教几大文化世界，将周围诸文明社会整合进一个全新的世界秩序之中，实现了东西方陆上丝绸之路的大畅通。蒙古的都城哈剌和林（今蒙古国前杭爱省）和元朝大都（今北京）成了当时世界的政治和文化中心，东西方文化的碰撞、交流与融合出现了前所未有的规模。

在蒙古帝国的各条交通路线中，草原丝绸之路出现空前活跃的局面。草原丝绸之路既是政令、军令上传下达的重要通道，也是对外进行商贸往来的主要线路。蒙古以上都（今内蒙古锡林郭勒）和大都为中心，设置了帖里干、木怜、纳怜三条主要驿路，构筑了连通漠北至西伯利亚、西经中亚达欧洲、东抵东北、南通中原的发达交通网络：

> 东道"帖里干道"，起点站为元大都，北上经元上都、应昌路（今内蒙古克什克腾旗达里湖西岸）至翕陆连河（今克鲁伦河）河谷，再西行溯土拉河至鄂尔浑河上游的哈剌和林地区。
>
> 西道"木怜道"，自元上都西行经兴和路（今河北张家口张北县）、集宁路（今内蒙古乌兰察布集宁区）、丰州（今内蒙古呼和浩特白塔子古城）、净州路（今内蒙古四子王旗净州路古城）、北溯汪吉河谷（今蒙古国南戈壁翁金河）至哈剌和林。
>
> "纳怜道"又称"甘肃纳怜驿"，自元大都西行经大同路东胜州（今内蒙古托克托县大荒城），溯黄河经云内州至

甘肃行省北部亦集乃路北上绕杭爱山东麓，至哈剌和林。

由于哈剌和林地区地处蒙古高原的腹地，草原丝绸之路的三条主干线大多通过这里再向西北经中亚纵向延伸，直至欧洲。这三条通往欧洲的驿路，构成了草原丝绸之路最为重要的组成部分。阿拉伯、波斯、中亚的商人通过草原丝绸之路往来中国，商队络绎不绝。1271年，意大利旅行家马可·波罗（Marco Polo，1254—1324）及其父亲、叔父，从威尼斯出发，进入中亚后，转经丝绸之路的南道进入河西走廊，考察了联系河西走廊与草原丝绸之路驿道上的名城亦集乃路（今内蒙古额济纳旗黑城遗址），又折回，转经河套进入天德（今内蒙古呼和浩特），踏上草原丝绸之路的南道，于1275年到上都觐见忽必烈。元朝时期，罗马教廷多次试图与蒙古人接触，并派遣使臣前往蒙古大汗王庭。柏朗嘉宾（Plano Carpini，约1182—1252）和鲁布鲁克（William of Rubruk，约1215—1270）等人都是经过草原丝绸之路抵达哈剌和林的。

为了保护商旅和有利于传递信件，成吉思汗在西征时就开辟了官道，窝阔台开始建立"站赤"即驿站制度，忽必烈则把站赤制度推行到元廷势力所及的一切地方。站赤的发达标志着元朝国内交通的发达，也标志着元朝对外交往的频繁与广泛。依靠这个制度，元朝的天下，"梯航毕达，海宇会同"，超过以前任何一代。驿站不仅是商人、僧侣、使节等各色人往返的歇息之地，也是文化的辐射地和集散地。

　　元代是中国历史上对外交通极为发达的时期之一。交通的畅达、人员的流动，为元代中西文化的大交流创造了条件。在这100多年的时间里，欧亚大陆上出现了前所未有的"流动"的浪潮，有各类人员的流动、物质商品的流动、技术发明的流动、思想文化的流动。蒙古人的征战和统治为这些"流动"创造了广泛的条件和基础，他们本身就是文化交流的载体，同样也创造载体，使得更广泛的文化交流得以实现。

　　在这个时代，中国与西方的贸易往来比以往任何时候都更加频繁。蒙古帝国的统治者们对于开展对外贸易十分重视。同一时期的欧洲，早期资本主义和商业正在发展起来，地中海区域商业出现了空前繁荣的景象，到东方寻求财富是欧洲商人们的梦想。中国的茶叶、瓷器、金银、铜钱、金属器皿、日常生活和文化用品、药物等作为当时的大宗出口商品，源源不断地流入世界各地，不仅丰富了各国的经济生活，也促进了中国与各国的文化交流。在这一时期传入欧洲的中国文化，最重要的就是"四大发明"中的印刷术、火药和火器以及指南针和航海罗盘，另一项重要发明造纸术在唐代时已经西传。这些发明经西传，进入欧洲本土，对欧洲的文化变革和社会变迁、对影响世界历史进程的文艺复兴运动，都起到了至关重要的推动作用。文艺复兴时期的许多重大事件，如宗教改革运动、大航海和新航路的发现、哥伦布发现美洲大陆等，都间接地与这一时期中华文化的传播和影响有关。

第三章

相逢在海上丝绸之路

一、通往西方的海上之路

中国有着漫长的海岸线，蔚蓝的大海引发了人们的无限遐想，也激起人们征服大海、从大海走向世界的愿望。很久以前，我们的古代哲人就有"乘桴浮于海"的幻想。与此同时，人们在海上逐渐开辟出一条通往西方的海上商路。

史前的"彩陶之路""玉石之路"是从中原向西走通的路，这条路线就是后来丝绸之路的方向。与此同时，还有从中原向南走的路，最远渡海到达东南亚地区。这是大陆与东南亚地区最早的海上交通之路。

大约在距今5000年前，东亚大陆地区的一些原始族群开始向东南亚地区迁徙。在中国华南地区的广西、广东以及福建等地，可以通过陆路和海路，进入中南半岛的越南和东南亚海岛地区。大批的原始族群正是通过这些陆海线路，移民到了东南亚。这些新的移民带着原居住地的文化，适应东南亚地区的环境，逐渐成为东南亚新石器文化的主角。其中一些移民与当地的原始居民结合，形成了新的族群，共同创造了当地的文化。

史前大陆族群向东南亚的移民浪潮，说明先民已经有了最初的航海能力。这些原始族群是海上之路最早的开拓者。春秋末期，齐国已经拥有一支强大的海军，有"海王之国"之称。到秦代（前221—前206），中国已经具备了远程航海的能力，如徐福东渡的故事，说明那时候已经有了大规模的远洋船队。

古代中国与外国交通贸易和文化交往的海上通道，形成于秦汉时期，发展于三国至隋朝时期，是已知最为古老的海上航线。这条途经南海的航路，就被称为"海上丝绸之路"。海路开辟的时间似比陆上丝绸之路要晚些，持续的时间却比陆路要长得多。到唐朝中期，陆路逐渐失去其重要性，海路则蒸蒸日上，方兴未艾。

汉武帝时代，国力强盛。武帝亲自七次巡海，鼓励海洋探险与交通活动。在统一东南沿海、扫清沿海航路后，武帝利用雄厚的航海实力，大力开拓南海对外交通与贸易活动，从日南、徐闻、合浦通往都元国、夫甘都卢国、黄支国、皮宗国、已程不国等地，扩大汉王朝与海外各国的政治、经济与文化联系。

在班固所撰《汉书·地理志》中，记载了一条通往印度洋的远洋航路，是关于中国航海船舶经南海、穿越马六甲海峡在印度洋上航行的真实记录。汉船从南海启航，乘东北季风沿岸南航，在风向转换之时，再由此处穿马六甲海峡，顺西南季风北上。邑卢没国，约在今缅甸南部锡唐河入海口附近的勃固，汉船从新加坡海峡西北行4个月，一路基本上顺风或侧顺风。谌离国，约在今伊洛瓦底江中游沿岸，缅甸蒲甘城附近的悉利，为古代东西方交通要冲，汉船溯流顺风北上20余日可至该城。黄支国，约为今印度半岛东岸马德拉斯附近的康契普拉姆，汉船从谌离国续航，稍北行即达孟加拉湾北端，然后再乘换向而来的东北季风，顺印度半岛东岸南下，航行两月余即可达。已不程国，约为今斯里兰卡，即古代所谓"师子国"，是南亚、西亚海上贸易中心地区。皮宗约在今马六甲海峡东头水域中的香蕉岛（Pisang），为扼海峡口的要冲地区，汉船从已不程返航，先沿印度半岛东岸乘西南季风北上，然后乘东北季风沿孟加拉湾东岸南下，至马六甲海峡的皮宗岛，最后由此北上航行回国。

这条往返南亚地区的汉使航程，属于一条沿岸渐进的印度洋远洋航路。

当时中国的南洋航海由朝廷遣黄门（即皇帝的近侍内臣太监）执掌，并招募富有远洋航行经验的民间海员一起出航，说明民间远洋航海活动早于汉武帝时期。中国商人运送丝绸等物资经海路由马六甲经苏门答腊来到印度，并采购香料、染料运回中国，印度商人再把丝绸等中国商品经红海运往埃及开罗港或经波斯湾进入两河流域到达安条克，再由希腊、罗马商人从埃及亚历山大、加沙等港口经地中海运往罗马帝国的大小城邦。班固记载，汉船在异域航行途中，"所至国皆禀食为耦"，受到热情接待，还时有外国航海者或使节参加进来，结伴同行，或有外国海船沿途护送，"蛮夷贾船，转送致之"。

汉代海上丝绸之路已经很畅通发达，海外贸易发展繁荣。在三国至南北朝时期，南方各政权——吴、东晋、宋、齐、梁、陈"六朝"，积极发展航海事业，扩大与南洋诸国的海上联系。

三国时期，吴国的疆域主要在长江中下游南岸及东南沿海。吴主孙权利用通达外海的地理条件，开创造船业，训练水师，以水军立国，并派遣航海使者开发疆土，发展海外贸易，与外通好，做出了重大贡献。东吴时期，不但沿海航行活动频繁，与海外的交往也相当密切。孙权时，曾派朱应、康泰出使东南亚诸国，泛舟南洋，历时约一二十年，航迹相当广泛。在南海海上丝绸之路形成过程中，也逐步增强了人们对海上航行及其航路的认识，形成了南海海上航行交通路线图。古代渔民在南海诸岛从事渔业生产的过程中，对那里的自然情况、岛礁位置、航行路线、渔场分布以及岛礁名称等方面进行了持续的记录。这些都为远洋航行提供了极大的方便。

孙吴之后，西晋初时与南海诸国也有频繁交往。由于洛阳与江淮之间的运河畅通，各国使节由水道频至洛阳。甚至大秦国人亦通过海路入贡，经广州至洛阳。除官方交往之外，海上贸易也有所发展。

东晋僧人法显赴印度求法，回国时取海路，从古印度东北部多摩梨帝国出海，经师子国，横渡孟加拉湾，航达苏门答腊东部的耶婆提国，再北上归国。从法显的记述中可知，当时南亚与东南亚和东亚之间的航海交往已比较频繁，200

人以上的商船往返于西太平洋与北印度洋已是很普通之事。这时的商人已经熟知"常行时正可五十日便到广州"。从孟加拉湾至斯里兰卡，从斯里兰卡至苏门答腊，从苏门答腊至广州，已有相对稳定的航路与航期；多摩梨国、师子国、耶婆提和广州，都已成为当时主要的海上通航与通商口岸；当时已有横渡孟加拉湾、暹罗湾的路程较远的航路，反映出航海技术有进一步的提高。

南朝宋、齐、梁、陈各代政权对发展海外交通都采取积极的态度，海外交通相当发达，与许多国家都有交通往来，对外交往主要是面向南海海上可以联络的国家。梁朝元帝萧绎是很有造诣的画家，曾作《职贡图》，表现了当时外国来使的情况。原画绘有25国使臣，现存图为残卷，描绘有12位使者朝贡时的形象，展现了南北朝时期国家间友好往来的繁盛场面。

南朝时，中国航海者不仅与亚洲众多的沿海国家和地区有着广泛的航海贸易，还越过印度半岛，将海上丝绸之路延伸到阿拉伯海与波斯湾，直接沟通了东西亚之间的海上联系。5世纪中叶以后，中国南部已与印度、锡兰（今斯里兰卡）乃至更远的波斯建立起固定的商贸联系。出口物品仍以丝绸为主，陶瓷器、铜铁器、漆器显著增加。贸易输入的物品，除传统的象牙、犀角、玳瑁、琉璃器外，吉贝（棉花）和香料也日渐增加。

总之，从汉朝到南北朝时期，中国在南洋的海上交通已十分发达。勇敢的航海者们乘风破浪，一代又一代致力于海上丝路的开拓，把航线延伸到遥远的西方。随着航海技术进步、造船技术提高和东西方航海活动的增多，海上贸易大为发展，宗教传播、文化交流也随之频繁，形成南海交通繁荣发展的局面。

二、隋唐对海上丝绸之路的经略

"安史之乱"以后，唐朝势力逐渐退出西域，吐蕃、阿拉伯人乘势而起，在西域割据争霸，使得唐朝在西北陆路的对外通道基本被阻绝，中西交通转以东南海路为主，推动了海上丝绸之路的繁荣发展。

唐代地理学家贾耽（730—805）在《皇华四达记》中，记述了从广州经越南、马来半岛、苏门答腊，跨越印度洋至印度、斯里兰卡，直到波斯湾沿岸各国的航线、航程，以及沿途几十个国家和地区的方位、名称、岛礁、山川、民俗等内容，称为"广州通海夷道"。广州通海夷道具体走向为：从广州屯门出发后，沿着传统的南海海路，穿越南海、马六甲海峡，进入印度洋、波斯湾；在乌剌国（今伊拉克奥波拉），如果沿波斯湾西海岸航行，出霍尔木兹海峡后，可以进入阿曼湾、亚丁湾和东非海岸，经90余个国家和地区，航期89天，是8至9世纪世界上最长的远洋航线，也是唐朝最重要的对外贸易海上交通线。

贾耽所记的这条航线，所及地方已不仅仅是东南亚和南亚，而是将东亚、东南亚、南亚、波斯湾与北非、东非都联结起来了。这条航线的航程之长、航区之广，及其所体现的航海实力，在当时是许多擅长航海的民族也难以达到的。

7世纪以降，阿拉伯、印度、中国及东南亚各国以印度洋—南海为中心，展开波澜壮阔的海上交通与贸易活动，东西方进入一个全新的海洋贸易时代。有学者提出，在18世纪以欧洲为中心的"全球经济体系"出现之前，由于长期的贸易往来以及文化、技术与人口的交流，环印度洋世界早在13世纪以前就已经形成"第一个全球性经济体系"，这个经济体系对当时以及往后很长一段时期世界政治经济格局演变都产生了深刻影响。"广州通海夷道"是沟通这个体系的重要纽带和桥梁，它一头联结海外世界，一头通向中国内地，循着四通八达的水陆交通网络，可前往长安、洛阳和其他通都大邑。

另外，据学者考证，唐代中国从广州至海外各地的航线，经常性定期航行的有6条：

（1）广州、南海、锡兰、阿拉伯、波斯之间（此线经阿拉伯海岸入波斯湾）；

（2）广州、南海、锡兰、美索不达米亚（今伊拉克）之间（此线经阿拉伯之南复经亚丁湾、红海）；

（3）波斯、锡兰、南海、广州之间；

（4）阿拉伯、锡兰、南海、广州之间；

（5）锡兰、阇婆（今爪哇）、林邑、广州之间；

（6）广州、南海之间。

这些航线，虽然距离远近不一，但都航行至东南亚、南亚甚至西亚地区，可知唐代中国与这些地区海上交通是十分便利和频繁的。义净赴印度求法，走的就是海上路线，其撰写的《大唐西域求法高僧传》记载，中外西行求法僧人搭乘海舶，或从广州，或从交趾，或从占婆起航，出海后经室利佛逝，或经诃陵，或经郎迦戍，或经裸人国，而抵东印度耽摩立底；或从羯荼西南行到南印度那伽钵亶那，再转赴师子国；或复从师子国泛舶北上到东印度诸国，或转赴西印度。

据中外史料记述的唐代从广州出发到波斯湾和东非以及欧洲的海上航线，全程约14000多千米（广州至巴士拉约10040千米，巴士拉至马斯喀特约1200千米，马斯喀特至桑给巴尔约3542千米）。这不仅是当时世界上最长的远洋航线，也是16世纪以前世界上最长的远洋航线。

有学者概括这条航线有三个特点：一是中国航船第一次取直线航行，从而缩短了航程，一般3个月可到。二是船舶航行与季风和海流方向保持一致，航行快。当时广州远洋船舶去程一般是趁每年10月、11月、12月的最盛东北季风出发，回程则利用每年4月、6月、7月、8月的强盛西南季风。三是整个航程以乌剌国为中心，前段是沿着波斯湾东岸航行，即"皆沿海东岸行"，后段"其西岸之西皆大食国"，是阿拉伯半岛及其以西地区。

随着海上丝绸之路变得日益重要，海上贸易大发展，隋唐两朝都致力于海上丝绸之路的开发与经略。隋朝建立后，就致力于与东南亚诸国的交通往来，除接待一些国家的使节通好外，还曾派遣使臣出使南洋。如大业三年（607）常骏出使赤土国，就是人们时常提起的中国与东南亚交通上的一个著名事件，也是中国古代见诸记载的一次重要的航海与外交活动，其行程比三国吴时朱应、康泰更远。赤土国，据考其地约在马来半岛南部，"土色多赤，因以为号"。常骏根据他们的行程撰写了《赤土国记》，为后世丰富了当时关于南海历史、交通的知识。

在隋代的基础上，唐代与南海诸国的交往有了很大发展。唐代载籍《新唐书》专为立传的南海国有31个，在其中众多国家或地区中，林邑、真腊、骠国、诃陵、室利佛逝诸国与唐朝交往较多。

唐高宗上元年间，唐州刺史达奚弘通曾奉使泛海西行，横渡印度洋，便是从赤土出海。他途经36国，抵达虔那。一般认为虔那在今阿拉伯半岛南部。达奚弘通西行回国后著《海南诸蕃行记》（一作《西南海诸蕃行记》）1卷。

贞元元年（785）四月，宦官杨良瑶（736—806）受命率使团经过海路出使黑衣大食。杨良瑶是中国第一位航海抵地中海沿岸的外交使节。他的航海路线，很可能就是贾耽在《皇华四达记》中记载的"广州通海夷道"。贾耽与杨良瑶是同时代人，也是同朝为官。有学者认为，贾耽所记广州至大食一段的海上路程十分详细，所取原始资料应来自杨良瑶一行的亲身经历。

唐代的民间对外贸易也很发达，从陆海两途都有大批外国商旅入华从事贩运经营活动，也有中国商队和海舶远走异国。这种不以沟通政治关系为目的、专以经商牟利为目的的海外贸易称为"市舶贸易"。唐文宗时，曾下诏要求沿海各地地方长官鼓励海外商船来中国贸易。

中国古代早期，商业都市差不多全在内地。及唐宋时代，海上丝绸之路的发达，促进了登州、扬州、明州、泉州和广州等一批以对外贸易为特点的沿海港口城市的繁荣。阿拉伯和波斯的商人，从海路来中国，多从广州等沿海港埠登陆。秦汉以降，广州就是南方商业、手工业发达的大都会。六朝时期，阿拉伯人、波斯人、印度人、中国人频繁经营着远洋贸易，南海—印度洋海上交通空前畅达，广州就成为南海贸易的主要港口。唐代海上交通发达，广州"地当要会，俗号殷繁"，是唐朝最早设市舶司的地方，有"天子之南库"之称，不仅是当时中国最大的港口，也是世界著名港口之一。上文引贾耽叙南海航路，起点即为广州港。阿拉伯地理著作如《道里邦国志》《中国印度见闻录》等，也以广州为南海诸国航海东方的终点，称广州港为"中国最大的港口"。唐代来自许多国家和地区的商舶多聚于广州，"舶交海中，不知其数"，呈现出"大舶参天，万舶争先"的壮丽图景。

除了广州外，交州即安南都护府，也是唐代的重要贸易港口。福建沿海也是唐代开展海外贸易的重要地区。泉州处于福建沿海晋江下游，福州位于闽江入海处，两地都处于江、海交汇之地，地理位置非常重要。浙江沿海对外贸易港口主要有台州、温州和明州等。明州东临大海，地势平坦，航道通畅，自古就属中国造船与航海的发轫地之一。在日本遣唐使时代，明州是东海航线的重要港口之一。即使在遣唐使停派之后，仍是往来于唐朝与日本之间的商船停泊的重要港口。扬州是江苏沿海最重要的港口城市，也是唐时全国极其繁荣的商业城市之一。扬州位于长江下游，距离长江入海处很近，是长江流域物资的总汇之地，也是唐朝庞大的水路运输网络的中枢。由唐朝和外国商船运来的各种货物都要在扬州换船，装入北上的运河船，所以这里也是亚洲各地商贾的聚集之所。繁荣的商业，是扬州最突出的特点。张祜的诗句"十里长街市井连"，杜牧的诗句"春风十里扬州路"，都是描述扬州繁华的景象。

三、宋元时期的海上丝绸之路

在唐代海外交通发展的基础上，宋代与海外诸国的海上交通更为发达。造船与航海技术的发展，使海上丝绸之路交通呈现繁荣发展的局面。

宋朝把发展航海事业作为一项既定国策，大力发展海外贸易，远洋航行的通航区域空前广泛，航程通达整个南洋、北印度洋、阿拉伯半岛、东非海岸以及地中海，出现了"东西南数千万里，皆得梯航以达其道路""虽天际穷发不毛之地，无不可通之理焉"的鼎盛局面。

宋代的主要对外港口是广州和泉州。据有关学者的概述，宋代至东南亚乃至通往西方更远的航路，主要有以下几条：

（1）广州（或泉州）至三佛齐航路。三佛齐即唐代所称的室利佛逝，位于今苏门答腊，是宋代舶商在南洋进行直航贸易的主要口岸。三佛齐至中国的海途十分方便，《文献通考》中说，由三佛齐驶向中国，"泛海便风二十日到广州。如泉州，舟行顺风，月余也可到"。

（2）广州（或泉州）至阇婆航路。阇婆位于今爪哇岛。由广州出发往阇婆，通常可顺风直航；由阇婆来航，则一般经由渤泥、三佛齐中转。

（3）广州（或泉州）经兰里、故临至波斯湾航路。兰里位于苏门答腊岛西北端班达亚齐，故临位于印度半岛西南部著名的马拉巴贸易海岸。中国与阿拉伯世界的海上交通，一般经由兰里和故临中转。

（4）广州（或泉州）经兰里至东非航路。海舶从广州或泉州出发；经南海、兰里、故临至波斯湾，再由波斯湾沿阿拉伯海岸西南行，至亚丁湾和东非沿岸的弼琶啰（今索马里）、层拔（今桑给巴尔海岸一带）等地。

（5）由泉州通往麻逸、三屿航路。麻逸为今菲律宾尼多洛岛，三屿为菲律宾的卡拉棉、巴拉望和布桑加等岛。宋代和元代通往菲律宾的航路，一般都取道南海，经占城，绕道渤泥，然后至麻逸、三屿等地。

宋代的海上交通线，经东海，主要通往朝鲜和日本。经南海，除驶往东南亚地区外，又过马六甲海峡，直达印度和斯里兰卡；再进入阿拉伯海，经波斯湾抵达阿拉伯。

作为来华贸易的主要力量，阿拉伯商人基本上都从海路来宋朝贸易。宋朝政府也鼓励来华商旅使节选择海上丝绸之路，宋太宗曾"诏西域若大食诸使是后可由海道来"，宋仁宗又令各国进奉"今取海路由广州至京师"。宋朝廷也十分重视对外发展海上交通贸易，并采取了许多鼓励措施，鼓励资金雄厚的富商以私商身份打造海船，前往海外经营。宋代外国使节来访，往往搭乘中国商船；许多从事海外贸易的中国商人，也当了中国与许多国家建立官方关系的联系人。因此，宋代实现了对外贸易重心由西北陆路丝绸之路向东南海上丝绸之路的转移。

在宋朝重商政策和贸易发展的推动下，中国对外贸易的重心由西北陆路完全转移到东南海路，亚洲海路贸易空前繁荣，促使南海贸易体系最终形成。这个贸易体系是以朝贡贸易体系为基础的亚洲经济圈，是随着对中国朝贡贸易、互市贸易等官营、民间贸易的发展而形成的亚洲多边贸易网，是以中国和外印度为两个轴心，以东南亚为媒介的亚洲区域市场。13世纪及此前很长时期，阿拉伯海、印度洋和南中国海已形成三个有连锁关系的海上贸易圈：最西边是穆斯林区域，中间是印度化地区，最东边是以中国为中心的朝贡贸易区。这三个贸易圈在宋代已经成为一个整体的贸易体系，有学者称之为"南海贸易体系"。

在草原和西域的丝绸之路畅通的同时，元代也大力发展海上交通。有元一代，海上丝绸之路的作用和重要性远远超过陆路。在远洋航行方面，元代在宋代的基础上，交通范围比以前更有扩大，东南沿海的上海、澉浦、庆元、温州、福州、泉州、广州等都是对外贸易的通商口岸，当时的刺桐港（泉州）是与埃及的亚历山大港并列的世界两大港口之一，船舶相连无边无尽，大宗货物堆积如山。元代近海航运为保证航行安全，在沿线设置了航标船、标旗、航标灯等指挥航行。这些航标的设置，是中国海运史上的重大成就。

元初波斯湾一线的通航，主要是为了加强和伊儿汗国的联系。元朝为了加强与阿拉伯人之间的交往，还发展了阿拉伯海、红海航线，并由阿拉伯进一步沟通了和地中海以及东非之间的联系。1258年阿拔斯王朝灭亡后，阿拉伯人的政治、经济、文化中心便从巴格达移到了埃及的开罗。离开罗不远，就是位于地中海南岸的亚历山大港。元朝的丝绸和陶瓷等商品，不少是从泉州港出海后，经过印度洋及红海到亚历山大港，再从该港输送到欧洲和非洲各地。

元朝规模空前的统一局面、畅达四方的水陆交通，为中外商旅提供了"适千里者如在户庭，之万里者如出邻家"的优越环境。元朝政府采取积极开放的对外贸易政策，使其海外市场颇为广阔，海陆贸易极为发达。

宋元两代发达的远洋航海事业，推动中国与海外许多国家建立了通使关系，海外贸易十分繁盛。当时中国的海外交通中，出广州、泉州等港口南下或西行的航路，几乎都途经东南亚地区。因而，在宋元两代，中国与东南亚诸国的使臣往来、贸易关系和文化交流都十分频繁。

四、郑和下西洋

郑和（约1371—1433）下西洋是海上丝绸之路上最壮丽的航行，是中国与东南亚、南亚地区经济文化交流史上一件具有划时代意义的大事。

郑和下西洋号称"明初盛事"。从1405年郑和率领庞大船队初次开洋，到1433年最后一次返国为止，在长达28年的时间里，郑和先后共计7次下西洋。在这期间，中国航海家率庞大船队，东起琉球、菲律宾和马鲁古海，西至莫桑比克海峡和南非沿海的广大海区，定期往返，到达越南、马来西亚、斯里兰卡、印度、沙特阿拉伯等30多个国家。郑和的船队与所到国家建立了友好的关系，加强了中国与这些国家的交流往来，进一步开拓了海上交通，也促进了海外各地社会经济文化的发展。郑和下西洋，既是海上丝绸之路上的宏伟篇章，又是海上丝绸之路的进一步延伸与开拓，推动中国与南海诸国乃至更远国家的贸易和文化交流达到了更高水平。

"郑和下西洋"是明朝初期大力发展中国与海外诸国之间友好关系的产物。明初洪武至永乐年间，海内升平日久，国运昌隆，明朝皇帝倾心于追溯历代盛世中帝王的治绩，向往在海外树立威望，享有盛名。因此，明朝要与海外诸国"共享太平之福"，就是要建立起一种国际和平环境，既在各国之间消除欺寡凌弱的现象，又使中国免受外患威胁，发展与亚非各国的友好关系。永乐皇帝派遣郑和数下西洋，就是为了贯彻、实现这一外交方针。

郑和下西洋的船队是一支规模庞大的船队，每次远航，随行者总在二万七八千人之间，一般由63艘大、中号宝船组成船队主体，加上其他类型的船只，共"乘巨舶百余艘"。船队完全是按照海上航行和军事组织编成的，在当时世界上堪称一支实力雄厚的海上机动编队。据记载，第一次下西洋时乘船208艘，"维峭挂席，际天而行"，蔚为壮观，是"七下西洋"中动用船只最多的一次。

郑和下西洋期间又可分为前后两个时期。前期从永乐三年（1405）郑和第一次奉命出使，至第三次下西洋于永乐九年（1411）归国为止。在这一时期，郑和使团的活动范围，不出东南亚和南亚，主要往来于东南亚各国之间，为解决中国在东南亚和南亚所面临的一系列问题，树立起中国的威信，即"重振已坠之国威"，进行了广泛的外交活动。后期是从永乐十一年（1413）到宣德八年（1433）间，包括郑和下西洋的第四次到第七次的航行。后期航海的主要任务，是向南亚以西继续航行，到达波斯湾外更远地方，通过开辟新的航路，让从来不通中国的海外远国来贡，"宾服"于中国。在后期航海中，郑和船队经过南洋群岛，横渡印度洋，取道波斯湾，穿越红海，沿东非之滨南下，最远到达赤道以南的非洲东部沿岸诸国及马达加斯加岛一带，分船队甚至远达西非沿岸。

郑和七次下西洋所航行的路线略有不同。在航海沿途，船队设立了四大交通中心站和航海贸易基地，分别是占城、苏门答腊、锡兰山别罗里和古里。占城和苏门答腊属于中南半岛、马来半岛范围，是郑和船队发展南海及南洋海上交通、与东南亚各国进行航海贸易的要冲之地；别罗里和古里属印度半岛及其附近范围，是船队发展印度洋和阿拉伯海上交通，与南亚、西亚和东非各国进行航海贸易的要冲之地。主船队利用这四大交通中心站，遵循惯常的主航线，与亚非各国开展贸易活动。此外，还有若干分船队，从这四大基地出发，形成几条主要的分船队航线：

（1）以占城新州港为据点，分别向东南的渤泥与西南的中南半岛和马来半岛诸地进发。

（2）以苏门答腊为据点，一支北航榜葛剌，一支西航锡兰山，一支前往印度半岛西南海岸各国及其邻国。

（3）以古里为据点，一支北航波斯湾直达忽鲁谟斯，或绕阿拉伯半岛经祖法儿、阿丹，深入红海到天方国；一支则北航经波斯湾、亚丁湾，过曼德海峡，沿索马里的北海岸到东北方再经过须多大屿（索科特拉岛）、葛儿得风（瓜达富伊角）和哈甫泥（哈丰角），从而到达非洲东岸各国；一支则经小葛兰径航东非沿岸的木骨都束、卜剌哇、竹步、麻林、慢八撒等地。

（4）以锡兰山别罗里为据点，西南经溜山国直航东非沿岸木骨都束国。

郑和船队以上述四大交通中心站为海运枢纽，在广大的海域内建立起纵横交错的海上交通网络，使船队尽可能航行至所能到达的地方。

郑和七下西洋的伟大历史壮举，对于扩大明王朝的国际声威，传播先进的中华文明，加强中国与海外诸国之间的相互了解与交流，起到了巨大的推动作用。在历次奉使出航中，郑和都认真贯彻明王朝的和平外交方针，致力于发展与各国的友好关系，取得了重大的外交成就。受郑和下西洋的影响，明永乐宣德年间与东南亚、南亚等地区的交通往来出现空前繁荣的盛况。许多国家纷纷向中国派遣使节，以通友好，包括那些位于"绝域"的远方国家，出自对中国的敬慕，沿着郑和所开辟的航路，不远万里，纷纷来宾。

郑和下西洋不仅在发展与海外诸国的官方联系方面取得了巨大成就，也在向海外诸国传播中华文化、促进当地社会的文明开化和文化进步方面做了大量工作。郑和在亚非各国访问时，本着"王者无外，中天下而立，定四海之民，一视同仁"的精神，努力宣扬文教，"所至颁中华正朔，宣敷文教，俾天子生灵，旁达于无外"，以中国先进的文化和精神文明的成果，影响海外国家的精神生活，提高其文化程度，使其接受中国的礼仪，改变其落后的习俗。

发展对外贸易也是郑和下西洋的目的之一。在海外活动的近30年中，郑和船队始终进行着广泛的贸易活动。每次出航都携带大量货物，或作为礼品赠送所到国家国王，或与当地物产交换，进行官方贸易。通过这些活动，将深受国外欢迎的中国彩币、瓷器、名贵药物、铜器等传播于诸国。郑和下西洋时期，明代的海外贸易进入最繁荣、最活跃的时期，不仅马六甲海峡以东的邻近各国，甚至整个印度洋地区的国家都纷纷通过官方途径和中国发展直接的贸易关系。

郑和下西洋打通了中国和东南亚以及西洋各国的海上贸易通道，不仅把中国和东南亚各国的政治交往推向了高峰，还形成了当时世界上贸易极为活跃的贸易圈——亚洲贸易圈。在这一贸易网络基础上，亚洲区域贸易的整合得以实现，东西方的连接也由此完成。郑和下西洋结束以后，在海上丝绸之路大开的背景下，民间私人海上贸易蓬勃兴起，东西方贸易进入了一个崭新的发展阶段。

郑和下西洋档案没有完整保留下来，郑和本身又没有著述，今人所见下西洋原始资料有3部基本文献：马欢（约1380—1460）《瀛涯胜览》、费信（1388—？）《星槎胜览》、巩珍（生卒年不详）《西洋番国志》，即郑和下西洋史地"三书"，都是当时跟随下西洋的人所著。下西洋三书在内容上虽详略有别、各具特点，但都明确记述了郑和船队"前往海外，开诏颁赏，遍谕诸番""宣布纶音往夷域"的共同使命；记载了万里远航中"浮针于水，指向行舟"的航程；大量记述了海外各国的天时气候、物产之别、疆域之制；更详记了途经各国的地理位置、疆域范围、气候变化，以及矿产、林木、果蔬、禽兽、水产等自然资源，丰富了人们的地理概念和航海知识，扩大了国人对外部世界的认识。

郑和在下西洋的同时，还进行了科学考察，绘制了20幅40面海图，即《郑和航海图》及其附图《过洋牵星图》。该图制作于郑和第六次下西洋之后、全体下洋官兵守备南京期间。其时正值明宣宗酝酿再下西洋之际，在继承前人航海经验的基础上，将船队历次下西洋航程综合整理，绘制成整幅下西洋全图，为郑和使团适应下西洋的需要而集体编制。

15至16世纪是人类走向海洋的大航海时代。在约一百多年的时间里，中国与欧洲先后从欧亚大陆的两端，分别进行了空前的向海洋的大进军。这一场大进军不仅显示了人类征服海洋的勇气、智慧和技能，更重要的是标志着人类从此进入了一个根本性的历史转折时期：世界各大洲居民相对封闭隔绝的状态，从此渐被彼此密切交往、人类渐成一体的状态所代替。与此相适应，人类文明的发达程度急剧提高，生产力低下的古代和中世纪成为过去，高度发展的时代向人们迎面走来。

郑和的远洋航行，正发生在15世纪初，拉开了整个大航海活动的序幕。其航行比哥伦布（Christopher Columbus, 1451—1506）发现美洲大陆早87年，比达·伽马（Vasco da Gama, 1460—1524）航达印度早92年，比麦哲伦（Ferando de Magallanes, 1480—1521）环球航行早114年。其船舶技术之先进、航程之长、影响之巨、船只吨位之大、航海人员之众、组织配备之严密、航海技术之先进，在当时的世界上，都是罕有其匹的。

梁启超认为，郑和与欧洲的大航海事业"并时而兴"，是"全世界历史上所号称航海伟人"，但"郑君之烈，随郑君之没以俱逝"。明成祖和郑和死后不久，中国船队便绝迹于印度洋和阿拉伯海，中国的航海事业突然中断了。而哥伦布和达·伽马开辟新航路后，在西欧激起了远洋航海的热潮。

五、寻找海上新丝路

在马可·波罗时代，欧洲一直与东方有着贸易往来。当时，东西方贸易商路主要有三条：一条是陆路，由中亚沿里海和黑海到达小亚细亚，然后与陆上丝绸之路接头。另外两条是海路（或海陆并用），一条是先从海道抵红海，然后由陆路至埃及的亚历山大港；另一条是由海道入波斯湾，然后经两河流域到地中海东岸叙利亚一带。这两条海路都接续海上丝绸之路。当时，地中海特别是西地中海的贸易主要由意大利商人把持，地中海东岸一带的贸易则由阿拉伯商人所垄断。

但到了14世纪后期以后，中西之间传统的贸易路线受到了严重的阻碍。首先是14世纪中叶，帖木儿在中亚地区建立的帝国，隔绝了中西交通。继而是1453年奥斯曼土耳其人攻陷君士坦丁堡，吞并了东罗马帝国的大部分领土，奥斯曼帝国成为地跨亚、非、欧三洲的大帝国，其舰队称霸地中海、红海和波斯湾，控制了通往地中海的交通线，向过境各国商人征收大量捐税，垄断了欧洲同东方的贸易。此外，欧洲和东方在陆路的商贸往来，长期受制于埃及卡拉米商人和阿拉伯骆驼商队。运输的迟缓、运费的昂贵和缺少安全的保证，使陆上运输越来越不能适应欧洲市场的需要了。

欧洲人开始寻找通往东方的新途径。于是，有了一系列寻找新航路的海上探险活动。从最初的动机来说，大航海时代的来临，就是对海上丝绸之路新航线的探索，就是要寻找更为便捷的沟通东西方的新航线。大航海是丝绸之路在新技术条件、新时代要求激励下的延伸和发展。但是，这种延伸和发展与古代丝绸之路的意义和作用在本质上是完全不同的。正因为大航海时代的来临，整个世界联系在了一起，实现了不仅仅欧亚大陆，还包括所谓"新世界"的互联互通，从而开始了真正意义上的全球化时代。

从15世纪中叶开始，西欧诸国掀起了开辟全球性海上新航路的探险热潮。一时间，各国勇敢的冒险家，乘风破浪，冒险犯难，探险在茫茫大海上。这些影响人类历史进程的伟大探险航行，都有一个共同的目标，就是"寻访东方"。

在这个时代的海上探险活动中，葡萄牙人充当了先锋。在几十年有组织的航海活动中，葡萄牙成了欧洲的航海中心。葡萄牙人建立起庞大的船队，掌握了优秀的造船技术，培养了一大批专业的探险家和航海家。在14世纪和15世纪上半叶，葡萄牙的船队已经沿着非洲曲折的西海岸走了相当远。他们认为，也许再往前一些，海岸会向东转，到印度群岛和契丹的路就会通了。

1487年，葡萄牙航海家迪亚士（Bartolomeu Dias，约1450—1500）进行了更远的南航。当他的船队靠近非洲大陆南端时，强大的风暴把船只吹离海岸，滔天巨浪几乎把他们吞没。十几天后，迪亚士掉转船头，先向东、再向北航行，终于在南非的莫塞尔湾靠岸，看到了太阳从他们的右边升起。这时候，他们已经进入印度洋，绕道非洲南端通往印度的航道实际上已经打通了。回航途中，通过非洲南端的尖角时，狂风猛烈，天气恶劣，他称之为"暴风角"。当他回来汇报他的发现时，葡萄牙国王说，应该把它叫作"好望角"，因为现在他们有了到达"印度"的希望了。

那时候欧洲人说的"印度"，实际上就是包括他们所知的南亚和东亚地区。"印度"就是东方财富的象征。

在迪亚士发现好望角10年后的1497年，葡萄牙政府装备组建了一支舰队，去探索由葡萄牙起绕过非洲前往印度的海上航道。这支舰队由航海家达·伽马率领。1497年7月8日，达·伽马率领四艘小型船共计170多名水手，由首都里斯本启航，踏上了探索通往印度的航程。他循着10年之前迪亚士发现好望角的航路，迂回曲折地驶向东方。1498年1月，达·伽马一行人的船队抵达了东非的莫桑比克海域。这是人类历史上第一次有史可查的从大西洋直接至印度洋的深度航行。继后，船队逆着强大的莫桑比克海流北上，巡回于非洲中部赞比西河河口。4月14日，他们在非洲东岸摸索行至马林迪，达·伽马在这里找到了一个阿拉伯领航员给他们指路。在这位经验丰富的领航员的带领下，葡萄牙船队于4月24日从马林迪启航，利用印度洋海上只有每年上半年才特有的西南季风，直奔印度海岸。

1498年5月20日，达·伽马率领的葡萄牙舰队抵达印度西南海岸最强大的港口城市卡利卡特，在附近的一个港口抛下了锚。该港口正好是半个多世纪以前，中国航海家郑和所经过和停泊的地方。

　　欧洲人梦寐以求的"印度"找到了！通往东方的海上新丝路找到了！从此以后，葡萄牙的船只就经常取道好望角驶向东方，回去的时候满载香料、丝绸和珠宝等贵重货物。他们还占据了锡兰、苏门答腊、爪哇和香料群岛。1517年他们到了中国广州，1542年他们进入日本。

　　1553年，葡萄牙人获得了在澳门停留的权利，从此以澳门为据点，展开了对中国的大规模贸易活动。葡萄牙人也把澳门当成同印度和日本贸易的中转站，并由此建立起庞大的东方贸易网络。

　　葡萄牙人在澳门开辟了几条国际贸易航线，主要有：

　　（1）广州—澳门—果阿—里斯本航线，这是澳门开辟的多条国家贸易航线中最重要的一条；

　　（2）广州—澳门—日本长崎航线；

　　（3）广州—澳门—马尼拉—阿卡普尔科航线，这是维持马尼拉大帆船贸易的主要航线之一；

　　（4）广州—澳门—东南亚航线，目的地有马六甲、望加锡、越南的东京等。

　　这些航线都是跨越万顷波涛的远程贸易航线。通过这些航线，澳门成为当时全球海洋贸易体系的一个重要枢纽。

　　从明末到清嘉庆年间，澳门成为东南亚一个重要的国际贸易中心，是葡萄牙人从事国际间贸易的中转站和通往世界各地的海运中心。澳门成为欧洲与中国之间第一个、也是最长久的一个"交接处"。有的学者指出，直到鸦片战争前夕，澳门都是当时中国境内唯一的东西方文化交流的中心，它在东西方交通中的地位，大致相当于陆上丝绸之路的敦煌。

葡萄牙把"东航的钥匙"牢牢地掌握在自己手中，成为16世纪最强大的海上王国。他们在印度、印度尼西亚、马达加斯加、非洲及其他地区均设有前哨站，建立起庞大的殖民帝国。得益于新航路的发现，自16世纪初以来，葡萄牙首都里斯本很快成为西欧的海外贸易中心。葡萄牙、西班牙等国的商人、传教士、冒险家聚集于此，从此地启航去印度、去东方追求财富。

当葡萄牙人向东寻找到去印度的新水路时，西班牙人则开始了向西的航行。当时古代地圆学说广泛传播，欧洲人已经普遍接受了"地球是圆的"这一观念，并且相信海洋延绕过欧洲和非洲向印度和中国伸展，但是并未想到还有美洲大陆横在中间。渡过大西洋向西直驶，也许能更快更容易地到达东方，正是这种想法鼓励着哥伦布创造了世界探险史上最精彩的一章。

哥伦布远航的计划，和那个时代的探险主旨一样，就是要到东方去。1492年8月3日，在西班牙国王的支持下，哥伦布率3艘船和88名船员出发了。他还随身携带了一封西班牙国王给契丹大汗的信。10月12日，经过漫漫航行，哥伦布一行终于登上美洲巴哈马群岛中的一个岛屿。但是，他绝没有想到这里离印度和中国还十分遥远。他相信他们抵达了亚洲海岸边东印度群岛中的一个岛，并把当地的原住民称为"印第安人"。

回到西班牙后，哥伦布向国王汇报他找到了印度群岛。此后他又三次回到美洲，带了商人和传教士、冒险家和殖民者，并仍一直在寻找日本王国、中华帝国、香料群岛和印度。他探测了加勒比海、委内瑞拉和中美洲沿岸，直至去世也不知道自己已发现"新大陆"这一事实，还认为环绕世界航行到了亚洲。18世纪法国一位著名地理学家说，哥伦布以"一个极大的错误导致了一次极其伟大的发现"。

哥伦布发现"印度"（实际上是发现了美洲）的消息震动了整个西欧，激起了许多人前去探险的愿望。渐渐地，欧洲人知晓"美洲"不是"亚洲"而是一个"新世界"的惊人事实。欧洲许多冒险家也继续在探索美洲和亚洲之间的航线。1519年9月20日，为西班牙政府效力的葡萄牙航海家麦哲伦率领一支由5艘旧船和265名船员组成的船队，从西班牙塞维利亚城的外港圣罗卡出发，越过大西洋，沿巴西海岸南下。10月21日，船队在南纬52°找到一条海峡，并用了28天时间通过这个海峡进入浩瀚无边的"南海"，后来人们称这条海峡为"麦哲伦海峡"。麦哲伦船队在"南海"上航行了3个多月，一路上风平浪静，麦哲伦便把"南海"改名为"太平洋"。1520年3月6日，船队到达马里亚纳群岛，这是欧洲人从未到过也从未提及过的一个群岛。3月16日，船队抵达菲律宾的萨马岛（又称"三描岛"）。在这里，当年麦哲伦在马六甲买的一个奴隶、这次随他远航的仆人，听到了自己的母语。这令麦哲伦意识到他已到达马来语地区，并且终于找到了向西航行通向东方的航路。

这是人类第一次环绕世界的航行，并且是整个人类历史中值得被铭记的伟大航行之一。

以寻访东方、开辟海上丝绸之路新航线为最初动机的海上探险活动，促成了美洲新大陆的发现和新航路的开辟。这对世界历史的发展进程产生了十分重大的影响。一些现代学者把大航海时代看作早期全球化的开端。从此，整个世界被连成一片，人类文明超越地域限制，开启了世界文化的时代。在这一伟大事件的过程中，东方，特别是中国，以其丰饶的物产、灿烂的文化和神秘的魅力，以及令人魂牵梦绕的古丝绸之路，成为刺激和推动欧洲人去寻访、去冒险、去开辟新航路甚至发现新大陆的动力。可以说，欧洲人的伟大发现正是在东方魅力的感召下实现的，正是在古老的丝绸之路精神鼓励下实现的，是对海上丝绸之路的新开辟和新发展。

第四章

西出阳关，交通四方

一、丝绸之路与印度

丝绸之路，走向西域，同时也走向了更广阔的世界。西出阳关，交通四方，丝绸之路是中国人走向世界的大路，也是中华文明与世界文明相遇的大路。

中国和印度是近邻，在文化上有着漫长的直接交流的历史。在古代，通过中印两国相互之间的交通、人员往来、官方交聘、商业贸易、僧侣弘法，印度文化在中国得到持续传播，特别是佛教在中国的传播发展，成为人类文化交流史上的一个奇观。这些文化在中国的传播，给古代的中国文化以广泛的影响，在宗教、哲学、文学、科学知识、医药学以及日常生活等许多方面都留下了深刻的印记。

中国和印度的交通很早就已开辟。先秦时期，经过塔什库尔干的克什米尔至于阗一道已成为中印交通的一条重要通道，到西汉时发展成为"乌秅罽宾道"。这条路是中印交通的捷径，但行程艰难，不利于商旅通行，所以中印贸易往来大都经过塔什库尔干出明铁盖山口，沿喷赤河上游西行，再由昆都士或巴尔克南转旁遮普，这条路称为"中印雪山道"。

乌秅罽宾道和中印雪山道，都是从中原内地出发，先经过西域的丝绸之路，再转向进入印度。汉魏南北朝期间，来华传道的印度僧人、西天取经的中国僧侣、往来的商旅，大部分都是这样走的，即都是先到河西走廊，再往西直达西域，然后转向南边抵达印度。因此西域就成了中原通往印度的通道，成为中印之间的中转站。东晋法显、唐代玄奘西行取经，也都是由河西达玉门关，经中亚诸国，向南进入印度。

除了雪山道外，还有"中印缅道"，由四川、云南经伊洛瓦底江流域通达印度。现在人们称这条古道为"西南丝绸之路"或"南方丝绸之路"。

张骞出使西域时，在大夏看到中国"蜀布"和"邛竹杖"在市场上出售，很觉奇怪。"蜀布"又叫"黄润细布"，是一种精致的麻布，轻细柔软，价格昂贵。"邛竹"是临邛至邛都沿古施牛道一线山上生长的"节高实中"的竹，用邛竹为杖，叫"邛竹杖"，是一种名贵的手工艺品。张骞一问商人，得知是从身毒买来的。由此可知，至迟在公元前2世纪时，中国四川的物产已经输入印度，并从印度运到大夏。张骞事实上已清楚地知道，在四川和印度之间，通过云南和缅甸有一条商路。张骞估计从蜀走身毒到大夏，必是快捷方式。据此，张骞向汉武帝建议，遣使南下，从蜀往西南行，另辟一条直通身毒和中亚诸国的路线，以避开通过羌人和匈奴地区的危险。

汉武帝从张骞的报告中得知四川和印度之间的这条"宜

径"。但这条古道的具体路线，当时的汉朝官方并不是很清楚。直到东汉明帝永平十二年（69），占据云南靠近缅甸边境的哀牢人归附，东汉王朝建置永昌郡（治所在今云南保山）。中印缅道由此打通。

中印缅道的开通和发展，是中印两大文明接触、交往的结果和见证。这条"通蜀、身毒国道"，即古代西南丝绸之路，在中国境内由三大干线组成，其线路由灵关道、五尺道和永昌道组合而成，全长2000多千米：

（1）五尺道，以四川成都为起点，经宜宾、昭通、曲靖、昆明、楚雄、南华、云南驿至大理；

（2）古旄牛道，从成都南出发，经邛崃、雅安、灵关、西昌、姚安至大理，此条又称"灵关道"；

（3）上述两条汇合后西行，经漾濞、永平、保山、腾冲出缅甸，到达缅甸境内的八莫。从保山至缅甸段称为"永昌道"。

成都是西南丝绸之路的起点，邛崃是南方丝绸之路西出成都第一站，腾冲是西南丝绸之路的最后一站。从八莫出发有水陆两途到印度：陆路自八莫出发，经密支那，越过亲敦江和那加山脉，沿布拉马普特拉河谷到印度平原；水路从八莫顺伊洛瓦底江航行出海，经海路到印度。

这条"古道"本质上是一条民间商道，开辟古道的是经商的人和马帮，古道上流通的则是各地的商品。汉武帝时虽几次都未打通西南国际商路，但官方使者不能通过并不意味着商人不能通行。而各部族阻挡汉朝使者通印度，主要原因可能就是为了垄断贸易。

2 世纪初，罗马人由海上进一步向东扩展，到达孟加拉湾东岸，由缅甸经永昌郡进入中国境内。永宁元年（120）掸国国王雍由调向汉廷遣使贡献乐器和幻人。这些幻人"自言我海西人，海西即大秦也"，汉廷由此知道"掸国西南通大秦"。这条消息至少说明两点：一是汉时从掸国（缅甸）可以直达内地，有便利的交通道路；二是大秦已经通过海路到达印度，然后经缅甸从陆路进入中国内地。

东汉魏晋时，这条西南通道渐多见于僧传者，来中国弘法的印度高僧，赴印度求法的中国僧人，也通过这条道路往返。约在 4 世纪后半叶，冀州僧人慧睿自蜀地向西进入印度的道路，就是汉武帝搜寻多年未果的西南通道。入唐以后，随着与古代印度交通的发展，西南丝绸之路更加繁荣，记载也明显增多。官方地理书籍中也正式记载了这条道路的情况。贾耽在《古今郡国县道四夷述》之"安南通天竺道"中，也详细记录了这条道路的情况。

西南丝绸之路或"中印缅道"在古代中国和印度的交通以及物质文化交流中起到了重要作用，它是一条文化传播的纽带，联结中原，沟通中印，为中原、西南、印缅文化的互相交流和融合创造了条件。这条通道抵达印度要经过的缅甸则成为中印交通的一个中转站。

东汉时期，由于贵霜帝国的建立和海上丝路（中印之间海路）的开通，中国与印度交往的范围扩大了，交往的途径由陆路变为海陆并行。两晋南北朝时期，中印往来更为频繁，北天竺、中天竺、南天竺都有使臣来华，有的印度古国，一年之内多次遣使。

在唐代，随着吐蕃的兴起和对外交往的发展，新开辟了一条由西藏经尼泊尔（泥婆罗）至印度的通道，称"吐蕃泥婆罗道"，即"中印藏道"。641年，唐朝与吐蕃和亲，文成公主入藏，使得从甘肃经青海到西藏的道路（即吐蕃泥婆罗道北段）畅通。这样，从长安到拉萨，再到加德满都、到中印度的"中印藏道"全线成为通道，并在此后成为中印双方使节往返的主要途径。

据记载，这条道路大体走向是由河州北渡黄河，经鄯州、鄯城、青海湖，转而西南行，大致经都兰、格尔木，越昆仑山口、唐古拉山口，进入西藏，再经安多、那曲，进抵拉萨，由拉萨西南行，经日喀则进入尼泊尔，抵达中天竺。在西藏日喀则市吉隆县城以北的阿瓦呷英山嘴发现的摩崖石刻《大唐天竺使出铭》，明确记载"显庆三年六月"左骁卫长史王玄策经"小杨童之西"出使天竺的经历。这是王玄策第三次出使印度。《使出铭》从可靠的实物证据上证实了中印藏道的出山口位置。

道宣所著《释迦方志》中对此道也有较详细记述，称其为当时中国僧侣游历印度的东道，并详细记载了从河西，经青海，由西藏进入尼泊尔的具体路线，并置于唐朝由陆路通印度的三条通道之首。《佛祖统记》也列出了由唐朝通往印度的各条道路，并在"尼（泥）婆罗"下注称"其国北境即东女国，与吐蕃接。人来国命往还，率由此地"。值得注意的是，两处都特别声明，唐朝官方使臣往来天竺是经吐蕃泥婆罗道。

这条道路在贞观年间成了唐朝与天竺交往的一条最重要的通道。"近而少险阻"，是唐朝初年官方使臣选择这条道路的最主要理由。唐使王玄策前后几次出使天竺多是取吐蕃泥婆罗道。除了官方使臣之外，前往印度求取经像的唐朝僧人大多也选择这条道路。

中国与印度的交通，除了上述几条路线外，海上交通也很重要。《汉书·地理志》记载通往印度的海路，从雷州半岛乘船出发，西行至印度南端的黄支，再转到斯里兰卡，从此回航。

印度的海外贸易以沿海地区为中心。在那里，各国商人云集，逐渐在沿海地区形成了一些海港城市。海港城市里不但有印度人，而且有西亚人、东非人、欧洲人，还有中国人、菲律宾人等在那里活动。印度是东西方海上贸易的交汇处，其海路有两个出口，一个出口在印度河的入海口处，由这个入海口向南偏西，经过印度洋、波斯湾、红海，可直接抵达阿拉伯、埃及和地中海。另一个出口在恒河流域下游，即现今孟加拉国一带，这条海上通道可以通往马六甲、菲律宾、南中国海。印度东海岸的居民很早的时候就活跃在孟加拉湾的海面上，开辟了与斯里兰卡以及更远的印度支那半岛、马来群岛之间的交通线。唐朝时已有海船在广州和天竺国之间定期往返。《新唐书》记载了广州通南天竺、西天竺的航程和日期。斯里兰卡、印尼等地，都是中国通往印度的海上中转站。

二、丝绸之路与波斯

伊朗古时候叫波斯，同中国一样，是亚洲大陆上的一个文明古国。在欧洲和中国之间，波斯居于重要位置，是丝绸之路的必经之地和重要地段。

公元前550年建立的阿契美尼德王朝（Achaemenid），即波斯帝国是横亘欧亚大陆、东至印度河、西至地中海的幅员广阔的强大国家。大流士一世（Darius I the Great，前522—前486）时，打通了东起西亚、印度河，西到波斯湾、红海、里海、爱琴海、东地中海乃至非洲的通道，而且将亚洲的道路，跨越博斯普鲁斯海峡，向西延伸到欧洲。大流士一世以帝国4个都城（波斯波利斯、苏萨、埃克巴坦那和巴比伦）为辐射中心，在原先道路的基础上，修筑了覆盖全帝国的驿道网（The Imperial Roads）。其中最大最著名的干线是帝国西部的"王家大道"（The Royal Road）。这条大道从小亚细亚沿岸的以弗所经撒尔迪斯，通过美索不达米亚的中心地区，到达帝国首都苏萨城，全长2400多千米。沿线还有通往各行省的支道。这条"王家大道"即是那个时代的"高速公路"，其沿线各段设立了驿站，现已有22个驿站被考古确认。

在波斯帝国的东部，也修筑了一条大道作为帝国的主要交通干线。这条大道起自巴比伦，经贝希斯敦悬崖旁，穿越扎格罗斯山，到另一都城埃克巴坦那，然后穿越伊朗高原北缘，到巴克特利亚和印度的边境，最终到达帝国的东部边陲。为保证驿道的畅通和安全，沿途各地险关要隘、大河流口与沙漠边缘，皆修筑防御工事，并派兵驻守。此外还有一条道路从伊苏湾到里海南岸的希诺普城，横切小亚半岛，把爱琴海地区同南高加索、西亚北部连接起来。此外，大流士一世还开通了埃及二十六王朝法老尼科未完成的连接尼罗河与红海的运河。

这样，在大流士一世统治时期，东至印度河、巴克特里亚，西至爱琴海岸、埃及，文化交流获得了前所未有的便利条件。如果从中原出西域，至中亚地区和印度北部，便会与波斯开辟的通往西方的大道接头。

公元前249年至前247年，帕提亚人（Parthia）建立了阿萨息斯（Arsaces）王朝，罗马人称为"帕提亚"，中国人称为"安息"。公元前2世纪至前1世纪，安息帝国全盛时期的疆域西至幼发拉底河，北自里海，南至波斯湾，东自大夏、身毒，抵阿姆河，成为当时西亚一带最大的国家。在这几百年的世界历史舞台上，安息帝国与中国的汉王朝、印度贵霜王朝、罗马帝国同为影响最大的四大帝国。安息地处欧亚大陆中部，位于四大国之间的中心位置，扼丝绸之路要道，更加突出了它在东西方文化交流中的桥梁作用。

在古波斯的交通基础上，安息也建立了自己的交通网络。安息人允许罗马商人进入巴比伦尼亚地区，但禁止他们加入那些打算横穿波斯、直达河中地区和丝绸之路通往中国的商队。安息地处欧亚大陆中部，位于罗马帝国与汉朝中国之间，扼丝绸之路要道，与中国有着比较密切的往来。中国史籍对安息多有记载，说明当时的中国对安息的地理位置、民俗、物产以及交通、经济发展都已经有所了解。

丝绸之路有一大地段要通过安息。安息人在很长时间里垄断了丝绸之路上的国际丝绸贸易，将从中国运来的丝绸转手贩卖给欧洲，从中大获其利。过境贸易在安息国家的经济中具有重要意义。丝绸之路对当时安息的国际关系和国内社会生活也产生了不可低估的重要影响。

丝绸之路开辟之后，中国和安息之间可能就有了民间交往，有明确记载两国之间的正式官方往来，始于张骞出使西域之时。张骞第一次出使西域时就已听说大月氏以西的安息国。张骞再次出使西域时，曾遣副使到达安息国都番兜城（希腊语名为Hecatompylos，《汉书》译为"番兜"）。汉使返国时，安息也派使者随之来华，于元鼎五年（前112）到达长安。汉朝与安息的官方往来和民间贸易经丝绸之路的联系而频繁兴盛，双方使臣、商贾不断往来，中国的锦绣丝绸等特产日益增多地运送到西方，通过安息商人之手而远达罗马。同时，西方的产品如珠玑、琉璃、象牙、犀角诸珍奇异物，以及葡萄、苜蓿种子等也源源不断地输入中国。

公元224年，安息帝国被萨珊波斯帝国所取代。萨珊王朝和中国北朝几代政权都有通使关系。太平真君年间（440—450），北魏派遣使者韩羊皮到达萨珊波斯。这是史籍记载中北魏政权派遣使者首次到达萨珊王朝的记录。隋代时，炀帝曾派李昱出使波斯，波斯随即遣使和李昱同来，与隋朝通好并开展贸易。唐初与波斯的往来也很频繁。萨珊王朝时，中国与波斯的交通主要还是依靠陆上丝绸之路，但两国之间的海上交通已开辟，也有中国帆船到过波斯。而波斯的航海事业也比较发达，有波斯船只驶往东方。从4世纪到7世纪初，中国的史料把交趾半岛、锡兰、印度、大食以及非洲东海岸等地的产品统统称为"波斯货"，说明这些物品是从波斯运到中国的。在广州出土过的萨珊王朝的银币，可以看作当时中国和波斯海上交通的物证。

7世纪初，阿拉伯人在西亚崛起，中国史籍中称阿拉伯为"大食"。不久，大食人开始大举入侵波斯，把波斯纳入阿拉伯帝国的版图，使波斯改信伊斯兰教，历时数百年的萨珊波斯帝国最终灭亡。波斯王卑路斯（Pirooz）避居波斯东境，在吐火罗人的支持下建立流亡政权。由于大食频年东侵，卑路斯在西域无法立足，最后形成一个比较大的移民集团，将整个王朝迁移到唐朝避难。

除了这些上层贵族组成的移民集团外，还有相当数量的波斯商人活跃在唐朝。即使在波斯亡国后，唐朝与波斯人的经济和文化交流仍然很活跃。当时旅居在唐的"商胡"，有相当一部分是波斯商人。波斯商人活跃在中西贸易的舞台上，分布在长安、洛阳、扬州、广州等大都市，甚至深入民间社会。中国与西方的海上贸易，其中也有相当大的部分是通过波斯商船进行的。

三、丝绸之路与阿拉伯

公元前5世纪，中国丝绸经过波斯传到阿拉伯国家、希腊和罗马。张骞出使西域后，汉朝派往西亚和阿拉伯国家的使团增多，中国的丝绸、瓷器、茶叶等也来到西亚和地中海沿岸的阿拉伯国家。在叙利亚东部沙漠地区曾出土汉字纹锦，其纹样和织的汉字与在新疆楼兰等地发现的丝织品相同或相似，都是汉代的绫锦、彩缯。在萨珊波斯时期，中国货物通过海陆两途输往两河流域。

随着萨珊波斯灭亡和大食帝国扩张，大食人逐渐取代波斯人，在中国古代东西交往的历史中开始占据重要地位。唐朝与阿拉伯帝国的直接交往始于高宗永徽二年（651），这年大食使者初次来到长安。自此以后，大食使者频频到达，开创了唐朝与西域交往的新阶段。到阿拔斯王朝时代，中国与阿拉伯的文化交流达到最兴盛的时期。

唐玄宗天宝十年（751），阿拔斯王朝的呼罗珊总督阿卜·穆斯林（Abū Muslim）出兵中亚。唐朝的安西四镇节度使高仙芝应中亚诸国之请，领兵去帮助他们抵御大食的侵略，双方会战于石国境内怛罗斯河附近。在这场大战中，唐军损失惨重。自此以后，阿拉伯势力在中亚地区取得了优势，而中国的势力逐渐退出这一地区。

在这次战役中有大批唐兵被阿拉伯军所俘，其中有不少技术工匠。他们被带往阿拉伯地区，中国的科学技术文化也就随之传播开来。可以说，怛罗斯战役促成了中国与阿拉伯之间的第一次技术转移。例如造纸技术就是由被俘的中国工匠传入阿拉伯世界进而西传欧洲的。造纸业的发展，纸的推广和普遍应用，推动了阿拉伯科学和文化事业的进一步昌盛和繁荣。830年，阿拔斯王朝首都巴格达建立了"智慧宫"，由科学院、图书馆和译学馆联合组成，系统并大规模地开展翻译事业。撒马尔罕和巴格达造纸厂生产的轻便的纸，为翻译事业的发展提供了最方便的条件。

在怛罗斯战役中被俘的唐代著名史学家杜佑的族侄杜环，后来辗转归国，在其回忆录中曾提及中国工匠传授阿拉伯人造纸的史实。杜环还提到在阿拉伯活动的其他中国工匠如金银匠、画匠、织匠、络丝匠等。特别是那些中国织匠、络丝匠，把中国的丝织技术带到西亚，推动当地的织造锦缎等高级丝织品的手工业迅速发展起来。

在怛罗斯战役中，被俘的唐军士兵绝大多数没有能够返回故乡，而是在各地漂流，埋骨异乡。杜环是幸运的，他从陆上丝绸之路随军西征到西域地方，在大食境内漂流10年之久，宝应元年（762）又从海上丝绸之路乘商船回到广州。杜环根据他在大食境内流寓的经历及见闻写了《经行记》，留下了中国与阿拉伯交往的最早和可靠的记录。《经行记》记载了13国，即拔汗那国、康国、师子国、拂菻国、摩邻国、大食国、大秦国、波斯国、石国、碎叶国、末禄国、苫国。这些都可能是他到过或者听闻过的地方。《经行记》中保留了最早的关于早期阿拉伯风俗和伊斯兰教教义的汉文记录，翔实地反映了当时中亚各国和大食、拂菻、苫国的情况，还提到了锡兰、可萨突厥、摩邻国。

恒罗斯之战并没有使唐朝和大食的关系交恶，恒罗斯战役的第二年，阿拔斯王朝便遣使中国，唐朝给予隆重接待。安史之乱时，阿拔斯王朝还应唐肃宗之邀，派兵援唐，平定安史叛军。

唐与大食民间的贸易关系也显示出前所未有的盛况。通过丝绸之路，大批阿拉伯商人，包括波斯商人，成群结队地来到中国从事贸易活动，进入甘陕一带，有的甚至深入四川，东下长江流域。阿拉伯古典地理学家伊本·胡尔达兹比赫（Ibn Khurdādhbih，820— 912）的《道里邦国志》（*Kitāb al-Masālik wa-al-Mamālik*）中有一节"通向中国的道路"，对中国的诸港口、河流、物产以及海上航行等情况有较为具体的记述，其中记载，沟通中国与阿拉伯世界的干道是著名的"呼罗珊大道"，这条大道的路线，就是古代丝绸之路在葱岭以西最主要的一大段路线。

8世纪以后，海路的重要性逐渐超过陆路。越来越多的阿拉伯和波斯商人取道马六甲海峡北上交州、广州。这些来华的波斯和阿拉伯商船大都从阿曼的苏哈尔或波斯湾北岸的尸罗夫起航，沿着印度西海岸，绕过马来半岛，来到中国东南沿海。苏哈尔和尸罗夫都是古代海湾地区的商业重镇，长时间内是"通往中国的门户"。据10世纪麻素提（约896—957）的记载，苏哈尔和尸罗夫的海员跑遍了中国海、印度海、也门海、埃塞俄比亚海等广阔海域。

成书于851年的《中国印度见闻录》（*Kitāb Akhbār al-Ṣīn*

wa-al-Hind）中记述了阿拉伯商人苏莱曼（Sulaymān）在印度、中国等地行商，回国后述其东游见闻。书中有介绍从波斯湾经印度和马六甲海峡到中国的航线上，有哪些地方可以泊港，需要航行多少天，在何地补充淡水；还涉及浅滩和礁岩、强风和龙卷风、吃人族居住的岛屿等等，以及各地的土特产和当地的货币和交易方式。因此有人认为，对于当时的阿拉伯商人，此书"堪称一部通俗的南海贸易指南"。

8世纪时，地中海的西部、南部和东部海岸，红海和波斯湾的整个海岸以及阿拉伯海的北部沿海地区，全都掌握在阿拉伯人的手里。阿拉伯人成了欧洲与南亚、东南亚以及中国进行贸易的中间人。9世纪中叶有阿拉伯文献指出："当时从伊拉克去中国和印度的商人络绎不绝。"在当时中国与阿拉伯的航海贸易中，除了往返的阿拉伯和波斯商船外，还有相当一部分中国商船参与其间，可见当时的中国商船已出没于波斯湾。而且阿拉伯人与波斯人在南亚以东的航行，大都喜欢搭乘中国海船进行。苏莱曼《中国印度见闻录》就提到，阿拉伯商人把货物"从巴士拉、阿曼以及其他地方运到尸罗夫，大部分中国船在这装货"。当时有许多阿拉伯和波斯商人乘中国船来华贸易，也有些阿拉伯水手在中国船上工作。

宋朝与大食间的交通，和唐代一样有陆路和海路。天圣元年（1023）以前，大食入贡北宋也可有陆路到达京城，其路线是由沙州历河西走廊，下渭州或经秦州，然后到达汴京。后来，北宋为了遏制西夏势力的发展，禁止大食经过西夏境内。大食与宋朝的贸易，越来越依赖于海路。宋代与阿拉伯海上交通的繁荣加强和促进了双边的文化交流，中国发明的指南针在这时已传入阿拉伯，并为阿拉伯海船所应用，对其航海事业的发展起到很大推动作用。火药和火器技术也大约在同时传入阿拉伯。

1253至1260年，蒙古发动了第三次西征并推翻了阿拉伯帝国阿拔斯王朝，建立了伊儿汗国。伊儿汗国的版图以伊朗为中心，包括今天的土耳其、伊拉克、阿塞拜疆、亚美尼亚和格鲁吉亚等地，建都城于今伊朗北部的大不里士。

伊儿汗国在名义上保持对元朝蒙古大汗的臣属地位，与元朝之间的官方使节往米频繁，使臣往来，都兼营贸易。伊儿汗国所处的地理位置自古以来就是丝绸之路要道，过境贸易一直是汗国的重要财政来源。在伊儿汗国的统治下，西亚地区经济文化都很发达，其首都大不里士成为这一时期亚洲西部主要的商业中心，显现出浓厚的国际化都市色彩。各国的商人、教士、学者、使节云集于此，其中也包括许多中国人。在大不里士和元朝的和林、大都之间，每年都有定期的商队往还，沿途遍布繁华城市，居民星罗棋布。

四、丝绸之路与古希腊罗马

在古希腊时代，地中海边上的希腊城邦与东方的中国，相距十分遥远，信息很难通达。所以，那时希腊人很少有可能获知远方中国的情况。但很有可能经过斯基泰人这一媒介，中国的丝绸已经可以运抵希腊城邦。在雅典西北陶工区的墓葬中有一座雅典政治家阿尔西比亚德斯（Alcibiades，约前450—前404）家族的墓葬，在其中发掘到6件丝织物和一束可以分成三股的丝线。经鉴定，这些丝织品是用中国家蚕丝所织，时间在公元前430至前400年之间，发生在伯罗奔尼撒战争前后，相当于中国战国的初期。

在古希腊女神的雕像中，或者绘画和其他雕塑艺术作品中，也若隐若现地能看到中国丝绸的影子。许多考古资料证明，早在公元前5世纪，通过丝绸之路，中国的丝绸已经越过阿尔泰山，来到中亚地区。那么，中国的丝绸也有可能沿着那时已经开辟的草原丝路，由希腊人称之为"斯基泰人"的商队运抵希腊，并成为希腊人所喜爱的一种珍贵的衣料。

虽然与东方相距遥远，但希腊人一直关注着东方，把东方作为他们想象的异邦。公元前5世纪的古希腊学者希罗多德在《历史》第四卷中曾论述过草原之路。根据希罗多德的记载，公元前7世纪时，自今黑海东北隅顿河河口附近，经伏尔加河流域，北越乌拉尔岭，自额尔齐斯流域进入阿尔泰、天山两山之间的商路，已为希腊人所探索。就希罗多德提到的几段行程推断，总路程可能要走四五个月以上。现代学者根据希罗多德笔下草原居民驻地的分析，做出如下大致的推测：西从多瑙河，东到巴尔喀什湖，是宽广的草原之路，中间需要越过第聂伯河、顿河、伏尔加河、乌拉尔河或乌拉尔山。希罗多德描述的这条草原之路又被学术界称为"斯基泰贸易之路"。广义的斯基泰人活跃于公元前7世纪至前3世纪，相当于中国的春秋战国时期。在欧亚草原民族迁徙的大背景下，随着斯基泰人的迁徙，形成了一条沟通欧亚大陆间的草原之路。斯基泰人就这样成为了中西方之间交通和交流的媒介，充当了中国丝绸最大的中介商和贩运者。而最早的丝绸贸易就是从草原之路开始的。

公元前334年，希腊马其顿国王亚历山大大帝（Alexander the Great，前356—前323）开始了远征东方的行动，建立了一个地跨欧、亚、非三洲的帝国，亚历山大东征及其帝国的建立，在古代东西方文明交流史上具有划时代的意义。亚历山大的东征，开辟了东西方贸易的通道。他在东方建立的几十座城市，都逐渐发展成为商业中心。

亚历山大东征，向西方人打开了亚洲，开辟了进行贸易交流的新道路。亚历山大东征所建立的希腊化世界，实际上形成了以西亚为中心、以地中海和中亚印度为两端的交通体系。当时的东西方商路主要有3条：

（1）北路连接巴特克里亚与里海，从中亚的巴特克里亚沿阿姆河而下，跨里海，抵黑海。

（2）中路连接印度与小亚，有两条支路：一条是先走水路，从印度由海上到波斯湾，溯底格里斯河而上，抵塞琉西亚；另一条是全走陆路，从印度经兴都库什山、伊朗高原到塞琉西亚。至此，水陆两路汇合，由此向西，再到塞琉古国的首都安条克、小亚的以弗所。

（3）南路主要通过海路连接印度与埃及，从印度沿海到南阿拉伯，经陆路到佩特拉，再向北转到大马士革、安条克，或向西到埃及的亚历山大里亚等地。

这些商路实际上与后来的丝绸之路西段的走向大体吻合。亚历山大东征及其遗产希腊化世界的建立，使后来被称为丝绸之路西段（帕米尔以西）的道路实际上已经开通。有的学者说，亚历山大的远征，实际上是丝绸之路开通的序曲。

丝绸之路西段所经的西亚地区，依次为伊朗高原、两河流域、地中海东岸各地。自美索不达米亚地区迄于地中海东岸，可以称作一个"交通网络"。因为丝绸之路西段到了这里，四通八达，畅通无阻。这个地区位于地中海、红海、黑海、里海与波斯湾之间，被称为"五海之地"，处于跨世界商业最大的动脉网上。

公元前2世纪中叶以后，罗马人迅速崛起，征服了希腊本土，成为地中海周围的鼎盛霸国。公元1世纪时，罗马帝国的疆域扩大到最大版图，其领土横跨三大洲。大陆两端，汉和罗马交相辉映，分别代表着当时古代世界文明的最高辉煌成就。

两大文明双方间隔的距离遥远，难以进行直接交流，但商贸往来已经通过间接渠道在两大帝国之间建立联系。在很长时期中，罗马帝国是丝绸之路的西端终点，是中国丝绸西运的主要消费国。罗马人通过贩运丝绸的商旅逐渐得知东方的产丝国家，中国人也间接地知道在遥远的西方有一个可与华夏神州相比的大帝国。中国与罗马通过丝绸，建立起早期的贸易关系和文化联系。

在罗马，纯丝绸制品已成为追赶时髦的必备之物，但纯丝绸制品价格昂贵，并非人人都穿得起。罗马人一般不直接消费中国高档的提花丝织品，而是将成本相对较低的素织物拆开，取其丝线，分成经线和纬线，在其中加入亚麻或羊毛，以使纤维更多一些，再重新纺织成适合当地的轻薄半透明的织物。古罗马博物学家普林尼（Gaius Plinius Secundus，23—79）在《博物志》中就说过，进口的丝织物被拆解成丝线，重新纺纱、织造、染色，制成轻薄半透明的织物，再染色、绣花、缕金，以适应罗马市场的需要。罗马人正是依靠来自中国的丝织品和生丝、借鉴于中国丝织技术，才纺织出他们的刺金缕绣，织成金缕罽、杂色绩和黄金涂的丝衣。

中国丝绸在罗马获得了广泛赞誉，风行于罗马宫廷和上层社会。输入罗马的中国丝绸风情万种，生丝雪白纤细，参与创造了罗马浮华奢侈、追求时髦的社会风尚。

美丽的中国丝绸也令罗马人对遥远的东方产生无限的遐想和无尽的向往。但安息对丝绸之路贸易的垄断，给罗马人走向东方造成了巨大障碍。为此，罗马人从海陆两道探索绕开安息到达中国的道路。《魏略·西戎传》说："大秦道既从海北陆通，又循海西南，与交趾七郡外夷通。又有水道通益州、永昌。"这里涉及我们现在所说的丝绸之路的三条主干线，即陆上丝绸之路、海上丝绸之路和西南丝绸之路。第三条是经过海路抵达印度，然后"通益州永昌"。

在陆路，罗马人从里海直至西伯利亚南部而达天山北路，从那里的游牧部落取得中国丝货，有的人还进入中国内地。罗马地理学家马利努斯（Marinus of Tyre）在《地理学导论》一书中记载了罗马商人到洛阳进行丝绸贸易的经过。公元99年，一位名叫马埃斯·蒂蒂安努斯（Maês Titianos）的希腊商人委托代理人组成商队，从马其顿出发，经过达达尼尔海峡、幼发拉底河上游氾复城（今叙利亚北部门比季），进入安息西境的阿蛮城（今伊朗西部哈马丹），沿里海南岸行至安息国都和椟城（今伊朗达姆甘，《汉书》译为"番兜"，《后汉书》译为"和椟"）、安息东境也里（今阿富汗西境赫拉特）、木鹿城（今土库曼斯坦南境马里），其后进入贵霜境内，到大夏国都监氏城（今阿富汗巴尔赫一带），再沿喷赤河东行至葱岭最高点休密人居地，下山经瓦罕走廊，进入中国境内。当时正是班超驻守西域，商队被带到班超的营地，并被同意前往洛阳。在永元十二年（100）11月到达洛阳后，这支罗马商队受到了汉和帝的接见，并被赐予"金印紫绶"。他们返回罗马时贩运了大批中国丝绸和其他手工业品，回到罗马后，还给马埃斯提供了一份报告书，汇报了他们的冒险经历，马埃斯就此给他的商务伙伴写了一份报告。一些罗马学者读过这份报告书，其中就包括马利努斯。英籍考古学家斯坦因（Marc Aurel Stein，1862—1943）认为，马利努斯的《地理学导论》是在公元1世纪前记载"通往丝国之路"的一部书，因此"丝绸之路"这个名称应该是马利努斯首先提出来的。

罗马人东来更多的是走海路。自公元74年发现利用季风航行以后，罗马的航海家们利用季风知识形成了埃及与印度之间的定期航线，发展与印度的贸易，进而通过印度把贸易延伸到印度洋、东南亚和中国。罗马商人以印度西海岸各港口为航行的终点，但有少数船只绕过科摩林角，从科罗曼德尔海岸再次利用季风横越孟加拉湾，在大海上航行，首先抵达伊洛瓦底江和萨尔温江之口的各港，然后到达苏门答腊和马六甲海峡，最后绕过马来半岛，古罗马商人就发现了一条直抵中国的全海运路线。1世纪中叶，一位住在埃及的希腊水手写了一部《爱利脱利亚海周航记》（*Periplus Maris Erythraei*），记述了西方商船往来于红海、波斯湾和印度东西沿岸的航线。"爱利脱利亚海"意为"东方的大海"，指的是今天的红海、阿曼海乃至印度洋部分海域。《爱利脱利亚海周航记》着重介绍了当时4条重要的海上航线：

（1）顺着红海的非洲海岸航行到卡尔达富角的南端；

（2）从红海海岸出发，绕阿拉伯半岛直至波斯湾深处；

（3）沿印度海岸航行；

（4）通向中国的航路，但这条航线不是很明确。

书中还提到，大量丝绸从中国运到巴克特里亚，一些大捆的丝绸顺着印度河和恒河而下，被运到印度的各个港口，再被装上罗马帝国来印度的船舶。帕提亚商队会收购运抵巴克特里亚的其他丝绸，他们将携带商品从陆路横越波斯，前往泰西封与古代巴比伦尼亚各大主要商业城市。然后，叙利亚商队将这些丝绸和其他东方商品从巴比伦尼亚运到地中海东部海岸。

这样，欧洲人乘船从海上西来，中国积极开拓海域，双方开辟的航线在南亚一带交汇，便形成东西海上交通的大通道。在它的西端，以地中海为中心，其触角延伸到西非、西欧和北欧各地；在东端，从中国的广州等东南沿海各城市，向东亚、东南亚各国延伸。这条海上丝绸之路与中国至地中海东岸的陆上丝绸之路，共同担负起世界经济文化交流的任务，形成早期世界的国际贸易网络。

东汉安帝永宁元年（120），大秦国幻人随掸国王雍由调的使者来到中国。所谓"幻人"，即从事杂技艺术的表演者。有记载明确说明来的"幻人"是罗马人，他们从海路到达缅甸，然后随缅甸使团而来。

东汉桓帝延熹九年（166），有罗马遣使入华一事。这是中西文化交流史上的一个重大事件。大秦使者自日南入华，说明他是由海道经印度、越南而来中国的。日南的卢容浦口，即现在越南顺化附近的思贤海口，是当时中国南方的第一大港。大秦使者在卢容浦口登岸并走陆路至洛阳，引起中国朝廷的重视。其中提到的大秦王安敦，与当年在位的罗马皇帝马可·奥勒留·安东尼（Marcus Aurelius Antoninus，121—180）之名相符。有研究者认为这次大秦使节并非国家正式派遣，而是大秦商人假托政府名义进行的私人探访。不过无论如何，这些"使节"或商人是有记载的进入中国的第一批西方"使臣"。这则关于大秦使节入华的记录，说明中国和罗马两个大国在当时的交往，已有可能达到建立正式官方往来的水平，也标志着横贯东西的海上丝绸之路的最终形成。

以"安敦使团"入华为标志，2世纪以后，中国与罗马的直接交往日渐扩大，海上交通贸易更加繁盛。就在"安敦使团"60年之后，又有大秦商人来中国而见诸记载。281年，罗马派使臣出使西晋王朝，经海路来到广州，并至洛阳。或许可以说，当时在中国和罗马帝国之间担当直接沟通交流角色的，主要是两国的商人。

东汉和帝永元九年（97），班超任西域都护经略西域之时，派其属下椽吏甘英出使大秦。甘英已通过安息到达波斯湾头的条支，但安息人没有向甘英提供更直接的经叙利亚的陆路，而是备陈渡海的艰难，婉阻甘英渡海，甘英乃止步而还。这件本应在中西交流史上留下重要影响的出使，竟以"望洋兴叹"而告夭折。几乎所有的研究者都认为安息在中国与罗马之间实际上起到了阻隔作用。安息国扼丝绸之路要道获取垄断暴利。也许是考虑到若汉朝直接开通与大秦的商路会损害其垄断利益，所以阻止甘英西行。

实际上，甘英虽然没有到达原定的目的地，但他确实是中国第一位走得最远的使臣，也是最有成效的丝路使者。他亲自走过了丝绸之路的大半段路程，到达与大秦国隔海相望的条支国，其间，他调查了大秦国的种种情况，也了解到自安息从陆路去大秦国的路线，以及从条支南出波斯湾，绕阿拉伯半岛到罗马的航线。甘英西使的主要成果是丰富了汉人关于西方世界的见闻。因此，在《后汉书》中对大秦国的记载，就要比《史记》《汉书》中的记载充分具体得多了。

4世纪末，罗马帝国分裂为东西两个帝国。东罗马不仅保持了原本属于古罗马帝国的领土，还进一步囊括了中东和希腊地区，占据地中海周围的欧洲、亚洲和非洲的大片区域，近代学者称之为"拜占庭帝国"。

魏晋南北朝时期，南朝、北朝分别都与拜占庭有所来往，中国人对拜占庭也有所了解。到唐代，有多次拜占庭使臣入唐。最初拜占庭与中国以突厥为媒介而间接有所联系。6世纪中叶，西突厥所掌有的中亚领土正处在东西交通的枢纽地带，无论是横贯波斯的传统的丝绸之路，还是贯穿欧亚大陆的草原之路都经过这一地区。在唐朝击败了西突厥人之后，突厥人有一支系西迁至里海和黑海之间，建可萨汗国（the Khazars）。得益于其沟通东西交通的地理位置，在中国与拜占庭的关系上，可萨突厥人曾经充当了居间的角色。拜占庭、阿拉伯和犹太商人们成群结队地到可萨的都城伊蒂尔，伊蒂尔成为繁荣的国际商业城市，商业税收成为可萨汗国最重要的财政收入。裴矩《西域图记》记载的通西域北道即"拂菻道"，可萨正是处在从敦煌到拂菻（拜占庭）的北道上的重要中转站。

除了官方的联系外，唐朝和拜占庭之间的民间贸易也一直不断，有大批中国丝织品输往拜占庭。中国的养蚕缫丝和丝织技术，也是先传到拜占庭，进而传到欧洲的。

五、海上丝绸之路与非洲

在很早的时候，中国人已经对非洲的亚历山大里亚有了一点了解。到了唐朝，与非洲一些地方建立了直接的贸易联系。中国与阿拉伯来往非常频繁，入宋以后，由于阿拉伯势力进入东非和北非地区，所以中国与非洲也有了比较多的来往。不过，在中国的文献中，有关贸易往往都记载在阿拉伯贸易的名下，然而许多阿拉伯商人贩运到中国的商品，尤其是香料，有许多是来自非洲地区。明初，由于郑和下西洋的活动，中国与非洲的交往和文化交流进入高潮，出现频繁往来的情景，中国人也获得了更多关于非洲及其地理、文化的知识。

埃及地处国际交通的中心位置。10世纪至13世纪，在埃及先后兴起的法蒂玛和阿尤布两个王朝都十分重视贸易的发展。法蒂玛王朝从工商业和贸易中获得巨大收入，物质财富丰厚，国力强盛。据记载，宋大中祥符元年（1008），一位名叫蒲含沙的埃及船长从埃及的重要港口城市杜米亚特港启航赴华。这位埃及船长到达中国、觐见宋帝后，被允许随宋真宗到泰山朝献，参加盛典，受到特殊恩宠。宋真宗还通过他转赠埃及法蒂玛朝银饰绳床、水罐、器械、旗帜、鞍勒马等。此后，埃及法蒂玛王朝多次遣使中国，互通贸易。

大中祥符四年（1011），宋朝皇帝祀汾阴后土祠，埃及派归德将军陀婆离随带大批礼品朝贺。真宗对随同的埃及使者给予最高级别的接待，请使者陪位，又赐冠带服物。天禧元年（1017），宋朝批准"大食国蕃客麻思利等回示物色，免缘路税减半"。上述决定即宋朝对埃及商人给予从京师到港口沿途经商减税的优待。熙宁六年（1073），档册上记载："大食国陀婆离国遣使蒲麻勿等"到中国，随带珍珠、玻璃、乳香、象牙等大批礼品。

赵汝括的《诸蕃志》中详细地记载了勿斯里（今埃及）、遏根陀（今埃及亚历山大港）、陀盘地（今杜米亚特港）和愬野城（今开罗）等地的情况。这些情况可能是他从到达泉州的埃及商人那里听来的。愬野是勿斯里的都城，商业非常繁荣，意大利商人曾到这里来购买东方货物，其中最吸引人的是宋朝的货物，主要有丝织品、瓷器、金银、铜钱等。

在今苏丹的埃得哈布港，是古代北非与东方贸易的重要港口，11世纪中叶到14世纪中叶曾是这里最繁荣的时期。从印度溯红海开往埃及的船只，都在埃得哈布港停泊。据一位也门犹太商人的记录，在印度运进埃得哈布的商品中，中国陶瓷占第一位，其他还有胡椒、草药、绢丝、珍珠、铁等。埃得哈布港遗址沿海岸分布，延续约2千米，到处散布着中国陶瓷碎片，包括唐末、宋、元和明初的越窑青瓷、龙泉窑青瓷、白瓷、青白瓷、青花瓷以及黑褐釉瓷等等。这些遗迹可以说明当时与中国的贸易是非常繁盛的。

宋代中国与东非沿岸各地也建立起经常性的贸易和外交关系。7世纪末到10世纪，大批阿拉伯人迁移到东非，他们在这里建立很多居民点，逐渐发展为城市。东非地区伊斯兰化，商业也迅速发展和繁荣起来。著名的僧祇（Zanzibar）

帝国就在此时兴起，《诸蕃志》中出现的"层拔"，《宋史》中的"层檀"，当为Zanzibar的音译，即今之桑给巴尔。僧祇帝国的居民以大食人居多，他们自古以来都以出海经营作为营生，甚至不远万里，来到宋朝贸易。在这一时期，中国海外贸易商也加入穆斯林商人的队伍，成为东非象牙、香药外销的重要客商，中国向东非出口的瓷器也成倍地增长。从11世纪下半叶起，中国帆船的印度洋货运线，在航程上超过了穆斯林商人经营的东方贸易线。到12世纪后半期和13世纪上半期，东非市场完全被纳入了中国的印度洋贸易网。宋代与东非沿岸各地的贸易空前活跃，进入频繁、持续和繁荣发展的时期。

东非地区国家也向中国派遣使节。据《宋史》记载，宋神宗熙宁四年（1071），有层檀国使者层伽尼从海上到达广州，对宋朝进行访问。元丰四年（1081），层檀再次派层伽尼来到广州，在广州停留一年多，于元丰六年（1083）正月抵达开封，受到宋朝廷的隆重接待。

宋朝人称索马里古国为"中理"（今索马里沿岸）和"弼琶罗"（今索马里柏培拉港）。宋代索马里的对华贸易港，北方有泽拉，南方有摩加迪沙。泽拉在北宋时期是中索贸易的主要港口，后来摩加迪沙在印度洋国际贸易中充当了极其活跃的角色，在对华贸易上也超过了泽拉。索马里境内有很多发现中国古瓷的地点，从这些高原遗址发现的中国陶瓷，与阿拉伯半岛南岸的阿布扬城遗址的中国陶瓷是完全一样的。

元代也有中国商船直达非洲，与非洲的交往比前代有更多的发展。元代造船和航海技术的发展，远航能力超过宋代，为海上交通的发展创造了条件。元代中国与非洲的海上交通主要有3条航线：

（1）至北非的航线。中国船只经印度至亚丁湾后，将货物改装到小船上，进入红海航行7天后到达苏丹的埃得哈布港。

（2）至东非沿岸的航线。这是一条经马尔代夫群岛至东非的航线。

（3）至马达加斯加岛的航线。据马可·波罗记载，这条航线分两路：一是从索科特拉岛向南方及西南方航行1600千米而到达；二是从印度的马拉巴海岸至马达加斯加，航期为20天至25天。

1250年，埃及的阿尤布王朝被推翻，马木鲁克王朝建立。马木鲁克王朝建立不久，便通过伊儿汗国和意大利城邦，与遥远的中国建立了贸易联系。当时中国的出口货物有很大一部分要经过印度洋运到亚丁湾，再转销到利凡特和杜米亚特、亚历山大里亚、贝贾亚、丹吉尔等地中海滨的非洲港口。中国苏州、杭州的各色丝绸、瓷器、铁条、麝香、红色烧珠从亚丁湾转销到地中海东岸和尼罗河三角洲。马木鲁克王朝也积极争取与中国元朝建立直接的联系。1259年，马木鲁克王朝向中国派遣使者，于元中统二年（1261）抵达元朝上都，受到忽必烈的热情接待。元代文献称其为"发郎使者","发郎"即指马木鲁克王朝。

元世祖忽必烈对埃及遣使十分重视，也开始考虑与马木鲁克王朝建立直接关系。至元十九年（1282），元朝派阿耽出使埃及，抵达开罗。大德九年（1305），元朝再次遣使赴埃及。使节到达开罗后，向马木鲁克苏丹馈赠大批礼物，而使者经历的路程，从大都算起，约有1万千米。

元朝和埃及马木鲁克朝的频繁交往，增进了彼此的相互了解，促进了双方经济文化交流。人员往来也很频繁，有一些马木鲁克商人还侨居中国。

元朝与北非和东非其他国家也有密切交往关系。如埃塞俄比亚，是早期与元朝通使的非洲国家之一。至元二十八年（1291），元朝派特使到俱蓝、马八儿和于马都3国，于马都国便是埃塞俄比亚。致和元年（1328），还有埃塞俄比亚遣使入华的记载。至元十九年（1282），元朝使者杨庭壁曾到过东非，抵达肯尼亚的那旺和索马里的摩加迪沙。至元二十二年（1285），有摩加迪沙使者入华。至元二十三年（1286），印度、斯里兰卡、苏门答腊、马来半岛和东非十国使者同时来华，其中有远到斯瓦希里海岸的马兰丹（今马林迪港）和那旺（今尼科巴群岛）。当时元朝使者的足迹已至北非和东非。远到大西洋滨和肯尼亚南部的蒙巴萨，都和中国有直接的贸易和外交关系。

在郑和下西洋后期航海中，郑和船队经过南洋群岛，横渡印度洋，取道波斯湾，穿越红海，沿东非之滨南下，最远到达赤道以南的非洲东部沿岸诸国及马达加斯加岛一带，分航甚至远达西非沿岸。

六、海上丝绸之路的中转站

东南亚地区作为中国的近邻，很早就与中国有着比较密切的往来。中国与东南亚的海上交通，也是中国早期发展起来的海上航线之一。东南亚地区在中外文化交流史上的重要意义，在于这一地区处于中西海上交通的要冲，是海上丝绸之路的中转站。

公元前 2 世纪到公元 1 世纪，中国与东南亚、南亚之间已经有海上贸易，其航线是从中国广州，经越南中部、南部沿海而下，经过马来半岛，到达缅甸南部沿海，最后到达印度南部沿海港口。东南亚的这些沿海地区，作为中国与印度海上航线的必经之地，以及与中国和印度都有贸易关系的港口，起着十分重要的作用。1 世纪以后，海上丝绸之路从中国—东南亚—南亚向西延伸到地中海地区，整个海上丝绸之路全线贯通。东南亚沿海港口就成为中西交通的中转站，在中西交流中发挥着重要作用。

3 世纪以后，属于扶南的一些东南亚沿海地区的航海和海上贸易已经比较发达。"扶南"（Funam）是位于今柬埔寨境内、朱笃和金边之间的嵋公河沿岸的一个王国，古代中国称之为"扶南"。从 2 世纪到 6 世纪的 400 年中，扶南始终是称雄东南亚的海上强国。扶南的港口是位于暹罗湾畔湄公河三角洲沿海边缘地区、今越南南部西海岸迪石以北的奥克·艾奥

（Oc-èo）遗址，罗马商船以日南、交趾与此地为主要停泊的通商地。它正位于当时中国与西方之间的航海大道上，是中国与印度、东方与西方海上交通的中继站。

中国与这一地区的最初交往，可考者为东汉章帝元和元年（84）。东吴黄武五年（226），宣化从事朱应、中郎康泰出使扶南。朱应和康泰在扶南留居数年，探询通往大秦的海路，回国后，朱应撰《扶南异物志》，康泰撰《吴时外国传》。东晋时著名医学家和道教学者葛洪（约284—343/363）也曾到扶南游历。此后，扶南与中国南朝有长期的官方往来和贸易关系。特别是佛教在印度兴起以后，"佛教东被之一大站"扶南成为中印两国文化交流的一座桥梁。

印尼群岛的爪哇地区也是海上丝绸之路的中转站之一。3世纪上半叶，中国与印尼可能就有了贸易关系。当时中国人间接地得知在苏门答腊的东南部沿岸某处有一个重要的商业中心，称其为"歌营"。在那个时代，通过东南亚的主要国际贸易路线是经过缅甸的顿逊横跨马来半岛的北端。因此，中国和歌营的贸易联系可能是通过顿逊，或马来半岛的其他一些国家。东晋僧人法显赴印求法，自印返回时走海道，途经耶婆提国。多数研究者认为，此耶婆提国位于爪哇或苏门答腊。7世纪时，在苏门答腊岛上先后兴起摩罗游（又作末罗瑜，Malayu）、都郎巴望（Tulang Bawang）、室利佛逝（Srivijaya）等王国，在爪哇岛上兴起诃陵（Kaling）王国。诃陵、摩罗游、室利佛逝都与唐朝有友好密切的交往关系。

室利佛逝是7世纪后半期在印度尼西亚西端兴起的一个

新的海上帝国。它控制着马六甲海峡和克拉地峡交通要道。唐代佛教僧侣西行印度求法，有一些人走海路，其中大部分都途经室利佛逝。有些僧侣在那里逗留很长时间，甚至终老不归。如唐代义净自671年出国西行，至695年回国，在国外游历和生活了24年，其间3次旅居室利佛逝，前后长达10年之久。在唐朝经营海上之路中，室利佛逝是一个重要的中转站和交汇点，唐代对外贸易的复兴很大程度推动了室利佛逝的兴起。而室利佛逝对全球贸易起着重要作用，是远东的全球贸易的一个中心。

斯里兰卡古称"师子国"，居于海上交通要冲，一直充当着中国通往印度的海上丝绸之路的中转站，也是贸易繁盛之地。其"奇瑰异宝"中的货物，许多非当地所产，而是转运贸易的商品，有许多是从印度乃至西方贩运到中国的。古代中国人前往南亚次大陆，除了沿今安达曼海东岸航行的路线外，斯里兰卡是必经之地。法显在师子国曾见到有商人用中国产的白绢扇供佛，可见那时中斯两国间早已通商往来。宋代洪适《设蕃致语口号》诗写道："奇物试求师子国，去帆稳过大蛇洋。"斯里兰卡在历史上与印度关系密切，很早就成为佛教东传的一个基地。入唐之初，斯里兰卡与中国来往更为频繁，多有僧徒从师子国来华的记载，很有影响的"开元三大士"中的金刚智（669—741）和不空（705—774），就是从斯里兰卡来到中国的。

七、东方海上丝绸之路

在中国的东面，还有两个邻国，即朝鲜和日本。从很早的时候，中国与它们就有着密切的交流往来和通畅的交通道路。所以，有的学者在谈到丝绸之路的时候，也把与朝鲜半岛和日本的交通包括进去，称之为"东方丝绸之路"。日本和韩国的许多学者都持有这种观点。近年来，又有学者提出了"东北亚丝绸之路"的概念，进一步把丝绸之路的概念扩大到东北边疆地区的交通。这种观点实际上涉及对丝绸之路概念的理解。丝绸之路不是单一的交通路线，而是一个国际性的交通网络，其承载的和象征的，是古代世界各民族文明的大交流。

东方丝绸之路，无论是东方海上丝绸之路，还是东北亚丝绸之路，强调的都是中原地区与东北方向的交通和交流。延续数千年的交通往来，一代又一代大陆移民迁徙到朝鲜半岛和日本诸岛，也有许多朝鲜和日本的人员到大陆出使、参访和经商，出现了一波又一波文化交流的高潮。由此，中国的先进文化持续地传播到朝鲜和日本，促进了当地文化的繁荣发展，形成了以中国本土为中心的东亚文化圈。东亚文化圈是东方丝绸之路发展最重要的成果。

中国与朝鲜半岛的交通一直很便利。朝鲜半岛与大陆紧密相连，陆路交通方便，又与山东半岛隔海相望，水路也不遥远。早在史前时代，中国和朝鲜先民们就有了一定的文化联系。商末"箕子走之朝鲜"的故事就是中国与朝鲜半岛最初联系的文献记载。箕子一行去朝鲜，走的可能是陆路，从商朝故地到东北，经辽东进入朝鲜半岛。

春秋时，位于山东半岛的齐国濒临大海，航海技术十分发达，是一个海上强国，齐国的商人很早就开始了海洋商业活动，开始了对东方海上丝绸之路的开辟和海外贸易，"越海而东，通于九夷"。这条路由齐国沿海的芝罘、蓬莱、海阳、崂山、琅琊、海阳、斥山等港口出发，北渡长山列岛至辽东半岛，再转向东南，沿朝鲜半岛西海岸南下，过济州海峡到达日本。考古资料证实，来自齐国的物品主要发现于今朝鲜半岛南部的韩国境内，发现于今朝鲜半岛北部的则主要是来自燕国和赵国的物品，这说明战国时期燕、赵、齐三国与朝鲜半岛交往所走路线是不同的。燕国和赵国多走陆路，经辽东从北部进入朝鲜半岛；齐国走的是海路，多经庙岛群岛，循海岸线从朝鲜半岛南部西海岸进入今韩国境内，这是一条相对安全又便捷的航路。

据考古学家王绵厚研究，先秦至汉魏时期通往包括朝鲜在内的东北亚交通，主要有3条海路：

（1）由山东登莱入海，经庙岛群岛北道海路，至今辽东半岛南旅顺老铁山一带，然后北行古"乌石津"和"沓津"道。

（2）由山东"齐郡"和"东莱郡"入海，东北海行，沿黄海海岸，入自鸭绿江口道"安平道"；再转渡朝鲜湾海域，由大同江或清川江登陆的入"列口"（大同江）和"三韩""日本道"。

（3）由山东"东莱郡"或"渔阳郡泉州"（今天津一带），渡渤海入自"辽口"，然后溯大辽水和梁水至"襄平""辽阳""望平""高显"诸道。

唐代中国与朝鲜半岛的交通已经十分便利。贾耽叙述唐与外国交通最重要的7条路线，其中两条与朝鲜有关。一条是陆路，即"营州入安东道"，从营州（今辽宁朝阳）出发渡辽水，经"安东都护府"，继续往"东南至平壤城"，可推知往南走到新罗首都庆州。另一条是海路，即"登州海行入高丽道"，从山东半岛的登州出航，渡渤海，再由辽东南岸西行至乌骨江（今鸭绿江）口，前往朝鲜半岛的港岸航路。这条沿岸航路，航程较长，但较为安全，当为惯常之主要航路。

日本僧人圆仁的《入唐求法巡礼行记》指出唐与新罗的海上通道共有4条。该书卷一说："按旧例，自明州进发之船，吹着新罗境。又从扬子江进发之船，又着新罗。"从这两个地方出海的船经黑山岛可至今韩国全罗南道的灵岩。同书卷一又说："登州牟平县唐阳陶村之南边，去县百六十里，去州三百里，从此东有新罗国。得好风两三日得到新罗。"这是最为便捷的道路。

由于交通的便利以及历史上两国友好往来的传统，唐朝与新罗的官方交往十分频繁密切，而且贸易往来相当频繁，规模也相当大。就其贸易性质来说，主要有两种形式：一种是在国家之间随同外交使节的来往机会进行的国家贸易，另一种是在民间的商人之间进行的私人贸易。一般情况下，官方贸易占有更重要的地位。唐朝为接待新罗的贸易官员和商人，特地在今山东、江苏沿海各州、县，设有多处"勾当新罗所"，所内设有通事，专事翻译。有许多新罗商人到山东、江苏沿海各地从事商业活动，这些地区有大批新罗商人居住，设有"新罗坊"和"新罗院"。

中国先进的造船航海技术传到新罗，也推动其造船航海技术达到很高的水平。新罗商船不仅往来于中国与新罗之间，还航至日本，开展三国之间的国际贸易，建立起中国、新罗、日本之间的贸易航线。新罗商人从唐朝贩得的大量商品，除满足新罗国内市场的需求之外，还常将唐货运至九州大宰府，在日本销售。新罗商人建立了往来于中国东部沿海地区与日本九州岛的固定航线，分别在中日两国设立贸易据点，从事两国贸易的中介经营，起到沟通中日贸易的桥梁作用，形成了后来学者所称道的"东亚贸易圈"。当时参与这个"东亚贸易圈"的有新罗商人、唐商人、日本商人和渤海商人。不过，这个贸易网络是被新罗人张保皋的贸易商团所垄断的。

9世纪上半期，张保皋的海商集团是新罗商人的主体力量，垄断了中国与新罗的大部分民间贸易活动。张保皋组建了庞大的船队，往返新罗与中、日三国之间，从事利润丰厚的海运和商业贸易。在新罗政府的支持下，往来于黄海的新罗船，一度都在其控制之下。张保皋的商团几乎垄断了唐、新、日三国的海上贸易，是当时最大的国际贸易集团。其运送的货物包括贵金属、从家具到武器的制成品、瓷器、丝绸、茶叶和人参等商品。还经营造船业和出租船只、水手、艄公等。在中国山东、江苏北部海岸形成了一条船队服务线，为来自新罗和日本的人们进行海上贸易服务。长安、洛阳、扬州、广州也聚集了许多南海、中亚、西亚等地的商人，他们把稀缺的商品香料、织毯等运到中国销售，如此一来，张保皋的海上贸易网络就与中西海上贸易之路联系起来。

高丽时代是朝鲜历史上社会经济和文化发展的一个重要时期。这一时期相当于中国的五代后期、经宋元而至明代初期。北宋与高丽的交往一直很密切。两国交通以海路为主，航路畅通发达。宋与高丽之间的海道北路，主干道是由山东半岛的登州出发，向东直航，横渡北部黄海，抵达朝鲜半岛西岸的瓮津，然后取陆路，经海州、阎州、白州，至高丽国都开城府。

宋与高丽之间的海道南路，从明州、泉州、杭州、广州都可至高丽，但对高丽的主要贸易港口是明州和泉州。两宋时期，明州是长江以南的基本出发港，航行季节多在夏、秋，利用东南季风渡海。从明州出发，往东北航行，抵达朝鲜黑山岛，再往北行，经朝鲜半岛西南海岸的众多岛屿，到达礼成江口。徐兢撰《宣和奉使高丽图经》详细记录了北宋宣和五年（1123）出使高丽的经历及所见所闻，其一行就是走南路海道。

中国与日本的交通，最早是秦代徐福两次率大规模船队东渡，即从山东半岛启航到朝鲜半岛，再由朝鲜半岛南下至日本列岛。可以认为，徐福的船队航线就是沿着春秋时期开辟的东方海上丝绸之路。有学者说，日本人民视"徐福是中国丝绸的传播者和开拓'东海丝路'的先驱"。徐福东渡是经过精心组织和策划、并且进行了充分准备的大规模移民活动，其带领的是一支人员配置齐全、装备精良的庞大的移民队伍。《史记》记载，徐福两次东渡，每次至少是几千人。

关于徐福东渡日本的航线，学术界有"北行航线说"与"南行航线说"两种意见。"北行航线说"认为，徐率船队从琅琊出发后，沿辽东半岛南、朝鲜半岛西的海岸线，穿过对马海峡，到达日本北九州和歌山等地。这种说法实际上和东方海上丝绸之路的航线大体相当，所以有人把徐福看成是东方海上丝绸之路的先驱者和开辟者。"南行航线说"有两种意见：一是从山东半岛的青岛或成山头或芒罘横渡大海，经朝鲜半岛南部到达日本九州等地；二是从苏北沿海诸港口（出发港意见不一）横渡黄海，或至朝鲜半岛穿过济州海峡抵达日本九州，或直达日本。

古代中国人去日本，都是要从陆路去朝鲜半岛或沿朝鲜半岛海岸航行，再由朝鲜半岛南端渡日本海达日本列岛。而日本同朝鲜之间，有两条主要航路。一是从古时的辰韩到达日本山阴、北陆地区的一条航路，即"日本海环流路"。因为它是利用海流的自然航路，所以在造船和航海技术都还不发达的远古时代，它就是从朝鲜航行到日本的最方便的航路。另一条路是从弁韩、辰韩地区，中经对马、远瀛（冲之岛）、中瀛（大岛），到达筑前的胸形（宗像）一线，称为"海北道中"或"道中"。日本很早就称朝鲜为"海北",所谓"海北道中"就是到朝鲜去的道中的意思。这是一条往返的交通线,可能就是大陆上的民族到日本的交通干线。

在东方海上丝绸之路的历史上,最壮丽的篇章是日本的遣唐使船在两百多年间的航行。日本第一次正式派出遣唐使是在630年(唐太宗贞观四年,日本舒明天皇二年),一直延续到894年(唐昭宗乾宁元年,日本宇多天皇宽平六年)停止派遣,前后历日本26代天皇,达264年之久。在这期间,日本朝廷共任命遣唐使19次。不过,在这任命的19次中,因故中止的有3次,实际入唐的共计16次。

在初期遣唐使时,每次都由两艘使舶组成,每舶搭乘120人左右。后来,随着使团人数的增加,每次分成4艘使舶,故在日本和歌中称遣唐使舶为"四舶"。这些遣唐使舶都是利用风力航行的帆船,在难以利用风力时,便摇橹驶船,因而需要很多水手。

日本的遣唐使们不畏艰险,乘风破浪,上演了中日文化交流波澜壮阔的历史活剧。遣唐使以他们的满腔热情和血肉之躯,在茫茫大海上架起一座中华文化得以全面向日本传播的大桥,为促进日本文化的全面繁荣做出了突出贡献。遣唐使在日本文化史上也是深刻的民族文化记忆。

日本派遣唐使来华,兼有官方贸易的使命,除此之外,唐代中日民间贸易也有所发展。后来日中官方往来减少,民间的经济文化交流却趋于频繁,唐人和新罗人的船只不断往返于唐日之间。民间商船往来于两国之间,成为晚唐时期中日交流的主要纽带。中国商船不仅将大批中国货品运往日本，传播中国的文明成果，还在遣唐使中止后为日本学问僧赴唐提供了交通便利。

在唐代发展的基础上，宋代与日本的海上交通已经十分方便。日本京都东福寺塔头栗棘庵珍藏着一幅南宋的拓印《舆地图》。该图显示中国居中，大陆的东面标有"东海"，日本位于长江口的正东方海上，与大陆之间标有"大洋路"三个字。在日本的正北方突出着"高丽"，长江口与高丽间的海面，标着"海道舟舡路"。这幅南宋《舆地图》告诉我们，从宋代开始有了双桅海船与罗盘针后，横渡东海大洋直航日本与高丽的两条新航路得以开通。航路名称，前者强调"大洋"，后者强调"海道"，与过去沿循岛屿航海的传统航路显示出本质上的区别。

北宋时期的中日交往，是以民间贸易商船的往来为主要纽带的。中国商船频频东渡，掀起了民间对日贸易的又一次高潮。北宋商船大都从江浙一带出发。特别是明州，一直是宋日贸易的主要集散地。到了南宋时期，中日两国的经济和文化交流比前代有了更大发展，继盛唐之后，中华文化东传日本出现了又一高潮。

明朝与日本的关系，以开展"勘合贸易"为主要载体。勘合贸易是一种"朝贡贸易"，负责押送勘合贸易船的日本官方代表，明人通常称之为"日本朝贡使"，近代以来有些史学家因勘合贸易而称之为"勘合贸易使"，也有人称之为"遣明使"。自1401年始派，至1551年废止，前后150年间日本总共19次派出遣明使。遣明使可以说是遣唐使的继续和发展，都是日本派往中国的和平友好使者，都为巩固和发展中日交往、扩大和加强两国经济文化交流做出了卓越贡献。不过，遣唐使虽也兼有来华贸易的任务，但更重要的是外交和学习任务，而遣明使后来渐以贸易为主要任务。就使团规模和往来密度来看，遣明使也远远胜过遣唐使。

勘合贸易是两国之间的官方贸易，除此之外，民间贸易也一直没有中断。这些贸易往来不仅加强了两国的经济联系，也促进了两国间的文化交流。在人员交往方面，入明日僧和渡日明僧都是搭乘勘合贸易船和民间商船而成行，贸易船就这样成为沟通文化交流的桥梁。

第五章

关于丝绸之路的报告

一、张骞出使西域报告

历史上，我们的前辈对开辟和探索丝绸之路交通的重要性有充分认识。许多中外文献的作者，在不同的历史时代，或亲身经历，或得自传闻，或研究文献，都不厌其烦地描述各种交通路线。这些关于中外交通史的重要文献，为我们今天了解和研究丝绸之路提供了直接的基础性材料和依据。

先秦典籍中已有一些关于西域的记载，如《山海经》中提到的昆仑山和西王母以及一些域外的国家或地区，《竹书纪年》和《世本》中也记载了西王母的故事，特别是《穆天子传》，6卷中共有5卷内容记述周穆王西巡之事，还记载了穆王西巡和东归的具体路线。但上述材料所记载的有关西域和交通的内容都不系统，而且多有想象和神话的色彩。实际上，在张骞出使之前，中原对西域各国的情况以及通往西域的交通路线，或了解模糊，或完全不了解。

张骞从西域归国后，向汉武帝详细报告了他们往返的行程，以及在西域的亲身经历和所见所闻。《史记·大宛列传》记载了张骞的报告。中原人对西域第一次有了完整的认知体系，较清楚地知道了通往西域的具体路线，大大拓展了中国的地理概念。

张骞向武帝的报告，大体上分为三个部分：一是见闻，二是传闻，三是评估。见闻的部分是他到达的地方，即大宛、大月氏、大夏、康居，其中还包括他所经行的位于今新疆南部的绿洲小国。传闻的部分，大国五六，如奄蔡、安息、条支、乌孙、黎轩和身毒等，其中还包括今中国境内西南夷各部。张骞在上述报告中介绍了西域诸国的地理位置，以大宛为中心，描述了一幅非常直观的西域地理方位图，使人们可以掌握汉代时西域各国的大体分布情况。据此，西域地志在这时已经非常完整和清晰了。

张骞在考察报告中介绍了西域各国的地理环境以及物产、人口、风俗和军事等方面的情况。介绍了当时的西域各国关系特别是诸国与汉朝的关系，并向汉武帝提出了经营西域的策略。张骞还了解到西域诸国与中原发展贸易关系的愿望和对中原物产的喜爱，使汉朝了解与西域各国交通往来，不仅在军事上极有意义，在经济上也会产生很多效益。张骞的报告受到汉武帝的高度重视，大大增强了汉武帝向西域开拓的决心。

张骞带回来的有关西域的文化信息，如同后来的哥伦布发现新大陆吸引了无数欧洲人前往一样，开阔了中原人的视野，使汉代的中原人也开始注视西方，知道西域虽远但并非不可抵达，知道西域天地广阔，国家众多，物产新奇，民情殊异。西域奇特的风俗人情，丰富的物产，对汉人也是极大的诱惑。

几年中，汉武帝多次向张骞询问大夏等地情况，张骞着重介绍了乌孙到伊犁河畔后与匈奴已经发生矛盾的具体情况。乌孙当时是西域大国，兵力多达19万之众，若能联盟，将是汉朝最有力的盟友。张骞建议招乌孙东返敦煌一带，与汉共同抵抗匈奴。这就是"断匈奴右臂"的著名战略。同时，张骞也着重提出应该与西域各族加强友好往来。这些意见得到了汉武帝的采纳。

汉元狩四年（前119），距张骞第一次出使归国后7年，武帝再派张骞出使西域，联络乌孙以共抗匈奴。此次张骞出使，情况与第一次迥异。他率300多人的庞大使团，经数十天行程，一路通行无阻，很顺利地经敦煌到楼兰，再经塔里木河西行至龟兹，一路北上到达位于伊犁河谷的乌孙王都赤谷城（今吉尔吉斯斯坦伊什提克）。张骞在乌孙时，还分别派遣副使到大宛、康居、大月氏、大夏、安息、身毒、于阗及其邻近国家，带去丝绸等贵重物品。他们回国时也带回了许多所到国家的使者。"于是，西北国始通于汉矣"。西域许多国家都和汉朝有了正式往来。

在司马迁之后，班固撰《汉书·西域传》转述了《史记·大宛列传》的大部分内容，用了很大篇幅描述葱岭以西诸国，其中尤以安息和大秦最受重视。而班固介绍最多的是葱岭以东的诸国，这些国家的地理位置，大部分在今中国新疆境内。《汉书》记匈奴与西域事叙述系统清楚、地理概念明确，较《史记》更为深入，可以推知班固对西域的历史和地理知识都比张骞丰富。《汉书》作者班固是班超的哥哥，班超在西域驻节期间，他们常有家信往还。班超既长期驻扎在都护驻所，又时而领兵在塔里木盆地南北征讨，了解西域诸地情况，并进行军事、政治上各方面的联系，所以班超对西域的了解比张骞要深入广泛得多。

《后汉书·西域传》所载"西域"的范围超过了《汉书·西域传》所载，将意大利半岛和地中海东岸、北岸和南岸也包括在内了。这是两汉正史《西域传》所描述的"西域"中涉及范围最大的，以后各史《西域传》再也没有越出这一范围。《后汉书》的一部分资料来自班勇的记述。班勇从西域回到内地后，曾将他在西域的见闻整理成文字材料。以班勇的出身、经历来看，他的记录是非常重要的。因此，《后汉书》的这一部分是值得珍视的。

中原与西域丝绸之路交通的兴盛，使人们对西域地理分区进一步熟悉。《汉书·西域传》以通西域的丝绸之路南、北两道记叙其沿线各国情况。这种分道叙述交通沿线各地地理情况的方法，已具一定的地域观念。

二、法显的《佛国记》

东晋高僧法显（约337—422）是第一位沿着陆路丝绸之路西行，并乘海船从海上丝绸之路回到汉地的取经高僧。在丝绸之路的历史上，像法显这样海陆两道丝绸之路都走过的，还有元代来华的旅行家马可·波罗和鄂多立克（Odoric de Pordenone, 1265—1331），他们的往返行程也分别经过了陆路丝绸之路和海上丝绸之路。法显回国后，将自己西行取经的见闻写成了一部不朽的世界名著即《佛国记》。

《佛国记》是记载丝绸之路的重要文献，法显在其中记述了他艰苦的旅程。后秦弘始元年（399）春天，法显一行从长安出发，沿着这时已经畅通的丝绸之路，一路向西。次年在张掖遇到了同样去西域求法的智严等5人，并与之会合组成了10个人的"巡礼团"。他们从张掖继续西行到敦煌，西出阳关渡"沙河"（即白龙堆大沙漠），冒着生命危险勇往直前，经17个昼夜，1500里路程，终于渡过"沙河"。

此次法显走的是丝绸之路的"北道"。他们来到白龙堆以西的第一个绿洲城市鄯善，这里就是汉朝时的楼兰故土。此时罗布大泽附近的土地盐碱化严重，已经没有了楼兰当年的繁荣景象。法显一行继续前行到了乌夷国。他们在乌夷国住了两个多月，又转向西南，取道塔克拉玛干大沙漠，走了1个月零5天出大沙漠，到达"南道"重镇于阗国，在这里住了3个月，继续前进经过子合国，翻过葱岭，渡过新头河到了那竭国。而后法显等人经宿呵多国、犍陀卫国到了弗楼沙国，即今巴基斯坦白沙瓦。

此时他们的队伍有人生病，有人退出，最后只剩法显、慧景与道整3人，他们一起南渡小雪山（今阿富汗苏纳曼山）。慧景冻死途中，法显与道整翻过小雪山到达罗夷国，又经跋那国（今巴基斯坦北部之邦努），从此东行3日，再渡新头河，到达毗荼国（今巴基斯坦旁遮普）。接着，他们经过摩头罗国，渡过蒲那河，进入中天竺境。到这时，距他们离开长安已经有5年了。

法显在印度各地访求佛经，学习梵文并进行考察，周游中天竺，巡礼佛教故迹。法显还参访了释迦牟尼的诞生地迦维罗卫城，在今尼泊尔境内，与印度北方邦毗邻。405年，法显来到佛教极其兴盛的达摩竭提国巴连弗邑（华氏城），今印度比哈尔邦之巴特那附近。巴连弗邑原是古印度孔雀王朝阿育王都城，留有大量的佛教文化遗址。城南有耆阇崛山，也就是有名的灵鹫峰。与法显同行的道整十分仰慕那里的沙门法则和众僧威仪，发誓留在那里不回国了。而法显一心想将戒律传回祖国，便一个人继续旅行。

409年底，法显搭乘商舶纵渡孟加拉湾，到达师子国（今斯里兰卡）。在师子国旅居两年后，法显乘船东下，在海上漂流了90天才达耶婆提国（今印度尼西亚爪哇）。5个月后，法显继续乘商船计划经广州返回长安，但中途遇大风，漂流17日后，到了青州牢山（今山东青岛崂山）。法显乘风踏浪，历尽艰险，终于于东晋义熙八年（412）七月十四日回到祖国的土地。法显60多岁出游，历经14年，前后共走了30余国，带回了很多梵本佛经。

法显以年过花甲的高龄，完成了穿行亚洲大陆又经南洋海路归国、远途陆海旅行的惊人壮举。法显《佛国记》对其往返程的基本情况，做了较为详细的记述，为人们研究中国古代陆上丝绸之路和海上丝绸之路提供了极为可信的资料。其涉及的地域范围甚为广泛，北起中国新疆境内，南及印度河、恒河流域。后来的《汉书·地理志》都不同程度地吸收了法显的材料。《佛国记》中记载了法显西行途中的大量见闻，给中国带回有关印度佛教的大量信息，具有丰富的学术价值。

法显西行及其撰写的西行游记，大大开拓了中土僧人的眼界，在当时产生了巨大反响。其同时代人感叹说，法显实为"古今罕有"，"自大教东流，未有忘身求法如显之比"。他为中国僧人树立了一个西行求法的榜样，激励后人效法学习，后出的许多僧人都以法显为楷模，作为激励自己西行取经的动力。

三、董琬出使西域报告

法显回国25年之后，北魏太延三年（437），太武帝遣董琬等一行出使西域，北魏与西域之间开始互通使节。

北魏建立政权、统一北方后，因其统治集团中的主要部分是拓跋鲜卑，和中亚游牧民族同属游牧经济，生活习俗有较多的相近之处，所以他们在中西文化交流上，不仅没有产生阻力，还起了促进推动的作用。这种情况贯穿整个北朝，为以后隋唐时期中西文化交流出现新的高潮奠定了基础。

在北魏统一北方的过程中，西域的车师前部王、焉耆王和鄯善王等都曾遣使到北魏朝贡，表达臣服之意。北魏声威远达西域，西域各国首先有通好的表现，中西间交通开始出现新的局面。太延三年（437）三月，西域的龟兹、悦般、焉耆、车师、粟特、疏勒、乌孙、渴盘陀、鄯善诸国王联合组团遣使到北魏。九国同时来献，这是北魏外交史上的空前盛况。太武帝决心继续遣使交通西域，遣散骑侍郎董琬、高明等，带着锦帛等礼物，"招抚九国"。董琬和高明沿途所经各国纷纷表示归附。董琬一行回到平城时，随同而来的有包括乌孙、破洛那、者舌等在内的西域16国的使节。

　　董琬等出使西域是中西交通史上的重要事件，在加强中原与西域各国的关系方面起到了沟通促进作用，使中西之间一度沉寂的官方来往又频繁起来。西域诸国"自后相继而来，不间于岁，国使亦数十辈矣"。有学者认为，董琬、高明西使是两汉魏晋南北朝时期极其重要的西使之一，堪与张骞出使西域相媲美。

　　董琬回国后把当时西域的地理交通以及出使期间的见闻等方面的情况形成了详细的出使考察报告。这份报告被收录在《北史·西域列传》中。据董琬的报告，通往西域的道路有4条：

　　　　（1）　出自玉门，度流沙，西行2000里至鄯善；

　　　　（2）　自玉门度流沙，北行2200里至车师；

　　　　（3）　从莎车西行100里至葱岭，葱岭西行1300里至伽倍；

　　　　（4）　自莎车西南500里，葱岭西南1300里至波路。

　　董琬首次明确地提出西域的地理分区，即"西域自汉武时五十余国，后稍相并。至太延中，为十六国，分其地为四域。自葱岭以东，流沙以西为一域；葱岭以西，海曲以东为一域；者舌以南，月氏以北为一域；两海之间，水泽以南为一域"。

董琬以简略的文字记述了西域 4 个地理区域的范围。对他所说的 4 个区域的具体地理范围，现代学者则有不同看法。第一区域相当于今新疆天山山脉以南的地区，当时主要是许多土著的城郭之国。关于第二区域，有人认为指今帕米尔以西至波斯湾一带，也有人认为据董琬等人的行踪不应指波斯湾，而是指今里海南端，这里是当时嚈哒所直接占领的地区。第三区域为阿姆河中、上游南、北岸一带地区，当时为贵霜王朝的主要根据地。第四区域有人认为的"两海"即今里海及地中海、"水泽"即今黑海，则此区域指今小亚细亚；也有人认为"两海"仅指巴尔喀什湖和咸海，而"水泽"则为"大泽"之误，它可能指今里海的北部，这里一直是游牧民族生活地区。

不论这里有什么不同看法，人们普遍认为董琬的报告已经包含了很远的地区。反映了董琬的报告是北朝时中原地区人民对于西域情况的一份重要的认知材料，增进了人们对西域形势和地理知识的了解。

四、《西域图志》与隋代丝绸之路

裴矩（约547—627）是隋炀帝时对西域政策的制定者和

执行者。在隋炀帝经营丝绸之路、开拓西域的过程中，裴矩做出了杰出贡献。裴矩是两朝重臣，炀帝继位之后，他担任过民部侍郎、黄门侍郎等要职。炀帝派裴矩驻于张掖，往来于武威、张掖间，以主持与西域的联系及商业交通事宜。

裴矩在张掖期间与西域商贾的交往中，请他们讲述其国的风俗与山川险易，以此来了解各国的地理形势、气候物产和风俗习惯，并把这些材料积累起来，于大业四年（608）撰成《西域图记》一书。裴矩将此书献给炀帝，受到炀帝的赞赏。

《西域图记》共3卷，记44国事，且附地图画像。这本书已佚，其序保存在《隋书·裴矩传》中，是有关中西交通史的宝贵资料。序文叙述了西域各国的变迁，记载了从敦煌出发西行至西海（地中海）的三条路线，分析了击灭吐谷浑、突厥，统一华夏的可能性和必要性，并提出了对西域"征抚并用"的战略方针。

《西域图记》介绍了当时中西交通的3条主要道路，将它们称作"北道""中道"和"南道"。裴矩所记的这3条大道，以敦煌为总出发点，伊吾、高昌、鄯善则分别为3条大道的起点。其北、南两道和《汉书》《魏略》的记录相比，都有了延伸和变化，这种变化反映了在南北朝时期中西交通的发展情况。

隋炀帝积极发展和西域的联系，主要目的之一是获取西域"宝物"，即发展通商关系。所以可以说，裴矩所称三道之中的"南道"和"中道"起自"西域人企求华丝，华人欲得

印度、波斯、罗马等地的物产的欲望"。至于北道则实起于
"企图获得北道中部乌拉尔及西伯利亚地方毛皮",可称之为
"毛皮路"。

《西域图记》不只是一部西域地理著作,还是隋唐两朝
开发丝绸之路的指导纲领。在《西域图记》中,裴矩指出了
突厥、吐谷浑阻遏西域诸国贸易交通,导致丝路不畅的状
况,提出击败吐谷浑、分化突厥、开发西域的构想。隋炀帝
将"四夷经略"委任裴矩,部分地实现了他这一构想。

五、玄奘的《大唐西域记》

唐贞观三年(629),玄奘(600—664)背着行囊,走出
长安城,踏上丝绸之路,踏上了西去取经的漫漫旅程。他游
学印度17年,回国后撰写了《大唐西域记》。

玄奘西行,从长安出发去秦州,经兰州去往凉州。在凉
州,玄奘冒着违抗朝廷禁止国人出蕃的禁令,昼伏夜行,至瓜
州,出玉门关,偷出国门。贞观四年(630)正月,玄奘到达
位于今新疆吐鲁番市境内的高昌王城。在高昌王的帮助下,玄
奘经位于今新疆库车的龟兹、凌山、素叶城、迦毕试国、笯赤
建国、飒秣建国、葱岭、铁门,到达睹货逻国故地,即今葱岭
西、乌浒河南一带。然后南下经缚喝国、揭职国、大雪山,到
梵衍那国,即今阿富汗之巴米扬地方,玄奘曾在这里瞻仰了巴
米扬大佛。继而经位于今巴基斯坦白沙瓦的犍陀罗国、乌仗那
国,到达位于今克什米尔的迦湿弥罗国。

　　玄奘在迦湿弥罗国开始钻研梵文经典。后又到达今巴基斯坦境内，一年里亲历四国。玄奘游历各地，巡礼佛教胜迹，广泛学习大小乘佛教。当时的印度小国林立，分为东、西、南、北、中五部分，史称"五印度"或"五天竺"。玄奘先到北印度，在那里拜望高僧，巡礼佛教圣地，跋涉数千里，经历十余国。唐贞观五年（631），玄奘进入恒河流域的中印度。在摩揭陀国的那烂陀寺学习历时5年，备受优遇，并被选为通晓三藏的十德之一（即精通50部经书的10名高僧之一）。

　　贞观十年（636），玄奘离开那烂陀寺，游访考察东南西印度，先后到伊烂拏钵伐多国、萨罗国、安达罗国、驮那羯磔迦国、达罗毗荼国、狼揭罗国、钵伐多国，访师参学。他在钵伐多国停留两年，后又到低罗择迦寺、杖林山等地游学。贞观十四年（640），玄奘应戒贤法师之邀，重返那烂陀寺。

　　贞观十六年（642）十二月，北印度羯若鞠阇国（即曷利沙帝国）国王戒日王召集各国僧侣在曲女城召开辩论大会，即佛教史上著名的"曲女城辩论大会"。玄奘受请为论主，登上宝座，称扬大乘佛教，使与会者群情悦服。于是玄奘的声誉传遍五印度。这是中印文化交流史上的空前盛事。隔了两年，玄奘又应邀前往钵罗耶伽参加戒日王帝国5年一度的佛教无遮大会，这是印度佛教史上规模最大的一次盛会。无遮大会后，玄奘正式辞王东归。

　　玄奘自贞观三年（629）私往天竺，至贞观十九年（645）回到长安，结束了历时17年、跋涉5万余里的艰难历程。

在《大唐西域记》中，玄奘记述了他亲身经历和传闻得知的138个国家和地区、城邦，包括今中国新疆、中亚地区以及阿富汗、伊朗、巴基斯坦、印度、尼泊尔、孟加拉国、斯里兰卡等地的情况。卷一所述从阿耆尼国到迦毕试国，即从新疆经中亚抵达阿富汗，是玄奘初赴印度所经之地；卷二为印度总述，并记载了从滥波国到健驮罗国，即从阿富汗进入北印度；卷三至卷十一所述从乌仗那国至伐刺拏国，包括北、中、东、南、西五印度及传闻诸国；卷十二所述从漕矩吒国至纳缚波故国，即经行的帕米尔高原和塔里木盆地南缘诸国概况。书中对各国的记述繁简不一，通常包括国名、地理形势、幅员广狭、都邑大小、历时计算法、国王、族姓、宫室、农业、物产、货币、食物、衣饰、语言、文字、礼仪、兵刑、风俗、宗教信仰以及佛教圣迹、寺数、僧数、大小乘教的流行情况等内容。《大唐西域记》对五印度的历史文化、宗教信仰、风土人情、山脉河川、地理特征记载十分详细。

中国人对印度的称谓，因时因地而异，极不统一。《大唐西域记》中写道："详夫天竺之称，异议纠纷，旧云身毒，或曰贤豆，今从正音，宜云印度"，又说："印度之人，随地称国，殊方异俗，遥举总名，语其所美，谓之印度"，印度国名的译定即始于玄奘。

《大唐西域记》以其丰富的知识，极大扩展了中国人对西域和印度等地的认识，为当时大唐朝廷经营西域提供了确切的资料。同时，《大唐西域记》也成为后世研究古代南亚次大陆和中亚诸国历史、地理的经典性著述和重要依据。

六、《皇华四达记》记载的丝绸之路

唐代是一个积极发展对外关系、加强与世界各国交流往来的时代，对外交通已十分发达，陆路和海路并举，东西南三个方向都十分畅通。贞元时宰相贾耽在《皇华四达记》中就详细记载了当时的海外交通。

贾耽是唐朝著名政治家和地理学家，一生为官47年，其中居相位13年。他很关注当时的边疆地理和交通，"筮仕之辰，注意地理，究观研考，垂三十年"，还充分利用各种机会，结合政治、军事情况研究并考察地理。他一方面"采掇舆议"，进行广泛的调查采访，凡外国使者和从外国出使归来的官员，以及往来的商旅，他都亲自与之交谈，"讯其山川土地之终始"，了解收集资料，"绝域之比邻，异蕃之习俗，梯山献琛之路，乘舶来朝之人，咸究竟其源流，访求其居处。阛阓之行贾，戎貊之遗老，莫不听其言而掇其要；闾阎之琐语，风谣之小说，亦收其是而芟其伪"。另一方面，"寻研史牒"，查阅中央和地方保存的旧有图籍，"九州之夷险，百蛮之土俗，区分指画，备究源流"。在深入调查研究的基础上，他掌握了许多第一手资料，积累了丰富的地理知识，撰写了许多地理著作，并绘制了多卷地图。

经过17年的充分准备，贾耽绘成《海内华夷图》。《海内华夷图》是中国历史上第一幅大型地图，内容包括唐朝疆域沿革、行政区划、古今郡县、山川名称、方位、交通道路等。除此之外，《海内华夷图》对域外许多国家和地区的名称、方位、山川等内容，亦有适量的记载，可以说是一幅小范围的亚洲地图。贾耽还撰写了《古今郡国县道四夷述》40卷，是《海内华夷图》的文字说明，但其图、说各自独立成篇，有些学者将其视作总地志性质的地理著述，对历代地理沿革、边防及城镇都会的变迁、各地人口增减的考订，大大超过前人，对当时政治地理、物产、经济状况的叙述也比较完备。

贾耽最重要的著作是《皇华四达记》10卷。据其记述，唐"入四夷之路与关戍走集最要者"，有通道7条：

第一条道路称"营州入安东道"，从今辽宁朝阳直接通往朝鲜；

第二条道路称"登州海行入高丽渤海道"，从山东登州出发，通过渤海湾由海上通往朝鲜半岛并至日本；

第三条道路称"夏州塞外通大同云中道"，第四条道路称"中受降城入回鹘道"，都是从西北地区通往漠西回鹘等处；

第五条道路称"安西入西域道"，从今甘肃安西出发，通往西域并再向外通至西亚乃至欧洲；

第六条道路称"安南通天竺道"，第七条道路称"广州通海夷道"，二者皆为海路，分别从安南和广州出发，下南海而至印度洋并通往西方。

贾耽在说明交通路线时，也谈边疆和域外若干城镇的地理位置、自然面貌等地理内容。如"广州通海夷道"，不仅记述了这条交通路线的航程和航行日数，同时也提及这条交通线上30多个国家或地区的名称、方位、山川、民情风俗等内容。

七、宋元文献记载的海上丝绸之路

宋代海上丝绸之路发达，对外贸易繁荣，这在宋代的官方文献中多有记载，在一些私人著述中也有不同的记载。宋代全面而详细记载海上丝绸之路交通和贸易的私家专门著作，最具代表性的有周去非（1135—1189）的《岭外代答》和赵汝适（1170—1231）的《诸蕃志》。

周去非在南宋淳熙年间（1174—1178）任广南西路桂林通判。南宋朝廷十分重视对岭南各地的经营管理，桂林成为西南重镇，广州成为对外贸易中心。一时间，南来北往的客商云集此地。周去非在检查州县、游历名胜古迹时，细心观察社会的民俗风情，获得了许多宝贵资料。周去非在《岭外代答》自序中说，他在广西期间，"随事笔记，得四百余条"，所记皆为"疆场之事、经国之具、荒忽诞漫之俗、瑰诡谲怪之产"。《岭外代答》是研究宋代海上丝绸之路交通和12世纪南海、南亚、西亚、东非、北非等地古国史的可贵资料，具有相当的史料价值。

书中记载了宋代岭南地区的社会经济、少数民族的生活风俗，以及物产资源、山川古迹等情况。其中"外国门""香门""宝货门"兼及南洋诸国，并涉及大秦、大食、木兰皮（故地在今非洲西北部和欧洲西班牙南部地区）诸国，反映了当时岭南地区与海外诸国的交通、贸易等情况。关于海上之航线，《岭外代答》卷三《航海外夷》也有记载。

周去非的《岭外代答》以记载岭外即两广地区，特别是广西的事情为主，兼及海外诸国的地理交通。而赵汝适的《诸番志》则是专门记述外国的地理学著作，"所言皆海国之事"。

赵汝适曾任福建路市舶司兼泉州市舶使，在任上撰著《诸蕃志》。《诸蕃志》上卷记海外诸国的风土人情，下卷记海外诸国物产资源。内容包括东自日本，西至东非索马里、北非摩洛哥及地中海东岸中世纪诸国的风土物产，也有自中国沿海至海外各国的里程及所需日月。该书有关海外诸国风土人情多采自周去非《岭外代答》的记载，有关各国物产资源则多采访于外国商人。

元成宗元贞二年（1296），元朝派遣一个外交使团出使真腊，周达观（约1266—1346）是使团的随行人员。使团于当年二月离明州，二十日自温州港口开洋，三月十五日抵占城。中途因逆风不利，故秋七月始抵真腊，逗留其国一年。周达观回国后，根据亲身经历见闻，写成《真腊风土记》一书。书中记载了使团自温州开洋前往真腊的行程。他的记载说明了真腊在当时的海上丝绸之路占有一席之地，与占城、暹罗、印度以及中国广州都有航船往来。值得注意的还有该书对针位的记载。指南针应用于航海虽早见于宋代载籍，但述及罗盘针位者则首推《真腊风土记》。

元代文献中，陈大震、吕桂孙所撰《大德南海志》对海上丝绸之路也有所记载。《大德南海志》卷七"船货"与其附录"诸蕃国附"，是元初广州海外贸易的记录，著录当时广州的海外贸易国142个。《大德南海志》是较早同时提及东、西洋的一部重要古籍，并且细分为小东洋、大东洋，小西洋、大西洋。《大德南海志》还根据航路的先后、近远，把今东南亚诸国之地名予以排列，便于我们探索元代的南海航路和考证今地。

至顺元年（1330），20岁的元代旅行家汪大渊（约1311—？）首次从泉州搭乘商船出海远航，历经海南岛、占城、马六甲、爪哇、苏门答腊、缅甸、印度、波斯、阿拉伯、埃及，横渡地中海到摩洛哥，再回到埃及，出红海到索马里、莫桑比克，横渡印度洋回到斯里兰卡、苏门答腊、爪哇，经澳大利亚到加里曼丹、菲律宾返回泉州，前后历时5年。至元三年（1337），汪大渊再次从泉州出航，历经南洋群岛、阿拉伯海、波斯湾、红海、地中海、非洲的莫桑比克海峡及澳大利亚各地，至元五年（1339）返回泉州。汪大渊第一次航海归国后，撰写了航海纪实性著作；在第二次航海回国后，又以新增的阅历对旧志进行修订，最后完成《岛夷志略》一书。全书共分100条，记有通商国家和地区90多个，地域涉及东自澎湖、琉球，西至阿拉伯半岛和非洲东岸之层拔国（今坦桑尼亚桑给巴尔）等地，包括南洋诸岛及印度洋沿岸各国。

书中有关各地的山川、风土、物产、居民、饮食、服饰和贸易的情况，都是他根据亲身见闻记录下来的。《岛夷志略》不仅是研究14世纪上半叶亚、非、欧各国历史、地理、经济、文化的重要文献，也是考察中国元代远洋航海活动的珍贵史料。

第六章

丝绸之路大交换

一、丝绸之路上的物种大交换

美国历史学者艾尔弗雷德·W.克罗斯比（Alfred W. Crosby，1931 –2018）在他1972年出版的著作中，提出了"哥伦布大交换"（Columbian Exchange）这个概念，是指在哥伦布发现新大陆之后，在东半球与西半球之间发生的生物、农作物、人种、文化、传染病，甚至思想观念的突发性交流。

我们可以借用"大交换"这一概念，来说明在丝绸之路上发生的东西方之间物种的流动、物产的流动以及技术发明的流动，即人类创造的物质文明大流动。丝绸之路首先是物质文明大流动之路，这是整个文化交流最初的、基本的方面。而在各民族间的接触中，首先容易了解和接受的，就是物种、物产和技术。

发生在丝绸之路上的物质文化交流，首先是不同民族之间的物种大交换。物种、动植物的交流在早期人类的交往和交流中是相当重要的内容。农作物和家畜，是早期人类在生产生活的长期实践中对野生物种逐渐驯化的结果。不同的民族在不同的自然条件下，所接触和驯化的动植物也不相同，但通过交流，它们逐渐成为各民族共同的财富，满足和丰富了不同民族的生活内容和条件。直到近代以前，世界性的物种交流一直在持续。

距今5000至4000年前，发生了一次食物物种的全球交流，主要发生在欧亚大陆，也就是通过我们现在称为"丝绸之路"的交通路线实现的。

中国是世界农业起源地之一。粟是欧亚大陆极为古老的谷物之一，中国则是粟作文化的起源中心。在仰韶文化时代，粟就成为中国北方人口的主粮。粟在北方被种植后即向包括中国南方在内的各地传播，最迟在距今4000年时便传至南亚和东南亚地区。同时经山东半岛或辽东半岛传入朝鲜和日本。粟主要是经过畜牧民族世世代代的接力传播，从草原通道经过中亚地区进而到达欧洲的。

中国长江流域下游是亚洲稻作农业的发源地。水稻在中国推广种植后，很快传到了东亚近邻国家。3000年前传到朝鲜半岛，春秋末期传入日本，在那里发展起水稻文明。秦汉时期，中国较为先进的稻作农业技术传入东南亚地区，水稻逐渐发展成为当地最主要的粮食作物。

几乎在中国原生的稻和粟向外传播的同时，起源于西亚的小麦也在距今大约4500年前传入中国黄河中下游地区。大概殷商时期，华北地区居民已经逐渐将麦子作为食物。《诗经·周颂》中有对小麦的记载，说明西周时黄河中下游已栽种小麦。西汉末和东汉前期，小麦在关中地区作物中已有相当重要的位置。相应地，人们的食物结构也发生了变化，出现了"相谒而食麦"的风俗。

小麦从西亚向东方的传播至少包括了3条路线：主体为北线的欧亚草原大通道，中线为河西走廊绿洲通道，南线是沿着南亚和东南亚海岸线的古代海路。这和现在所说的丝绸之路的三大干线，即草原丝绸之路、陆上丝绸之路和海上丝绸之路大体上是一致的。

中国自古讲究"五谷丰登"和"六畜兴旺"，作为生活富足和社会繁荣的基本条件。我们常用"五谷丰登"来形容农业的兴旺。所谓"五谷"，即指稻、麦、黍、稷、菽5种粮食作物。其中既有中国自身起源的稻子、小米、大豆，也包括从外部输入的小麦。可以说"五谷丰登"是史前世界种植物交流的结果，同样，"六畜兴旺"也是。

"六畜"概念始见于春秋战国时代的文献。《周礼·地官·牧人》说："牧人掌牧六牲，而阜蕃其物，以共祭祀之牲牷。"此处"牧六牲"包含牛、马、羊、猪、犬、鸡，牧人是选定祭牲的礼官。六畜中的猪、犬、鸡起源于东亚本土，驯养的牛和羊的出现则与游牧生活方式有关。羊最早是在西亚地区被驯化的，也是从西亚传入中国的，与西亚相比，东亚养羊大约晚了5000年。家养的牛有水牛和黄牛两种，家养水牛起源于印度和东南亚地区，中国的家养水牛很可能是公元前1千纪从南亚引进的。黄牛是在1.1万年前在西亚被驯化的，约在5000至4500年前传入中国。早期养牛，或在祭牲、肉食之用。祭祀与战争在古代社会中占有重要地位，黄牛正是王一级的祭祀形式"太牢"中所使用的最为主要的祭牲。用牛来耕作，不会晚于春秋时期。孔子有一个学生叫冉耕，字伯牛，"耕"和"牛"分别用作名和字，反映出春秋时已有人用牛来耕作。

作为六畜之一的马，也是通过丝绸之路传到中国的，但是马的引进要比牛羊晚许多。马的驯养是公元前2千纪前期由中亚游牧民族完成的。中国西北地区的齐家文化和四坝文化可能最早有驯化的马，其来源可能与欧亚草原西部文化交流有关。商代晚期中原开始引进家马。当马作为一个新物种被引进中原后，游牧部族的马文化也随之传播到中原，对中原人们生产生活和文化都产生了重要影响。商周时代，马受到高度重视，是人们公认的珍宝。周代时养马盛况空前，西周已有管理养马用马的专门机构。

小麦和马、牛、羊都是在新石器时代晚期通过西北的丝绸之路传入中国的，这是中国引进域外动植物的第一次高潮。及至西汉时期，由于张骞开辟丝绸之路，出现了又一次高潮。这一时期从西域移植来的植物有安石榴、苜蓿、葡萄、玉门枣、胡桃，以及胡麻、胡豆、胡瓜（黄瓜）、胡荽（香菜）、胡蒜等。还有出自瀚海北、能耐严寒的瀚海梨，"霜下可食"的霜桃等。同时期传入的西域植物还有无花果、番红花（又称"藏红花""西红花"）、西王母枣、奈（俗称"沙果""红果"）、荞麦、茄子等。汉武帝元鼎六年（前111）平定南越后，还从南方引进了许多亚热带植物，种植于上林苑中。汉武帝的上林苑汇集了天下的奇珍异宝，以及大量的花草树木和奇兽珍禽，是当时全国最大的皇家动物园和植物园。《三辅黄图》卷四记载，汉武帝修上林苑，"群臣远方，各献名果异卉三千余种植其中，亦有制其美名，以标奇异"。

从西域引进的植物中，最引人瞩目的是葡萄。唐代诗人李颀有一首《古从军行》，其中写道，"年年战骨埋荒处，空见蒲桃入汉家"，李颀这首诗表达的意思是不赞成汉武帝驱逐匈奴的功勋，只道年年西征，为的是有异域奇珍供帝王享用。在其所言汉武帝的战果之中，仅列"蒲桃"（葡萄）一项，可见在当时人们心目中，葡萄在引入的西域物产中具有重要地位，或可说葡萄成为汉唐时引进的西域植物的代表符号。

汉及以后与西域的交往中，还有大量的植物，包括蔬菜瓜果、奇花异草、名果异木在不同时期通过不同途径陆续传入中原内地，进行移植栽种。以"胡"字命名的蔬菜水果，大都是在汉唐时期来自西域的；我们生活中最常见的菠菜，是唐太宗时期从尼泊尔输入的；西瓜的原产地在非洲，是辽宋时期从阿拉伯输入的；还有来自印度的棉花，非洲的高粱等。及至欧亚大陆与美洲大陆交通以后的大航海时代，实现了全球性的"哥伦布大交换"，原产地为美洲的玉米、马铃薯、红薯、花生、西红柿、辣椒等等，都被成功地移植到中国，在广阔的范围内得到传播推广，逐渐成为中国人的主要粮食作物。

这些植物传入后，经过中国人民千百年来的种植、选育，成为中国蔬菜、水果、油料等农业作物的重要组成部分。有统计说，今天我们日常吃的比较常见的百余种蔬菜中，汉地原产和域外引入的大约各占一半。这些引进的粮食作物、蔬菜水果，对中国农业、畜牧业等产生了深远影响，改变了中国的饮食结构，极大地丰富了中国人的饮食文化。今天我们的食材多种多样，食品丰富多彩，很大程度上得益于人类早期的物种交流。

物种交流是人类历史上一个极为普遍和持续的过程。但这个过程并不是物种的自然传播，而是人类不同族群、不同文化之间的交流往来。进入人类文明传播和交流领域的物种，不仅仅是一种自然产品，其中还包含着人类的文化活动，是人类主动参与、改造的产物。也就是说，这些食用植物和家畜并非野生，而是经过人类驯化和培育的，这一过程中包含的人类智慧和技术发明，本身就是人类文化的产品，是人类文化的一部分。

物种交流实质上可以看作是人的交流，其引发的故事就是人类逐渐开辟生活空间、发展自身文明的故事。所以物种的传播也是文化传播现象的一种。

二、丝绸之路上的跨文化贸易

物质文化的交流是整个文化交流最初、也是最基本的方面。丝绸之路上持久的物质文化交流，促使中国的物产源源不断地输送国外，各国、各民族的"殊方异物"、奇珍异宝，也不断地输入中国。而对商业利润的追求，则是开辟丝绸之路最原初的动力。在丝绸之路沿线多处地点发现的许多罗马、拜占庭和波斯等国的金币和银币，正是丝绸之路上国际贸易繁荣的物证。

中原地区与四周各边地民族、部落氏族的商贸往来，在商周时代就已发生。至汉代，全国统一、社会长期安定，国内生产和商业得到发展，商品增多、商人力量壮大，再加上军事威力的增强，上层社会对国外物品的追求，交通技术的发达以及国外交通道路的开辟，为对外贸易的产生和发展创造了各种有利条件。西汉是中国对外贸易发轫时期，对外贸易的规模一开始就很大。东方隔海与日本，西方与罗马，南到东南亚各地，交易日益频繁。在西汉开辟出交通路线后，东汉的对外贸易比西汉时期更为发达。

历代王朝对丝绸之路上的跨文化贸易也都十分重视。《史记》说，张骞通西域后，"汉率一岁中使多者十余，少者五六辈，远者八九岁，近者数岁而反"。经贸往来是汉与西域交流的主要内容，他们大部分都是从事官方贸易任务的使团。这些官方使团，一年派出五六次或十余次，每次往返都要数年。隋朝把对外贸易作为重要国策，驻使西域，遣使南洋，招徕互市，积极发展与海外诸国的贸易往来，在海外贸易方面有一些新举措。隋炀帝积极发展与西域的联系，其中发展通商关系是主要目的之一。为了更多地吸引外商，加强与周边各国的友好关系，大业六年（610），隋朝曾在洛阳东市举行集娱乐、贸易为一体的盛会，邀请诸蕃酋长、各国使者和胡商参加。

宋朝廷也十分重视发展海上交通，推行"招诱奖进"的海外贸易政策，鼓励"商贾懋迁""以助国用"，对海外诸国以"朝贡"或类似名义输入的货物实行免税，并给予丰厚的回赐和赠予。南宋高宗以"市舶之利，颇助国用"为由，号召臣僚"宜循旧法，以招徕远人，阜通货贿"。唐代设立了市舶使，作为管理外贸的机构，到宋代，市舶司制度已经很成熟。元朝在推动海外贸易的发展上更加积极，把海外贸易看作"军国之所资""国家大得济的勾当"，政府全力运营，使得元朝与南海的交通贸易盛极一时，南洋诸国使节与中外商贾在南洋航线上络绎不绝。

中国古代对外贸易主要有官方和民间两种形式。官方贸易即所谓"朝贡贸易"，中国朝廷对各国使节的"贡品"以"回赐"形式进行贸易，有的外国使节的主要使命就是来进行贸易，也会携带一些本国物产进行私人交易。另外，除官方贸易外，民间贸易也十分活跃。

汉文帝时，北方就与匈奴有通关市贸易，但规模尚小。及武帝经营四方，征服四邻并大力开辟交通，派张骞出使开辟通西域的道路以后，境外贸易进入繁荣发展的时期。汉帝国始终以通关市来缓和匈奴的威胁，作为对匈奴政策的重要组成部分。但严禁输出铁和铁器，以防止加强匈奴的军事力量。

南方的南越，在未归属汉帝国以前，与汉有过密切的贸易关系。归属汉以后，其地便成为中国从海上与东南亚各国及印度、罗马通商的要道。中国的丝织品和铁器等物运到印度以后，又由印度或罗马商人转运至罗马各地。罗马的琉璃等商品，通过同样的道路，被运到中国沿海的日南和番禺，再经过桂阳、长沙运到洛阳或长安。中国出土的汉代琉璃制品，当时只有罗马才能生产，却具有中国所独有的风格。换句话说，这些琉璃制品是罗马人专为销售中国市场而生产的。

汉代的跨文化贸易首先是与西域各国的交易。这些国家"皆无丝漆，不知铸铁器"，多产玉石与牲畜，他们以此来交换中国的铁器及丝织品，而且往往以使团名义来中国贸易。所谓使者，实即商人。各国来中国贸易的人很多。班超通西域后，许多西域商人甚至直至长安进行贸易活动。

两汉的商人还通过西域的丝绸之路与印度进行贸易。在玉门关，出土过用汉文和早期贵霜王朝的婆罗谜字体写的句子，内容是印度俗语。这证明，在公元前后有印度商人到过此地贩丝，印度俗语已经成为这一带的商业通用语言。中国丝织品经丝绸之路贩运印度后，有一部分转运至罗马。

汉代的输出商品中最主要的有两种，一是体轻价贵的丝织品，属于奢侈品；另一种是体价皆重，不便携带，却是周边各国各族人民所必需的铁与铁器。输入的商品大致有3大类：第一类是奢侈品，如乌丸、鲜卑的虎豹貂皮，西域的玉石，印度的宝石，罗马的琉璃等；第二类是马、牛、橐驼等牲畜；第三类是奴隶。

唐宋以后，随着丝绸之路的发展和延伸，对外贸易无论从广度还是深度上都有了相当大的发展，极大地促进了丝绸之路上跨文化贸易的繁荣，形成了丝绸之路上大流动、大交换的文化景观。

商贸往来可以说从来就是文化的交流。无论商品形式是以自然形态出现的物产、原料，还是被赋予劳动价值和文化要素的人工产品，都会间接性地对贸易双方产生文化方面的影响。自然产品，在丰富和改善人们生活的同时，也促成了生活习惯的改变；人工产品，则直接传递着不同文明的文化信息，不仅参与塑造人们的生活方式，还会在更深层次的领域对人们的观念、情感产生重要影响。通过贸易输入的这些外来商品，刺激当地民族学习模仿、借鉴或再创新他们所仰慕的文明，进而创造他们自己的文明生活方式。所以，丝绸之路不单纯是物质交流之路，更是各民族文化交流与融合之路。

三、汉绫唐绢铺锦程

"丝绸之路"以"丝绸"命名，是因为在早期的中西贸易关系中，丝绸占有极大份额。丝绸之路最初就是商人们为了国际性的丝绸贸易而开辟的。丝绸之路上的贸易，在更多的情况下是以中国丝绸为主要内容、以丝绸的交换为中心的。

就多数情况而言，中国丝绸的西传是分段进行的，当时的丝绸贸易实际上是一种由多国、多民族参与的国际性贸易。古罗马老普林尼说，丝绸"由地球东端运至西端"。但从事这种运输的，并不是中国人，而是大夏、波斯、阿拉伯和希腊等国的行商。这些行商像接力一样，从一个国家到另一个国家转输交易。西域各国位于丝绸之路要冲，在东西交通中居于重要地位，在这种分段进行的国际性丝绸贸易中，中国丝绸多经他们之手转运。中国商人最远只把丝绸运到新疆，脱手后由中亚商人转运数千千米至地中海之滨，然后由那里的叙利亚、希腊和罗马商人运往更远的西方。

波斯在经营丝绸贸易方面占有重要地位。波斯作为当时这一交通网络的中心，是中国生丝的最大储存库，也是这一贸易的垄断中心。统治波斯的安息王朝的国王和贵族，都穿戴中国丝绸制作的衣物。安息商人不仅将中国丝织品运往本国，还将其转运至西方，长期垄断着中西之间的丝绸贸易。得益于丝绸之路的繁荣，安息境内也兴起不少城市，位于丝路上规模较大的重要城市有番兜（今伊朗达姆甘）、拉盖（今伊朗德黑兰西部）、泰西封（今伊拉克巴格达东南）等，这些城市就成为丝绸交易的中心。除了陆上丝绸之路，安息商人还以波斯湾为中心，通过海路与东方印度和西方罗马的商人交易。中国丝绸无论是经陆路还是通海路，都需经过安息商人之手才能运抵地中海。为了从波斯得到中国丝绸，罗马帝国于298年与波斯达成协议，将尼西比（Nisibis）开辟为两国丝绸贸易口岸。

拜占庭帝国的东方贸易尤其是丝绸贸易，也像罗马帝国一样受制于波斯。408至409年，为扩大贸易规模，拜占庭帝国与波斯商定，增加幼发拉底河左岸的拜占庭城市卡里尼库姆（Callinicum）和波斯—亚美尼亚地区的波斯城市阿尔塔沙特（Artashat）作为通商口岸。此后两大帝国在这三个通商口岸的丝绸贸易持续了大约两个世纪。到562年，此时拜占庭已经有了自己的养蚕制丝业，但是刚刚起步，无法打破波斯人在丝绸贸易上的垄断。所以，拜占庭与波斯又达成50年和平协议，内容之一就是双方在既定的通商地点进行包括丝绸在内的商品贸易。

丝绸贸易在经过波斯之后，继续沿着丝绸之路的西段运往欧洲。在欧洲，各地的商人们纷纷从事这一有巨大利润的贸易，争先恐后地赶到商船停靠的港口城市，罗马、安都、拜占庭等则成了地中海社会内部的巨大丝绸仓库，货物的价值越接近地中海国家就越升高。较大的商业城市的贸易机构建立了办事处和仓库。他们从驼队购买货物，并用自己的或租来的船只将货物运送过海。

长途贩运的国际丝绸贸易，是一项获利巨大的事业，因而才会有多民族参与其中，形成古代世界一个庞大的国际贸易体系。从中国的产地出发，最终到达欧洲的消费者手中，丝绸的价格已远远超出可以想象的空间。如果对比东西方丝绸价格，唐代时从长安至西州（高昌）价格上涨数倍，再从西州经波斯到拜占庭帝国的君士坦丁堡，价格要上涨10余倍，有时甚至数十倍。6世纪末的拜占庭，官方规定的丝绸价格高达每盎司6—24个金宝石，即每匹丝绸达1—4千克黄金。黄金在唐朝值10两银，1两银与1匹绢价值大体相当，可推知，丝绸从唐朝运抵东罗马后价格已是原来的200—800倍。

经过长途贩运和数次转手，中国丝绸在交换中的价格实际已远远超出它的价值。所以在古代丝绸贸易中，丝绸不仅是一种货币的等价物，它本身也相当于一种货币，一种价值尺度，被赋予世界货币的特殊功能。在当时的国际贸易中丝绸往往作为流通手段和支付手段。如果说丝绸是财富的一种外表征象，那么它也是一种卓越的交换标志。作为积累和交换的有价证券，丝绸扮演了一种要远远高于其常用价值的角色。

丝绸的昂贵也刺激人们探索养蚕缫丝的奥秘。有关养蚕缫丝技术西传，玄奘《大唐西域记》卷十二记载了一则关于蚕种传于阗的故事，说西域的于阗国瞿萨旦那王欲至东方访求蚕桑种，东国王不许。瞿萨旦那王乃向东国公主求婚，并遣使告公主，说于阗"素无丝绵桑蚕之种"，不能以衣服馈送。公主知国法禁携桑蚕出境，便私藏桑种于帽中，带至于阗，于阗始有蚕丝。

这个故事还可以通过考古资料得到印证。斯坦因曾在新疆丹丹乌里克遗址剥下并带走几幅壁画，其中有一幅就是《东国公主传入蚕种》。这幅壁画约是8世纪的作品，上面绘有一个中国公主戴着一顶大帽子，一个侍女正用手指着它。研究者认为，这幅画所绘的就是那位传播养蚕制丝方法的"丝绸公主"。

有学者估计，这个"丝绸公主"的故事可能发生在公元220年左右。当时于阗是蚕桑业的中心，由此扩及西域其他国家，再向西方扩展，丝绸织造业在各地都发展起来。5世纪时，天山以南的高昌、龟兹、疏勒都能纺织丝锦了。在中亚粟特人生活的地区，也有丝绸生产。丝织业是粟特地区的重要手工业，织锦十分有名，粟特人的昭武九姓安国是丝绸的重要产区，撒马尔罕发展成为世界丝织品生产中心之一以及重要的丝绸集散地；粟特人的康国所产的赞丹尼奇锦运销范围北至挪威，南至拜占庭，西至波斯。

西域国家的纺织业是在其毛纺织基础上发展起来的，所产丝织品以锦类为主，染色、提花、刺绣等一如毛纺。这些织锦传入中原，人们泛称"胡锦""西锦"等。这些"胡锦"在织造技术上保持了毛纺的特点，采用斜纹组织和纬线起花等手段，原料上以混纺为特色，多加以金、银丝线和毛、麻等，花纹图案则基本属于西域传统文化的内容，结构形式多连珠团窠，或几何图形内添加动植物纹。波斯的"冰蚕锦"、女蛮国的"明霞锦"、龟兹和高昌的"龟兹锦"、疏勒的"疏勒锦"等，都是西域著名的丝织品。西域各地的丝绸产品受到中原人士的欢迎和喜爱。

由此，丝绸之路所经之地，不仅成为丝绸的国际贸易的中转站和集散市场，也成为丝织品的重要产地。之后，养蚕缫丝和丝织技术又传到波斯和阿拉伯。

及至7世纪时，东起日本，西到欧洲，西南到印度，均有丝绸生产，空间分布很广，基本上奠定了如今蚕丝产区的格局。从中国开始发明养蚕制丝和织造丝绸技术，到这时已经有了将近4000年的历史。

四、搅动欧洲的"中国风"

欧洲人寻找到通往东方的新航路后，每年都有大批的商船从欧洲远渡重洋，到中国采购商品，一时间，全世界都卷入这个贸易体系中。数十乃至数百艘大帆船开始在南中国海、印度尼西亚群岛和印度洋的各个港口之间穿梭航行，舟舶相继，辐辏相随，络绎不绝。

它们都是冲着中国商品而来，可以说是海上丝绸之路上的搬运工。那时候，中国丰饶且数量巨大的商品支撑着整个中西贸易网络。从16世纪开始，持续300多年，往返于欧洲与中国的商船络绎不绝，它们云集在中国的港口，每一艘商船都是满载而归。广东的对外贸易商业机构"十三行"就是当时世界上大型贸易集散地之一，"十三行"面临珠江北岸，倚近怀远驿，在清代（1616—1911）对外贸易和外交领域中具有特殊地位。

在16至18世纪的全球贸易体系中，中国商品都处于支配地位。直到鸦片战争前不久，中国仍是当时世界上最大的经济体，中国经济在绝对规模和增长幅度上，都雄居世界各大经济地区之首。由于中国社会生产力水平高于同一时代的欧洲，劳动生产率高，商品价格就相对低廉，所以中国的商品在世界市场上表现出强劲的竞争力。与欧洲和其他地区的商品相比，物美价廉是中国商品的强大优势。欧洲的商人对中国商品趋之若鹜，无非就是因为中国的商品品种多、质量好、价格低廉。所以这一时期的中西贸易中，中国输出商品的种类、数量、品质及其重要性远远超过欧洲各国的商品，使中国长期处于有利的出超地位。

中国由此成为"世界工厂"，源源不断地为"世界市场"、为遥远的欧洲各国生产他们翘首以待的精美物质产品。海外贸易的繁荣，带动了中国国内经济的迅速发展，国际市场上对于中国丝绸、棉布的需求，刺激着中国江南市镇丝织业和棉纺业的发展。在出口贸易的带动下，整个江南之地，人们纷纷放弃原来的粮食生产，转而种桑养蚕，纺丝织绸，种植茶叶，或者是建炉烧窑、制作瓷器。在苏州和景德镇，每天夜里灯火通明，数以百计的工厂和数以万计的工人加班加点地制造出口商品。南京是当时著名的丝织品产地，有丝织工人数万人，"机杼之声日夜不绝"。武夷茶名著海外，盛极一时，仅崇安县一地，"环九曲之内，不下数百家，皆以种茶为业，岁所产数十万斤，水浮陆转，鬻之四方"。

中国输出的商品门类齐全，数量巨大且品种繁多，为这个时期的全球贸易贡献了巨大的物质财富。除了一定数量的农副产品和初级工业原料产品外，大部分是具有高度工艺水平的手工业产品，包括丝绸、棉、麻、毛纺织品，服装衣物、食品香料、家具漆器、珠宝首饰、生活日用品、工艺美术品、药品和中草药等等，几乎涵盖了日常生活领域的各个方面，另外还有火炮、火器等军需品。这些商品凝聚着数千年来的文化积淀，复杂的工艺技术中蕴含着丰富的文化内涵。

在中国输出的物产中，以丝绸、瓷器和茶叶为最大宗，并风行于欧洲各国，号称中国的"三大贸易"，成为这一时期全球贸易体系中的突出内容，并在长期内主导着全球性的国际贸易。这些物产作为最具代表性的中国文化符号，改变和丰富了欧洲人的日常生活，在欧洲生活方式和艺术风格的演变中扮演着重要的角色。

自6世纪拜占庭引进中国的蚕种和养蚕制丝技术，欧洲也逐渐发展起自己的丝织业，但中国丝绸仍然受到热烈欢迎。中国丝绸以其价廉优质的工艺质量和装饰魅力在欧洲市场仍极具竞争力。到19世纪以前，中国丝绸一直是向欧洲出口的主要商品。所以，精美的中国丝绸制品仍然通过各种渠道，包括走私渠道，源源不断地被输入欧洲各国。尤其是16至18世纪，欧洲对于中国丝绸的需求旺盛，各种丝织品如服装、地毯、挂毯、窗帘、床罩等一起进入欧洲市场，输入的丝绸总量大大超过以往的任何时代。

茶是世界三大无醇饮料中饮用价值最高且最普遍的天然饮料，中国则是世界上最早发现和利用茶树的国家，是世界茶文化的发祥地。饮茶习俗和茶文化在中国普及不久，就陆续传播到国外，惠及了世界上许多国家和地区的人们，为各国提供了美味健康的饮品和精致的茶文化。17世纪开始，中国茶叶开始大量向欧洲出口，茶叶贸易的巨大利润也吸引欧洲国家竞相加入。18世纪上半叶，西欧各国对华贸易形成以茶叶为主要大宗进口商品的结构，人们将这一世纪称为欧亚贸易的"茶叶世纪"。英国东印度公司是当时世界上最强大的跨国公司，从18世纪起就开始支配起世界的茶叶贸易，并通过茶叶贸易赚取了巨额利润，英国政府也从中获得巨额税收。人们称茶叶为"绿色黄金"，茶叶贸易则被认为"开始了欧洲贸易史的新篇章"，持续了3个多世纪的茶叶贸易，在一定程度上为以后近代资本主义的发展奠定了雄厚的基础。

茶叶深入到欧洲人日常生活中成为一种普遍的消费需求，饮茶也成为一种普遍流行的生活方式和被接受的民间文化。饮茶习俗尤其在英国广泛流行，并形成英国社会中根深蒂固的一种生活习惯，英国人甚至创造了"下午茶"这种独特的英国茶文化。

中国的饮茶习尚一直与瓷器茶具有不解之缘。中国饮茶之道对茶具有多样要求，尤其注重茶具的艺术性。饮用与欣赏、茶香与茶具融为一体，相得益彰。当饮茶在欧洲成为一种生活时尚，饮茶所用瓷器也就成了时尚标配。所以在大航海时代的中欧贸易中，瓷器也占据相当大的份额。在16世纪初期，中国瓷器大量销往欧洲。其巨大的利润空间，促使在之后的3个世纪中，中国销售到欧洲的瓷器数量达到3亿件之巨，另外还有巨量瓷器销往东亚及东南亚各地。

瓷器传至欧洲，同样引起人们的狂热追捧，特别是在宫廷王室贵族社会中，出现了大批瓷器爱好者。特别是在17至18世纪，收藏和展示东方瓷器成为欧洲王室和贵族奢华生活的重要形式之一，爱好和收藏中国瓷器的风气不仅在上层社会的皇室和贵族之间流行，也流传到民间。瓷器在日常生活领域中的广泛影响，不仅仅局限在餐桌上作为人们的餐具、茶具等日常使用品，还作为居室的陈设、装饰，美化人们的

生活环境。作为非西方文化的艺术品，中国古陶瓷在世界上
获得的广泛认同和青睐是独一无二的，其蕴含的价值和品位
足以比肩于西方各个门类的艺术品。

　　与此同时，中国的制瓷工艺技术传播到欧洲各国，刺
激和推动了欧洲仿效中国瓷器建立起自己的制瓷业。无论是
在工艺还是在造型艺术上，都是以仿制中国瓷器为主，即大
量采用中国的饰纹，进而仿效中国的款式。有时还在未上釉
的器物底部刻上作假的中国标志"底款"，来冒充中国上等
瓷器。

　　除了陶瓷，中国漆器也是这一时期传入欧洲的大宗商
品。17世纪时，中国漆器已输入欧洲，但尚属于罕见之物，
至17世纪末，漆器才开始大量输入。当时从中国外销到欧洲
的家具以漆木家具为主，多采用黑漆描金的工艺手法，样式
大至厨柜、桌椅、屏风，小到扇子、针线盒、工具箱等无所
不包。这些家具和漆器是展现中国彩绘装饰艺术的主要形式
之一。广州制作的漆器独占鳌头，成为主要出口商品之一，
多数家具的木胎先由订购地做好，船运至广州，广州漆匠髹
漆彩绘后再返运回订购地。在欧美各地所见的漆器大多来自
广州。

　　漆器家具输入欧洲即受到广泛欢迎。在荷兰、意大利、
英国、法国等地都出现了购藏中国漆器家具的热潮。法国路
易十四时代的凡尔赛及其托里阿诺宫中都采用了整套的中国
漆制家具。1703年，法国商船安菲特利特号从中国运回大批
漆器，还引起全国性轰动，当时甚至称其为"安菲特利特中

国漆器"。欧洲各国家具制造商也纷纷仿造中国漆器家具的色彩图案，打造中国式家具。17世纪晚期英国的家具，以豪华的装饰和出色的髹漆著称，家具的样式有写字台、立式时钟、椅子、桌子、镜子等，这些产品在中国都找不到原型，但其装饰图案都是中国风格的。

来自遥远中国，充满异国情调、新颖奇特的各类物产，大大开阔了人们的眼界。在那个时代，痴迷地追逐新奇的中国物品，拥有、收藏、使用、鉴赏中国物品，成为社会普遍流行的时尚，并掀起持续两个多世纪的"中国风"。

在当时的欧洲人看来，中国商品代表着时尚和流行，在那时拥有和享用来自中国的商品，暗含一种身份标志，是跟上时代的象征。许多皇室和贵族以及上流社会的人都有收藏中国物品的雅好，或多或少也要收集一些中国的工艺品，以显示自己的文化和时尚品位。一些贵族和社会名流还在家里专门开辟了"中国工艺品陈列室"。即便是普通百姓，也希望拥有一两件中国丝绸的服装、几件中国瓷器和漆器，甚至是一把扇子、一件小饰品等等，以跟上社会潮流。品种多样、制作精美、丰富多彩的中国商品走进欧洲人的日常生活，丰富了他们的生活内容，提高了他们的生活品质，塑造了他们的审美趣味，甚至在一定程度上改变着他们的生活方式和生活态度，使他们的日常生活精致、美化起来。

在欧洲人日常生活的其他领域，也随处可见中国风的余韵和影响。一切广告、书籍插图、舞台布景、演员化妆，都为引人注意而以中国风尚进行新奇的创造。欧洲人还把中国情调引用到他们的娱乐游戏中。中国服装舞会和化装舞会首先在巴黎、维也纳出现，后来又在其他宫廷举行。中国人装扮成为舞会的基本造型之一。可以说，这是一个"以中国为时髦之风气的鼎盛时代"。

由此也可以见得，中华文化的传播和影响是通过进入消费领域的具体的物质载体实现的，因而具有这样几个特征：一是大宗的中国物品以贸易的形式进入消费领域，成为人人喜爱的物品；二是融入公众的日常生活层面，部分地成为当地人日常生活的组成部分，进而改变了人们的生活方式；三是带有明显的美学性质，部分地塑造了人们的审美情趣；四是带有大众文化的特征，成为一时期内人们争先谈论、模仿、追逐的社会流行时尚。

总之，在18世纪，中国成为最炫目的魅力之源。在那个时代，迷恋中国的物品与风情成为大众流行文化的一部分。而这种大众文化，首先就是从物质文化、从对中国商品的追捧和迷恋开始的。

五、输入中国的"奇珍异宝"

丝绸之路上，有中国商品向外部的流动，也有许多外国商品向中国流动，并且同样受到国人的喜爱和欢迎。

中国古代对外贸易的结构性特点是，进口的商品以资源性产品为主，主要是满足上层社会的奢侈品消费。汉代对外交流的重点在西域，西域对中原出口的主要物品有金银器、宝石、玻璃器、香料、毛织品、珍稀动物等。在《史记·大宛列传》及以后的中国史籍中，有不少关于西域诸国物产的记载。这些记载有的是得自传闻，但大多数都是已经传入中国的。所以，许多研究者都很注意中国史籍中有关国外物产的记载，甚至把它们看作是国外输入中国的物产货物清单。

具体来说，通过丝绸之路传入中国的西域货物有琉璃、地毯、毛织物、蓝宝石、宝石、象牙、金银器、玛瑙、琥珀、沉香，以及毛皮、良马、骆驼、狮子、鸵鸟等。如汉乐府诗中说：

行胡从何方？
列国持何来？
氍毹毾㲪五木香，
迷迭艾纳及都梁。

唐代诗人鲍防《杂感》也写到汉代以来西域的各种物产进入中原的景象：

汉家海内承平久，万国戎王皆稽首。
天马常衔苜蓿花，胡人岁献葡萄酒。
五月荔枝初破颜，朝离象郡夕函关。
雁飞不到桂阳岭，马走先过林邑山。
甘泉御果垂仙阁，日暮无人香自落。
远物皆重近皆轻，鸡虽有德不如鹤。

随着各种西域物产和珍禽异兽传入中国，在长安开始流行珍视外国式样商品的异国趣味。《三辅黄图》中说，汉武帝把搜集来的西域珍货都用来进行装饰。其卷二记载："武帝为七宝床，杂宝案、侧宝屏风，列宝帐，设于桂宫，时人谓之四宝宫。"不仅宫廷盛行异国趣味，贵族宅邸也是如此。汉代的长安城内，有东市和西市两个综合市场，有专门的酒市、牛市等，合称"长安九市"，数以万计的中外商人充斥其间，规模之大，货物之殷繁，为举世之罕见。班固《西都赋》说："九市开场，货别隧分，人不得顾，车不得旋。"在长安九市中，有专门经营西域商品的肆市店铺，"环货方至，鸟集鳞萃"，和田美玉、埃及十色琉璃、罗马火浣布、印度琉璃马鞍、千涂火齐屏风、琥珀、夜光璧、明月珠、珊瑚、琅玕、朱丹、青碧以及奇禽异兽等在九市都有交易。

当时也有许多罗马物产输入中国，中国人称之"奇珍异物"。《后汉书·西域传》记载说，大秦"其地多海西珍奇异物焉"。又"土多金银奇宝，有夜光璧、明月珠、骇鸡犀、珊瑚、虎魄、琉璃、琅玕、朱丹、青碧。刺金缕绣，织成金缕罽、杂色绫。作黄金涂、火浣布。又有细布，或言水羊毳，野蚕茧所作也。合会诸香，煎其汁以为苏合。凡外国诸珍异皆出焉"。这些珍贵的货物都是当时为中国人所熟知的。《后汉书》和《三国志》的相关记载，实际上也可以看作罗马帝国向中国出口的货单，充分反映了两国商业往来的频繁和经济交流的活跃。

在汉代及以后传入中国的西域物产中，有许多玉石珠宝以及矿物等，或如时人所说的"珍玉奇石"，这种奢侈品成为上层社会达官显贵们追捧的对象。当时西域的玉石及玉器制作享有极高的声誉。张骞通西域之后，和田玉成为于阗王进献中原王朝的重要方物，和田玉的输入数量远远超过先秦。于阗等地起先一直是向中原出口玉石原料，从 6 世纪中开始，于阗向中原王朝进献用于阗玉雕琢的工艺品。

汉代进口的"珍玉奇石"还有璆琳（青金石）、玛瑙、鍮石等。珍玉奇石在当时皇室贵族的生活中备受珍视。它们被装饰在宫殿园囿，或作为妇女身上的华丽装饰，成为贵族豪奢生活的象征，在汉赋和诗歌中一再成为被歌咏的对象。如司马相如《上林赋》铺陈上林苑之富丽时提及："玫瑰碧琳，珊瑚丛生，珉玉旁唐，玢豳文鳞。"班固《两都赋》夸饰汉长安宫之华丽时说："碝磩彩致，琳珉青荧，珊瑚碧树，周阿而生。"

汉代输入中国的西域物产中，毛皮和毛织品也是大宗货物。横贯中亚北部和伏尔加河流域的北道，沿途出产兽皮兽毛，有学者称之为"毛皮之路"。西伯利亚和乌拉尔地区的貂皮都集中在西域的严国，这里是毛皮的集散地。貂皮以外，里海附近还有白狐青翰也大量输入中国。汉代通邑大都所设商店中就出售"狐貂裘千皮"，商人因此致富，比于"千乘之家"。毛织品是游牧民族的特产，西域各国都出产各种毛织物。月氏、安息和大秦的毛织物从汉代开始源源不断地输入中国，极受珍重。汉初未央宫"温室以椒涂壁，被之文绣，香桂为柱，设火齐屏风，鸿羽帐，规定以罽宾氍毹"。输入中国的还有来自罗马的毛织品和麻织品。中国古籍上称毛织品为"氍毹""氀毲"。《魏略》上记载大秦有"黄、白、黑、绿、紫、红绛、绀、金黄、缥、留黄十种氍毹、五色氀毲、五色九色首下氀毲"。亚历山大等地的织工,善于用金线织绣毛织品、丝织品,运到中国被称为金缕罽、金缕绣,华美瑰丽,列为上品。

及至西域和南海诸国与唐朝的官方交往中,珠宝成为一种重要的"贡献物"。唐代载籍中所见商胡,许多都与经营珠宝贸易有关,来中国的商胡多从事兴贩珠宝的职业,珠宝几乎成了商胡的象征。宋代大食等商人前来中国交易,多以珊瑚、琥珀、珠玑、玛瑙、玳瑁、水晶等物来交易,特别是像犀珠玉宝物,每年进来很多。

六、海上丝绸之路上的香料贸易

在传统中外贸易中,香料是中国进口的大宗货物之一,并通过丝绸之路源源不断输入中国。所以,丝绸之路还是"香料"的路。

域外香料自汉代以后,大举进入中国。汉武帝时,月氏国曾派使臣渡过弱水,向汉朝贡返魂香。班超在西域时,他的哥哥班固给他写过一封信,说要给他送去"杂丝七百尺",用来购买月氏马、苏合香。

香料进口对中国人的生活有十分深刻的影响,它不仅改变了人们的卫生、起居习惯,还进一步与中国传统文化相结合，影响着人们的审美情趣、生活态度，促进了中国人特别是贵族阶层和文化人生活的精致化。由此形成的香文化，也成为中国传统文化的一个重要组成部分。

香料是热带芬芳类植物和动物分泌的香胶，品种多样。有的香料具有止痒杀菌、祛腥除臭、清洁环境的作用，药用功效更多，所以有时候与"香药"并称。大食和波斯商人输入中国的香药，大多产自东非和阿拉伯地区。唐朝进口或使用的香料主要有沉香、紫藤香、榄香、樟脑、苏合香、安息香与哇爪香、乳香、没药、丁香、青木香、广藿香、茉莉油、玫瑰香水、阿末香、甲香等多个品种。藏红花经印度和布哈拉传入中国；水仙花被认为是来自罗马帝国，但它很可能原产于波斯；神香阿魏是一种树的树胶、树脂，它生长在伊朗拉雷斯坦和阿富汗坎大哈地区；液体苏合脂出自东南亚的一种芳香性植物。

香料贸易很早就已开展。广州南越王墓西耳室曾发现疑是乳香的物质，据推测这些乳香可能是经罗马商人之手传入广州的。自唐以后，在海外贸易中，香料是进口的大宗货物。特别是通过海上丝绸之路的贸易，往来商船都把香料作为向中国输送的主要商品。

唐代经营香药买卖的多系大食和波斯商人。广州是唐代大型香药集散地之一，鉴真曾在广州见到江中有婆罗门、昆仑等地来的海舶，装满了香药珍宝，积载如山。诗人王建树有诗描述广州繁忙的香药生意：

戍头龙脑铺，关口象牙堆。

敕设薰炉出，蛮辞咒节开。

市喧山贼破，金贱海船来。

扬州香药市场则十分兴隆。鉴真由扬州东渡日本时，曾在扬州采购了麝香、沉香、甲香、甘松香、龙脑香、胆唐香、安息香、栈香、零陵香、青水香、熏陆香、毕钵、诃黎勒、胡椒、阿魏等近千斤香料。此类由"波斯舶"贩运而来的香药，多在这里的"胡店"出售。唐时日本还多次派人来中国求香药，在正仓院珍藏的香药物品中，有相当一部分产自阿拉伯地区，有从扬州购买去的，或经由扬州转运到日本的。唐代诗人皎然在《买药送杨山人》中有"江南药少淮南有""扬州喧喧卖药市"之句，描述了当时扬州香药市场的繁荣。

香料也是外国政府向唐朝进贡的重要物品，天竺、乌荼、耨陀洹、迦毗、林邑、诃陵等国都曾向唐朝"贡献"香料，涉及的种类主要有郁金香、龙脑香、婆律膏、沉香、黑沉香等等。有时将外国贡献的香料称作"异香"，即在唐朝境内稀见的香料，所以外来香料也被赋予了种种神秘的特性。

香料在唐人生活中具有重要作用，皇室和贵族对香料或香材的使用几乎达到了奢侈无度的程度。在唐代，香料制作更加精细和考究，品类更为丰富，用香成了无处不在的礼制使用。《明皇杂录》载唐玄宗在宫中置长汤屋数十间，即大型室内温泉，银镂漆船及白香木船置其中，楫橹皆饰以珠玉，汤中以绿宝石和丁香，堆叠成瀛洲、方丈（传说中的海上仙山）的模样。唐懿宗的女儿同昌公主乘坐的七宝步辇，辇的四角缀有五色锦香囊，内装辟邪香、瑞麟香、金凤香，都是外国进献的贡品，其中还杂有龙脑金屑。同昌公主每次乘坐这具步辇出游，都满街流芳。五代花蕊夫人《宫词》写道："青锦地衣红绣毯，尽铺龙脑郁金香"，达官显贵也嗜香成风。杨国忠有"四香阁"，"用沉香为阁，檀香为栏，以麝香、乳香和为泥饰壁"，甚至比皇宫中的沉香亭更为奢华。中宗时，宗楚客兄弟、纪处讷、武三思以及皇后韦氏诸亲属等权臣常举办雅会，"各携名香，比试优劣，名曰斗香"。在唐朝社会中，无论男女，都讲求名香熏衣、香汤沐浴。上层阶级生活在各种香料焚烧的烟雾缭绕之中。当时还引进和开发了能用于各种场合的香具，如：镇压地毯一角的重型香炉，帐中熏香的鸭形香炉，悬挂在马车和屋檐上的香球，藏于袖中而动止皆香的香囊等等，其中熏笼十分盛行，覆盖于火炉上供熏香、烘物或取暖。

五代时期，中外香料贸易已不止于初级的原材料进口，满足中国市场需求而定向加工的奢侈品也已出现。外来海舶到达中国海港的时候，所带来的是已然加工好的成品，这些交易的货物中有香山子、香料雕制的小型佛像，以迎合中国市场的趣味。其中，为中国市场所需而制作的"香山子"，长期都有生产。

到了宋代，香药成为最大宗的进口商品。据有关史料所载统计，宋代由国外进口的香药种类达330多种，除原有的阿魏、木香、降真香、丁香、没药、胡椒、豆蔻、苏木等，新添龙涎香、速香、黄熟香、生香、断白香、黑塌香等几十种之多。即使同一种药，也比唐代多了不少亚种，仅龙脑香就有熟脑、梅花脑、米脑、白苍脑、油脑、赤苍脑、脑泥、鹿速脑、木札脑9种之多。药物的形态各异，除生药、成药（膏药）外，还出现了前所未有的瓶装药露（蔷薇露、大风油等多种花露）。

香文化在宋代也愈加成熟和精致，对人们日常生活的影响也更加全面深入。用香融入普通百姓的日常生活中，与"品茗""观画""插花"一起成了中国文人生活的四大雅事。宋代大诗人陆游，在诗中描写他日常最爱做的两件事：扫地和焚香。他把扫地和焚香当作生活中怡情养性的乐事，《山居戏题》诗云：

海山缥缈斸云屏，扫地焚香悦性灵。
嫩白半瓯尝日铸，硬黄一卷学兰亭。

陆游在《入荣州境》中还说，"闭合扫地焚清香，老人处处是道场"。只要有扫帚一把、清香一炉，在哪都是修行的道场。陆游好玩香，好焚香品香，把焚香融入生活和诗词之中，闲坐赋诗，少不得馨香一缕。他的《焚香赋》，既描述了焚香品香的经过，还写了制作香饼的香料和过程。

在宋代，焚香与品香也在祭祀等大型活动中大量使用，佛家、道家、儒家都提倡用香。达官贵人、富裕人家经常聚会，争奇斗香。在居室厅堂里有熏香，各式宴会庆典场合也要焚香助兴，还有专人负责焚香的事务。不仅有熏烧的香，还有可以挂佩的各式各样精美的香囊香袋，制作点心、茶汤、墨锭等物品时也会调入香料。集市上有专门供香的店铺，人们不仅可以买香，还可以请人上门作香。富贵之家的妇人出行，常有丫鬟持香熏球陪伴左右。文人雅士不仅用香，还亲手制香，并呼朋唤友，鉴赏品评。

另外，宋代用来焚香的器具也非常讲究，不同的场合要用不同的香具。家庭的书房、闺阁、厅堂中多有焚香所用的香炉、香箸、香瓶、香盒、宝子等相关用品，在不同的房间放置的器具也不同。因此这些焚香物品多精工细作、设计新巧，并逐渐融入室内的陈设中，成为装饰的一部分。

第七章

丝绸之路上的技术转移

一、青铜、马车与冶铁

丝绸之路上的技术转移，对各民族文明发展有着重大影响。实际上，在广泛的物种和商品交流中，已包含着技术的交流。如中国发源的水稻传播至日、韩和东南亚等地，其中就包含了水稻栽培技术的传播；丝绸、茶叶和瓷器"三大物产"的贸易往来，也推动了养蚕缫丝和丝织技术、植茶技术、制瓷技术传播到世界各地。

技术是改变世界的强大力量。冶铁技术和铁器的发明，大幅度提高了农业生产力，促进了社会生活的发展；从最早使用双轮马车到大帆船的四海航行，乃至工业革命后动力的变革，这些交通工具的进步改变了人们的出行方式，极大地便利了各民族的来往。这些技术发明也随着各民族之间的交流交往，相互传播，成为各民族共享的技术成果，各民族的共同进步和繁荣最终得以实现。

当一种商品或物质文化成果传入之初，往往因其少量稀有而价格昂贵。即使是玉米、红薯和马铃薯这样的农产品，在初始进入中国，也是极为珍贵，只能供少数王公贵族享用。而当这些物产的生产技术传入，就能大规模生产，进而转变为大众消费品，价格也随之平民化。

　　技术文化传播的意义不仅局限于物质领域，同时也会影响人们的生活方式和精神世界，甚至产生意料之外的效果。这些物产和技术发明，内在体现着创造者的精神理念、审美趣味和价值追求，以及他们作为某一文化共同体成员所接受的深层次的文化传统，技术的输出则间接地传达了这其中所包含的精神内容和文化内涵。

青铜

　　丝绸之路上早期的技术交流是青铜技术。青铜文化是世界范围内一个普遍的文化现象，但不同地区进入青铜时代的时间并不相同。从全球范围看，安纳托利亚半岛是目前发现最早冶铸青铜器的地区，有公元前6000年的青铜器。两河流域的美索不达米亚地区在公元前3000年进入青铜时代，已发明范铸法和失蜡法，不同比例的砷青铜、锡青铜、铅青铜或铅锡青铜也相继发明。公元前2000多年前，西亚已进入青铜时代的鼎盛时期，主要的青铜冶铸技术均已发明，并对周围世界产生重大影响。此后的数千年间，随着西亚文化的扩散，冶金术随之外传，进入东南欧的多瑙河中游、高加索和中亚的广大地区，乃至欧亚交界的乌拉尔一带，并继续东渐，进入新疆和河西走廊一带。关于欧亚大陆上青铜文化的传播与交流，有学者提出一个中西交通上的概念即"青铜之路"，认为在公元前2000年左右，西亚、中亚和东亚之间存在着一条东西文化交流的青铜之路。西方的青铜技术是通过草原民族的中介传播到中原的。

位于甘青地区的齐家文化是新石器时代到青铜时代的过渡文化，数以百计的青铜器的发现表明齐家文化已进入青铜时代，是已知东亚最早的青铜文化。齐家文化正是生发于丝绸之路的要道。在齐家文化的多处遗址中，都普遍发现铜制品，其中红铜和青铜并存，其红铜冶炼和制作技术已渐趋成熟，青铜多为砷青铜和铅青铜。学术界普遍认为西方早期青铜都是砷青铜，然后才有锡青铜。齐家文化青铜中砷青铜占了相当大的比例，和世界其他地区是一致的。从制造方式上说，齐家文化青铜器锻制与铸制都被采用，工艺已摆脱了原始状态。齐家文化青铜器与中亚、南西伯利亚的铜器的样式基本相同。可以说，齐家文化汇聚了多种文化因素，是东方文明与西方文明最早接触的中介，是青铜之路的中转站。

古代中国使用铜、青铜以及进入青铜时代的时间稍晚于其他古典文明，但很快就发明了铜-锡二元合金和铜-锡-铅三元合金，形成了一整套从冶炼、熔炼到铸造的独特的技术路线，走到世界各国的前列。中国的青铜文化始于公元前21世纪的夏代（前2070—前1600），到商代晚期至西周前期，发展至鼎盛，青铜铸造工艺相当成熟。这一时期的青铜文化以安阳殷墟为代表，这里是商王朝的政治统治中心，也是青铜铸造业的中心。中国古代青铜器的生产代表了当时社会生产力的最高水平，种类繁多、形制瑰丽、花纹繁缛、制作精湛，充分体现出中国青铜器特有的艺术魅力和鲜明的民族风格，形成了中国无与伦比的青铜文化。中国商周时代的青铜器既是早期中国人智慧的突出成果，也是丝绸之路上技术交流的重要结晶。其所创造的灿烂的青铜文化，在世界文化遗产中占有独特的地位。

马车

青铜时代极为重要的发明之一是双轮马车。造车技术集中体现着各种古代制作、特别是机械制造的工艺水平。关于车子在我国的发明与使用，古代文献多有记载，还有黄帝、夏禹等造车的说法。还有的文献记述，夏启曾动用战车征伐有扈氏，商汤伐夏桀时也曾动用了不少战车，甚至夏代已有了管理车政的官吏车正等。河南新郑望京楼遗址的夏商城址发现多条大路，其中一条属二里头文化时期，其上发现有同时期双轮车车辙，为探索中国早期的车提供了重要线索，证明中国在夏代确实有了双轮车。但是，有的学者指出，目前所有考古成果一致表明，大约是在商代晚期中原才开始引进家马，商代早、中期的中原人并不认识马匹。由此可见，倘若二里头已有双轮车，就不可能是马车。

据所见考古资料，我国古代马之用于挽车，较早的实物遗存是公元前13世纪商代的车马坑和一些地区出土的商代车马器。商代早期都城遗址郑州商城曾发现铸造车用青铜配件的陶范，在与此同期的偃师商城遗址也曾发掘出车用青铜配件。有学者据此进一步指出，中国双轮马车的出现远在商代晚期以前，车在中国早已被广泛运用，并有其相对独立发明和发展演变的轨迹。但是，从20世纪90年代开始，随着对中亚、俄罗斯、高加索地区考古材料的认识，许多学者重新将中亚马车及中国马车进行结构上的比对，并将视角扩大至整个欧亚大陆，对目前发现的马车实体材料、岩画材料进行分析，从而认为中国马车应是来源于西方。

国际学术界普遍认为，车子起源于美索不达米亚。从大的地理范围来说，车子的起源不出两河流域至高加索一带，不晚于公元前3500年。两河地区以其军事力量将战车向东、向西传入周边地区，埃及的战车就是在两河地区文化扩张的影响下产生的，俄罗斯、蒙古、中国新疆发现的车子形象也应该是其向东辐射影响的结果。有学者对中国马车及中西亚马车进行形制上的比对，发现它们属于同一系统，有共同的源头。

殷商的两轮大车很可能是自西方传入的。由于中国与中西亚的距离比较远，车子的形态又经过多种文化传递、改变，所以接受中西亚间接影响的时间较晚，制造的车子也与中西亚相去较远。同时，马车制造技术传到中国以后，中国人又在此基础上再创造、再发展，为马车增添了许多自身的文化因素和继续发明，还有许多技术上的创新与发明，例如中凹形车轮制造、龙舟形车舆四轮马车的出现、系驾法的演进等等，这样就逐渐形成了中国自身的马车特色。

冶铁

世界上最早冶铁和制造铁器的，是小亚细亚的赫梯人，时间在公元前1400年左右。铁器发明后，因赫梯国王严禁冶铁术外传，在一段时间里，铁的产量极少，价格昂贵，铁器只被当作珍贵礼品在一些国家的宫廷里传送。直到公元前13世纪赫梯王国灭亡，铁的垄断被打破，人类历史上的铁器时代才真正来临。

公元前1000年前铁器在新疆出现，最初由希腊人、阿拉伯人、雅利安人、粟特人、高加索人等经西亚、中亚引入。伊犁、喀什等地区很可能比较早地接触到冶铁术。随着游牧民族频繁活动，制铁技术沿着北方草原丝绸之路和南方绿洲丝绸之路向东传播。约在公元前7世纪前后进入中国北方，并很快普及。中国开始冶铁和使用铁器的确切时间是在春秋时期。

虽然冶铁业在中国出现的时间晚于西亚和欧洲，但一经出现便得到飞速发展，而且在以后的很长时期内一直居于世界前列。春秋晚期到战国早期，铁器成为一种新的生产力，登上了历史舞台，部分农业和手工业已开始使用铁器。战国中期以后，炼铁技术进一步提高，铁器的出土已遍及七国地区，铁器推广到社会生产和生活的各个方面，在农业、手工业部门中，已基本代替了木器、石器、骨器、蚌器和青铜器，初步取得支配地位。至西汉，冶铁技术愈来愈精，成为当时的三大工业之一。

中国铁器及制造技术很早就传播到朝鲜、日本。在公元前3世纪左右，匈奴人已经开始使用铁器。《史记》说"汉使亡卒"将铸铁技术教给大宛的铁工，大宛人从汉朝人那里学会了铸铁技术。安息也从中国输入许多铁铸产品，包括各种钢铁兵器。木鹿是中国钢铁的集散地，安息骑兵所用武器由这里入境，所以古罗马史学家普鲁塔克（Plutarchus，约46—120）称安息骑兵武器为"木鹿武器"，其刀剑用中国钢铁锻铸，以犀利著称。中国铁器还通过安息传入罗马，用中国钢铁制造出来的光亮的刀具在当时被视为珍贵物品。

二、玻璃、糖与葡萄酒

在古代，有三项西方发明，即玻璃制造技术、制糖技术和葡萄酒酿造技术被引入中国，对中国人的日常生活产生了极为重要和深远的影响。其中玻璃制造技术是在南北朝时期引进的，后两项则都是在唐太宗时期被引进，且都是在唐太宗亲自过问和关注下得到推广和发展的。

玻璃

罗马时代，埃及玻璃制品享誉四方，特别是玻璃珠，由于色彩缤纷、晶莹剔透，加之大批量生产，在罗马输往东方的船货中占据突出位置。战国以后，西方的玻璃制品在中国已经有所传播。汉代以来，传入中国的琉璃主要是罗马的商品。中国人将玻璃称为"琉璃"，埃及的十色琉璃，无论器皿还是珠饰，在中国都大受欢迎。魏晋南北朝时期，仍有大量的西方玻璃器输入中国，屡有西域僧人和使臣进贡玻璃的记载。玻璃制品成为上层贵族珍爱的藏品，以及他们斗富的器物。南朝宋刘义庆《世说新语》说："满奋畏风，在晋武帝坐，北窗作琉璃屏，实密似疏，奋有难色。"这里提到的琉璃屏，应是由无色透明的玻璃制成的，以至于实有而似无，令人仍觉室外的寒风好像可以直接刮进屋内，而生寒意。

随着西方玻璃制品的输入，其先进工艺也被中国南方玻璃制造业所吸收。最早借鉴西方玻璃工艺水平的是广州玻璃制造业，他们按照西方玻璃的生产配方，制造出国内早期的单色或多色透明玻璃碗。葛洪《抱朴子·内篇》就曾讲到当时进口的中东玻璃碗及其在国内仿制的情况："外国作水精碗，实是合五种灰以作之，今交、广多有得其法而铸作之者。""水精（晶）碗"，即为透明玻璃碗；"合五种灰"，就是要以五种原料成分配制。专家对埃及古代玻璃的化学分析与鉴定结果表明，硅土、苏打、石灰、镁和氧化铝是其制造玻璃的主要原料。葛洪记述中虽未明确说明是哪"五种灰"，但其指出主要由五种原料配制而成是正确的，也说明葛洪所谓水晶碗"合五种灰以作之"的工艺是有根据的，而这一工艺也的确为交、广两地的玻璃工匠所掌握。

埃及玻璃碗耐高温性能，比中国琉璃碗更能适应骤冷骤热的要求，因而具有更高的实用价值。广州玻璃工业吸收了埃及的先进工艺，并制造出本国生产的单色或多色透明玻璃碗。考古发现表明，这时广州除生产透明玻璃碗外，还制造其他生活器物，这些器物的形制、种类、装饰图样，都突破了以往国内生产中的传统模式，具有一定的创新性。但遗憾的是，不知何故，南方玻璃的生产大约在4世纪以后逐渐失传。

所以，玻璃制造技术还有待再一次传入中国。一般认为，西方的玻璃制造技术是在魏晋南北朝时期传入中国并得以流传的。

据《魏书》及《北史》记载，北魏太武帝时（424—452），大月氏商人将琉璃的采矿、制作等全套技术传到中国，中国有了自己的玻璃生产作坊，开始成批生产。由于这种透明亮丽的多彩玻璃的成功制作，原来被中国人视为珍品宝贝的域外玻璃便不再是稀奇之物了，"自此中国琉璃遂贱，人不复珍之"。

《北史·何稠传》记载："中国久绝琉璃作，匠人无敢措意，稠以绿瓷为之，与真不异。"何稠是西域昭武九姓中的何国人，他也有可能将西域玻璃制作技术传入中国内地，当时他所烧造的"绿瓷"，就是玻璃。

在西周至魏晋南北朝时，中国古代玻璃的基本成分以铅钡为主。进入南北朝后西方钠钙玻璃传入中国，这种玻璃质地比铅钡玻璃强度大，耐热性好，加之西方吹制法的传入，中国玻璃工艺有了较前期更快的发展。最迟在北魏时期，中国已掌握玻璃吹制技术，可以吹制器形较大的薄壁玻璃容器。

隋唐时期，中国的玻璃制作技术已经比较成熟。隋唐玻璃器的突出成就表现在陈设品、生活用具玻璃器的制作上，主要是玻璃瓶、玻璃茶具、玻璃杯等。

糖

中国上古时代没有蔗糖。《礼记·内则》提到甜食时，举出的是"枣、栗、饴、蜜"，"饴"一般说来就是现在说的麦芽糖。较于西方，饴糖在中国人的饮食中占有更重要的地位。

印度自古就生产甘蔗，并发展起甘蔗制糖技术，是世界甘蔗糖的发源地。古代印度制蔗糖的方法，是将甘蔗榨出甘蔗汁晒成糖浆，再用火煎煮，成为蔗糖块（sakara）。梵文"sakara"又有"石"的含义。印度的"石"糖在汉代传入中国，汉代文献中的"石蜜""西极石蜜""西国石蜜"，指的就是由西域入口的"石"糖。

三国时期，交趾地区出产的蔗糖输入内地。南朝齐、梁时医药学家陶弘景（456—536）说他那个时代广州有甘蔗制成的"砂糖"。两晋南北朝时期，从当时翻译过来的一些佛经中看，印度用甘蔗汁制糖的技术已经传到中国。义净所译《根本萨婆多部律摄》和《根本说一切有部百一羯磨》中对印度的制糖法也有所介绍。

唐太宗和高宗时期，可能是在王玄策第二次出使印度时，带回了专业制糖工匠传授制糖之法。印度制糖法的传入对中国糖业的发展起到重要作用。有的学者认为，唐太宗时期只引进印度饼块糖石蜜制法。唐高宗龙朔元年（661）请来印度制糖专家，引进印度砂糖制法。所以，唐朝遣使去印度求取制糖术有两次，每次带回的制糖术是不同的。

唐代不仅从印度引进当时先进的制糖技术，在此基础上还有所提高，制出了比印度蔗糖质量还好的产品，所以说"拃沈如其剂，色味愈西域甚远"。扬州人对糖进行了改进和精加工，实现了制糖技术的飞跃。最早的白糖不可能洁净如雪，而是呈淡黄色，后来优质的中国糖又传到印度，被印度人惊叹为"中国雪"。除扬州外，唐宋时期四川遂宁也是蔗糖的著名产地。唐玄宗时期，鉴真和尚东渡日本传法，带有各种方物，其中有蔗糖2斤多，献给奈良东大寺，并把制糖法传给日本，此后日本才知道了砂糖。

葡萄酒

西汉时，葡萄及其栽培技术传入中国，葡萄酒也同时传入。葡萄酒的酿造由波斯、埃及经中亚传入西域，不会晚于西汉。张骞通西域，就为朝廷带回了西域酿造葡萄酒的信息。《史记》和《汉书》里都有关于大宛国出产葡萄酒的记载。

葡萄酒在汉代就已传入内地。到了魏晋及稍后的南北朝时期，葡萄酒的消费有了一定的发展。魏文帝曹丕尤其喜欢喝葡萄酒，还把自己对葡萄和葡萄酒的喜爱和见解，写进诏书，告之于群臣。有了魏文帝的提倡和身体力行，魏时以及后来的晋朝及南北朝时期，葡萄酒成为王公大臣、社会名流筵席上常饮的美酒，文人名士常有歌咏葡萄酒的诗作。

但这时人们品尝的葡萄酒，主要是从西域进口的。内地获得和普及葡萄酒制作技术，还是在唐代的事情。640年唐军破高昌，也是葡萄酒酿造技术引进中国内地的年份。唐太宗从高昌国获得马乳葡萄种和葡萄酒法后，不仅在皇宫御苑里大种葡萄，还亲自参与葡萄酒的酿制。酿成的葡萄酒不仅色泽好，味道也很好，兼有清酒与红酒的风味。此事在文献中多有提及。如《唐会要》卷100记载，"葡萄酒，西域有之，前世或有贡献，及破高昌，收马乳葡萄实，于苑中种之，并得其酒法，自损益造酒，酒成，凡有八色，芳香酷烈，味兼缇醍醐，既颁赐群臣，京师始识其味"。

唐代葡萄酒的产地，有今属新疆吐鲁番市的"西州"、甘肃武威市的"凉州"和山西太原市的"并州"。唐代是中国葡萄酒酿造史上的辉煌时期，葡萄酒酿造已从宫廷走向民间，民间酿造和饮用葡萄酒也十分普遍。长安城有许多酒肆，其中有些是胡人开的，出售西域进口的葡萄酒，也有些是本地产的。

三、望远镜、自鸣钟与红夷大炮

晚明和清初之际，随着大航海的开辟，中西交通大开，欧洲各国东印度公司的商船直通中国海岸，开始了中欧之间的直接贸易。同时，西欧各国传教士也纷纷来华。除了传教，他们也大力传播西方文化，促成了中西文化交流的一次高潮。在技术方面，最主要的成果有望远镜、自鸣钟和火炮技术的传播。

望远镜

最早来华的传教士利玛窦（Matteo Ricci，1552—1610）

来华时带了西方的三棱镜，作为进贡给皇帝的礼品，同时也
赠送给中国的一些重要官员，并向他们演示光通过三棱镜的
色散现象，这是西方光学在中国的首次传播。

伽利略（Galileo Galilei，1564—1642）在1609年发明了
世界上第一架望远镜。1610年来华的意大利籍耶稣会传教士
毕方济（Francois Sambiasi，1582—1649）在给万历皇帝的奏
疏中就提到了"千里眼"的用法和原理。葡萄牙籍耶稣会传
教士阳玛诺（Emmanuel Diaz，1574—1659）在1615年写了
《天问略》一书，其中介绍了望远镜的发明和功用，并描述
了对几大行星和银河观察的结果。书中接着介绍了伽利略用
望远镜观天取得的一系列成果，但对于望远镜的具体制法和
用法没有加以说明。

万历四十六年（1618），耶稣会士邓玉函（Johann Schreck，
1576—1630）来华时随身携来一架新式望远镜，这是目前已
知传入中国的第一架新式望远镜。邓玉函在欧洲时曾与伽利
略同为灵采学院院士，这一因缘使得新式望远镜在欧洲出
现不到十年时间，邓玉函就将之携至中国。另外，崇祯七年
（1634）正月，传教士汤若望（Jeam Adam Schall von Bell，
1591—1666）与罗雅谷（Giacomo Rho，1593—1638）向崇
祯皇帝"进呈由欧洲带来之望远镜一架，以黄绸封裹，连带
镀金镜架与铜制之附件"。明清之际的中国天主教教堂，亦置
有"西洋千里镜"。据《帝京景物略》（1635）记载，北京南
堂内展有远镜，"状如尺许竹笋，抽而出，出五尺许，节节玻
璃，眼光过此，则视小大，视远近"。这件展出的望远镜很可

能是邓玉函、汤若望和罗雅谷等人带入中国的。

随着西洋望远镜的传入，耶稣会士及中国工匠也开始仿制望远镜。明代天文学家徐光启（1562—1633）在崇祯二年（1629）七月二十六日的奏疏中提到"急用仪象十事"的第十件事就是"装修测候七政交食远镜三架"。崇祯五年（1632）十一月二十二日，徐光启在奏疏中称，要为皇帝装一架望远镜。这个计划在徐光启去世后仍在实施之中。崇祯七年（1634），在汤若望指导下的第一架望远镜在中国出现，并正式安装。后来望远镜也传入民间。民间亦开始有人仿制望远镜。清初光学仪器制造家孙云球磨制的各种光学器具中便有望远镜。

自鸣钟

钟表是物质文化史上技术发展的缩影，时钟是欧洲中世纪机械发明中最伟大的成就。欧洲的机械钟表始制于14世纪，大约1335年在意大利的米兰首先制造出世界上最早的机械打点钟，之后，英国伦敦、法国巴黎、德国纽伦堡的高大建筑上陆续出现了机械报时钟。此后又经几个世纪能人智者的发明创造，不断加以完善，时钟才成为科学准确、使用方便的计时工具。

传教士们来中国传教时，自鸣钟还是在欧洲刚出现不久且仍在完善中的先进仪器。在传教士带到中国的礼品中，自鸣钟也是最受欢迎的。罗明坚（Michele Ruggieri, 1543—1607）1582年送给两广总督陈端一只自鸣钟，大概是传入中国的第一只西洋钟表。利玛窦也带来了西洋自鸣钟，作为给中国皇帝的贡品。西洋钟表在中国人看来是一种精巧的"奇器"，深受欢迎。大多数中国人并没有把欧洲的机械钟视为报时工具，而是当作装饰品和地位的象征。入清以后，传入中国的自鸣钟更多。凡来华进京的传教士，大都携有西洋钟表，将其作为见面礼进呈给皇帝。通过传教士、使团的外交礼品和地方贡品以及外贸采办等几种途径，大量精美的钟表进入皇宫，皇宫及皇家园囿成为钟表最集中的典藏地，皇帝也成为拥有钟表最多的收藏者。除了宫廷以外，自鸣钟在上层社会中也很流行。通过贸易进口的洋钟也屡见于市面，富豪大户可以用重金买到洋钟。达官显贵家里陈设的自鸣钟，成为地位和财富的象征。

在利玛窦将西洋钟表带入北京后，北京人很快就掌握了自鸣钟的制造技术。在顺治十年（1653）以后，清宫就开始仿制自鸣钟。康熙皇帝对西洋器物很感兴趣，他令宫廷中原本只负责绘画的如意馆同时也负责钟表的制造，召用了一些西方传教士和中国工匠共同制作钟表。康熙年间，皇宫里专门为皇帝制作御用器物的养心殿造办处内，增加了制作修理自鸣钟的作坊，到雍正时称为"做钟处"。自从欧洲钟表进入皇宫，为了日常使用和维修管理钟表，曾任用熟悉钟表的欧洲传教士在内廷供职。乾隆时期是做钟处最兴盛的时期，制造了大量钟表，现故宫博物院收藏的大型自鸣钟、更钟、时乐座钟、座钟、问钟、闹钟等大多都是乾隆时期的产品。

钟表制造技术后来逐渐为中国工匠所掌握，在当时的中欧贸易中，也有一些欧洲的钟表商人和工匠到中国开办分店，促使广州、苏州等城市逐渐形成钟表制造行业。清代有三大钟表生产基地，分别制造苏钟、广钟、宫廷钟，经过仿制学习积累了自己的经验，都形成了地方特点。

红夷大炮

　　火器最早是由中国发明并用于战场的。这种利用火药燃烧和爆炸性能的武器西传后，经阿拉伯工艺师的改造，又回传中国。16至17世纪在中国军事史上一度出现过"火器热"。明末中国与西方文明的初步接触，最先引起中国人注意的就是经欧洲人改造过的火器。葡萄牙人的海船带着西方的火炮来到中国广州和澳门，火炮便经福建走私商人传入。1517年明朝正式引入葡萄牙火炮。佛郎机铳是15至16世纪盛行于欧洲的后膛炮，通常以铜或铁制成，初期主要装备在船只上。佛郎机铳传入后，成为明军的制式装备，并根据用途不同对其做出各种改进，堪称明朝中后期极为重要的军事技术革新之一。

　　传教士对近代西方火炮技术输入中国有相当的贡献。明末清初由于战争需要，火炮制作技术在当时传入的西学中占有十分突出的位置。明晚期，东北的后金对明朝形成巨大威胁，徐光启等人主张引进比佛郎机铳更先进的红夷大炮。"红夷大炮"原只是海外贸易浪潮下欧洲人所带来的一些火器实物，但随着晚明局势的动荡不稳，各方操作并仿铸了大批量的红夷大炮，这些火器就成了鼎革之际各个政权加强军备竞赛的重点项目，而炮学的相关知识与技术，也因缘际会地成为向西方文明学习的第一课。

红夷大炮，无论是形制还是冶铸工艺，都远比传统火器和佛郎机铳先进，在当时的战争中得到大规模运用。红夷大炮传华后不久，中国工匠就已能仿制。仿制地点多集中于东南沿海。至崇祯三年（1630）八月间，仿制的大中小型红夷大炮有400余门，至1644年明朝灭亡时，已造出各类红夷大炮1000余门。随着西洋火器火炮的引进，当时不少中国文人也开始对西洋火器进行研究。张焘和孙学诗合著有《西洋火攻图》，孙元化著有《西法神机》，赵士桢著有《神器谱》等，其中以孙元化《西法神机》最为重要。

四、改变世界的"四大发明"

中国古代科学技术中最引世界瞩目的是造纸术、印刷术、火药和火器、指南针这"四大发明"。四大发明是中华民族贡献给世界并改变了人类历史进程的伟大技术成果，深刻反映和代表着辉煌灿烂的中国古代文明。其传播和发展的意义已远超自身的技术领域，对文化的传承、人类改造世界能力的提高乃至世界历史的演变，都产生了巨大的影响。

12至15世纪，中国的四大发明先后传入欧洲，分别在其技术、文化、航海、战争方面发挥了重要作用，并一同激发了具有重大历史意义的文艺复兴运动，推动了欧洲文明的历史进程。

造纸术

造纸术最早是通过阿拉伯人传入欧洲的，但起初造纸技术在欧洲的推广并不顺利。当时的欧洲科学文化发展还比较落后，识字的人不多，在很长一个时期里纸张的使用是很有限的。14世纪末，意大利、法国、西班牙和德国南部都有了纸的生产，除了少数贵族坚持外，纸大致已经代替羊皮卷成为民间通行的书写材料。

纸的广泛传播和普遍使用，对近代欧洲科学的繁荣和文化的进步，对知识的传播和理性主义的兴起，乃至对欧洲走出中世纪的蒙昧主义迷雾、开辟近代文明新的历史纪元，都产生了直接或间接的影响。

印刷术

纸币是欧洲人所接触的最早的印刷形式。欧洲人通过纸币，不仅了解到作为新型书写材料的植物纤维纸，还得知了雕版印刷术这一中国发明。元代中西交通大开之际，许多东来的使节、商人和教士直接接触到中国发行的纸币，并了解其在商业经济活动中的作用。元代来华的许多西方人士都对纸币产生了很大兴趣，并做过报道和介绍。其中最早向欧洲介绍纸币的是元代来华传教士鲁布鲁克。马可·波罗对纸币的作用则做了更详细和直接的观察，叙述了纸币的制造过程、流通系统、在交易中的使用及破旧纸币的更换等情况。除了纸币外，纸牌也是欧洲所知道极为古老的雕版印刷品之一。纸牌作为中国早期的雕版印刷品，在宋以后普遍流行，南宋的杭州已有专门出售纸牌的铺子。纸牌传入欧洲后，被逐步改造成为扑克牌。此后又经数百年的演变，成为今天国际公认的扑克牌样式。欧洲流行纸牌不久，就出现印刷纸牌的行业。15世纪初，印刷纸牌已成为一项重要的工业产业，对欧洲雕版印刷业的发展起到重要的推动作用。在纸牌流行的同时也出现了其他雕版印刷品。但是，由于欧洲各国使用的都是拼音文字，与雕版印刷并不适合，因而欧洲的雕版印刷事业并没有像在中国和东亚各国那样获得充分的发展，在雕版印刷术传入欧洲半个多世纪以后，欧洲人就开始应用活字印刷了。

造纸术和印刷术是相互关联的发明。印刷术被誉为"文明之母"，其发明被看作"人类文明史上的一个里程碑"。印刷术大大提高了书籍的复制速度，有力地推动了科学文化知识的广泛传播和普及。印刷术在欧洲出现不久，便受到社会各界的普遍欢迎和高度重视。印刷术的应用把学术、教育从基督教修道院中解放出来，使学术中心由修道院转移到各地的大学，促进了教育的大发展和知识的世俗化，激起中世纪后期文化、科技、艺术发展的高潮，迎来了文艺复兴的新时代。18世纪启蒙运动时代，文艺复兴时期人文主义著作印本再次引起人们的广泛兴趣，以至法国大革命将印刷术称作各民族的"自由火炬"。

火药

中国古代发明火药的实际应用，最初和主要目的是在军事方面。在五代末、北宋初，中国已有了真正的军用火药。

　　火药和火器传入阿拉伯世界主要经由两条路线。一条路线是在南宋时期从中国东南沿海经过海路直接传入埃及；另一条路线是在蒙古帝国时期蒙古军队西征时经过陆路传入阿拉伯国家。13世纪时，蒙古军队发动的几次大规模西征，直接在阿拉伯境内战场上使用各种火器。随着蒙古大军的西进，阿拉伯人逐渐掌握了制造火药和火器的有关技术。欧洲人则在与阿拉伯人的战争冲突中认识到火药火器的威力及其在战争中的重要性。元代到中国游历的传教士和旅行家对火药火器也有所介绍。鲁布鲁克曾向英国科学家罗吉尔·培根（Roger Bacon，1214—1294）介绍过火药，罗吉尔·培根在他的《大著作》和《书信集》等著作中多次提到硝石、火药和火药爆炸的情况。他还提到"拇指大的儿童玩具"，可能是指爆仗或纸炮一类的民间娱乐品。如此看来，在那时，中国的烟火、爆仗已作为娱乐品输入西方一些地方。

　　火药和火器的知识和技术传入欧洲后，迅速得到推广和应用。大约在14世纪上半期，火药和火器技术在欧洲已经应用于军队装备和各种战事。与火器相关的烟火制造技术，首先出现于意大利，佛罗伦萨人和锡纳亚人都善于制造烟火，意大利许多地方都定期有大型烟火表演。当时的欧洲正处于历史大变革的前夜，火药和火器的传入，对这场历史大变革起到了重要的推动作用。

指南针

指南针最重要的发明意义见于其在航海事业中的应用。北宋时期，中国在世界上最早使用指南针导航。使用以指南针原理制作的罗盘导航，大大提高了航路的正确性，使船只在固定的航线上安全航行，为船只在启航港和目的港之间定期往返提供了保障。不仅如此，航海罗盘的使用还促成了针路和航海地图的出现，推动海上航行进一步发展完善。人们由此也获得全天候远洋航行的能力，大大促进了远洋航海事业的发展。

大约在12世纪后期和13世纪初，指南针就传到阿拉伯人手中。当时中国商船与阿拉伯航海家多有接触，一些先进装备很容易被阿拉伯船采用。13世纪时，欧洲的航海者已经广泛的知道了指南针。

指南针在欧洲的大航海时代发挥了重要作用。地理知识的进步、指南针以及星盘的传入使得航海家们有勇气出海冒险。早期葡萄牙亨利王子（Prince Henry the Navigator，1394—1460）培训航海家队伍时，帮助舵手掌舵的有"星相家"，这些精通领航业务的专家，他们会看罗盘，能算出罗盘偏差并在地图上标出子午线。指南针指明方向的结果，使地图精确起来，地图的绘制也有了普遍性。这间接促成了许多航海史上的伟大航行。麦哲伦环球航海时所使用的船只上，就备有大量航海仪器，包括罗盘、罗盘针、沙漏计时器、星盘、比重秤和星座一览表等。

在西方文化由中世纪走向近代、人们迎接近代文明曙光的伟大时代，从远方中国传来的四大发明，起到激励、开发和推动这一伟大历史进程的重要作用。换句话说，四大发明是从外部刺激西方文化发生内部蜕变和更新的重要文化因素。造纸术和印刷术加速了欧洲近代文明的到来；火药和火器为打破旧有的统治秩序提供了强有力的物质力量，改变了欧洲的政治格局，宣告了欧洲中世纪的结束；指南针的直接影响则在于开辟了欧洲大航海时代。

　　四大发明通过各自的渠道和路线陆续传播到欧洲。它们的传播和接受，是各自独立进行的，互相之间并没有必然联系。但它们传播到欧洲的时间却大致相同，即在蒙古人通过三次西征而建立起跨欧亚大陆的超级大帝国的时代，这是中西文化大流动、大交流的时代，也即欧洲发生文艺复兴运动的前夜。正是在这样一个文化接触的汇合点上，四大发明发挥的作用和产生的影响远远超出了其本身的技术性范畴，成为刺激文艺复兴运动，并为其推波助澜的外来力量。

五、丝绸之路上的医药学交流

　　中医是中华民族自己的医学，是中国古代人民同疾病作斗争的经验和理论知识的积累，基于长期的医疗实践，逐步形成并发展为一脉相承的医学理论体系。中医具有唯一价值，是一种不能被任何其他文化形态替代的医药学术，是一种与现代医学截然不同的知识体系。在中国运用中医中药已有几千年的历史，千年来的临床实践证实，无论是在治病防病方面还是养生方面，中医都是行之有效的医学体系。中医药学在发展过程中，还通过丝绸之路陆续传播到许多国家，为各民族人民的防病治病和医疗卫生事业做出了贡献。

早在西汉时期，中国与朝鲜半岛就有了医药文化方面的交流。高丽时期，朝鲜更大规模地引进中医中药学以及中国的医药典籍和人才，推动其医药事业有了更进一步的发展。通过官方赠送和民间私携，不少中国医书流入高丽，中药材也大量传入朝鲜。朝鲜多次遣使到中国求取人参、松子、五味子、葫芦、虎骨、鹿角、鹿脯等药材。在官方或民间贸易中，中药材始终是输往朝鲜的大宗货物之一。李朝时期，中医中药学在朝鲜有了更广泛的传播。李朝重视中国医书的整理研究和中国药"乡药化"的事业。李朝前期，还出现了《乡药集成方》《医方类聚》《东医宝鉴》等朝鲜三大医学巨著，这标志着朝鲜医学在广泛接受中医中药学影响的基础上开始自立体系、独立发展。

秦代时中国的医药文化已传到日本。当年秦始皇派方士徐福寻不死药，徐福到达日本，并在那里安居。据说徐福通医术，尤精于采药和炼丹，被日本人尊为"司药神"。公元608年，日本政府派小野妹子（中国史书称"苏因高"）等来中国，其中有药师难波惠日、倭汉直福音等前来学医，可谓是日本最早派来中国学医的留学生。惠日等在中国居住有十余年之久，惠日回国后在日本传播中国医学7年，又先后于公元630年和654年来中国深造。753年，鉴真率领弟子多人，带大量药物和香料，抵日本九州。鉴真在佛学外兼明医学，除了讲律授戒外，还"开悲田而救济贫病"，从事民间医疗活动。今已失传的"鉴真上人秘方"，据说就是他处方的记录。其他如"奇效丸""万病药""丰心丹"等良药处方，相传都是鉴真所创制的，从此日本"医道益辟"。鉴真的弟子法进、法荣，也都是中医药学的传人，他们又将医术传给新的弟子。鉴真在传播佛学的同时，就这样把中国医药学传到日本，推动了日本医学得到进一步发展。

中国医药传入后得到日本朝野重视，日本还出现了许多以研究中国医学而著称的学者，撰写了不少研究中国医学的专著。宋元以后的中日医药交流更加频繁，促进了中日医药理论和技术等方面的发展，为后世医学和文化发展创造了良好的氛围和基础。明清时期，有大量的中国医药书籍经过贸易渠道输入日本，对日本医药事业的发展和汉方医学的形成产生了重大影响，并促成日本汉方医学的几大派别。

中医药学也受到外来医药学的影响。在佛教东传的同时，印度医药学也传至中国，被中国佛教僧医接受和应用，融入并成为中医药学的一个组成部分。一批懂得医药学知识并能给人用药治病的僧人，成为中国古代医疗队伍中的一支力量，为中国医药学发展做出特殊贡献。唐代义净有着丰富的中国医药学知识和实践经验，他在印度考察的过程中，也很留意印度的医药学，注意观察和了解印度的医疗制度、卫生习俗、诊断和治疗技术。其著《南海寄归内法传》中对印度的卫生习俗和医事制度乃至医药学理论、治疗和药物知识等都有多方面的介绍。传入中国的印度药物也有很多，其中胡椒、补骨脂（又称"婆固脂""破故纸"）、青黛（靛花）、郁金香、婆罗、天竺桂等，成为中药材的重要组成部分。

中国和阿拉伯之间在医药学方面也多有交流。活跃于9世纪阿拉伯的著名医生阿里·勃·拉班（Ali ibn Sahl Rabban al-Tabari，约810—?），他所编著的《智慧的天堂》（*Paradise of Wisdom*）是一部资料丰富、包罗面广的医学名著。这部著作中引证了不少中国的史料。中医体系中的脉学，大约在唐代传入阿拉伯。被阿拉伯人称为"学术界的领袖和王了"的著名学者阿维森纳（Avicenna，980—1037）所著的《医典》（*Canon*），是阿拉伯的医学经典著作，其中记载有脉学，所记48种脉象，有35种与中国医学所述相同，多采自中国晋代名医王叔和《脉经》中的描述。

中医学的许多药物也传到阿拉伯。据《宋会要辑稿》记载，宋代经市舶司由大食商人外运的中国药材近60种，包括人参、茯苓、川芎、附子、肉桂等47种植物药及朱砂、雄黄等矿物药。这些药材除被转运至欧洲等地外，也有一部分输至阿拉伯地区。阿维森纳的《医典》中载药800余种，其中不少为中国所产。在阿拉伯的早期文献中，明确载述大黄为功用广大之良药，并肯定是从中国传栽移植的。中医视大黄药性峻猛，但在西方，大黄既作为观赏植物，又作为日常食用之品，收获时要"尝新"，在布丁、奶酪中则常配以为美味。这种转化，是中药大黄传入阿拉伯后发生的某种药性认定上的变异，是在跨文化传播中发生的变异，实际上这种变异现象是经常会在文化传播过程中遇到的。

元初，阿拉伯、中亚及波斯等地的医生以及药物大量进入中国，阿拉伯医学得到广泛应用和推广。朝廷派遣回医官到全国各地建立医疗机关，回医药学在社会上得到广泛传播。至元二十九年（1292），在大都和上都设回回药物院，隶属于太医院，后改隶属于广惠司，专修御用回回药物。此外，在太医院、典医监等中国传统的医药机构中，先后有多名阿拉伯医生供职并担任领导工作。还有很多阿拉伯医生散居中国各地，在民间行医卖药。

前文提到，中外贸易交往中输入中国的商品以香药为大宗。"香"和"药"其实是两类商品，一类是香料，另一类是药物。许多香料也可以入药，所以 "香""药"时常并称。汉代中西交通开辟以来，西域、波斯、阿拉伯乃至非洲以及南洋、印度等地的特产药物源源不断地输入中国。唐宋以后，香料与药物的进口数量更大、品种更多，来源地也更广泛。在宋代，由于阿拉伯和波斯的商人成为中西交通贸易的主体，输入中国的香料和药物，无论是阿拉伯本土所产的，还是阿拉伯商人转运的，都被认为是阿拉伯香药。宋元时代，大量阿拉伯药物输入，在实际中的应用日益广泛，促进了时人对阿拉伯药物的认识和研究，某些阿拉伯药物为中国本草学所吸收，逐渐华化为后世所习用的中药。

中国学者对阿拉伯医学最显著的研究成果体现在元代医学代表作《回回药方》中。该书未著撰人，但可以看出，他（或他们）既精于以《医典》为代表的阿拉伯医学，也有较

深的汉学造诣及较高的中国传统医学水平，在全面研究和掌
握这两种世界古代医学理论与医疗实践的基础上，写出了系
统反映元代回医学水平的大型综合性医药学著作。《回回药
方》既保存了阿拉伯医学的基本特征，也接受了中国传统医
学的影响，在医方和医论上加入许多中国传统医学的内容。
体现出中国与阿拉伯两种不同医药学的初步融合，转化成为
中国医药学体系的一个有机组成部分。

　　明清之际大批欧洲传教士来华，他们对中国医药学给
予了特别的关注。在中医研究方面，波兰耶稣会传教士卜弥
格（Michel Boym，1612—1659）是首位向西方介绍中国
古代科学文化成果的欧洲人。他在手稿《中国事物概述》
中，就对有关脉诊治病方法的具体问题进行了研究，说中
国有许多欧洲不知道的能治病的植物、药品和治病方法。
他认为，多个世纪以前，脉诊治病的方法在中国不仅能
够了解病情，还能够准确无误地预示病情发展。他还提到
中国医生亲自给病人煎熬所开出的药物。卜弥格的代表作
之一，是中医研究专著《医学的钥匙》（*Clavis Medica ad
Chinarum Doctrinam de Pulsibus*）。这本书几经周折，于
1686年以拉丁文在罗马出版。书的主体内容大致可分为四
部分：中医理论体系中的基本概念、经络的相关知识（卜
弥格称作经）、特定的穴位和具体的脉学知识。卜弥格并
不是只做了单纯的翻译，而是将自身对中医典籍的深入理
解和消化，梳理成一部百科全书式的中医研究专著。卜弥
格另外一部关于中医的著作《中医处方大全》（*Herbarium*

parvum Sinicisvoca buliin diciinserti sconstans），以"四味
和五气的理论"对中药进行论述，介绍了一些药物的一般
属性。这是中国的中草药第一次大规模地被介绍到欧洲。
《中医处方大全》中列举了将近400种中国动植物和矿物
的名字，这在当时任何一部关于中国的出版著作中都是没
有的。

卜弥格的《医学的钥匙》和《中医处方大全》传到欧
洲之后，在欧洲产生了很大影响。17世纪末，英国医生弗洛
伊尔（John Floyer）将卜弥格关于中医脉学的译述转译成英
文，连同他自己的著述合为《医生诊脉表》（*The Physician's
Pulse-Watch*）一书，于1707年在伦敦出版。弗洛伊尔不仅对
卜弥格的中医理论进行了深入的研究和阐述，还致力于中药
的应用和推广，他为中药在欧洲的广泛采用做了很大努力。

在来华传教士中，除了卜弥格这样专业研究的人之外，
还有许多人对中国的医药学很感兴趣。他们的研究涉及望舌
苔、脉学、性病、法医、传染病、药物、外科、养生、神
功、磁力、针灸等诸多领域。

明清之际，中国发明了人痘接种术，开创了人类预防天
花的新纪元。种痘法很快远传海外，1688年俄国遣人来中国
学痘医；1744年，种痘法传到日本，并被一直采用至1840年
牛痘法传入前。人痘接种术传到英国更具特殊意义，其成为
牛痘法产生的基础。

六、丝绸之路上的天文历算交流

天文历算是中外交流最多、最活跃的领域。中国古代天文学以对多种天象的最早观测记录著称于世，其连续性、完备性、准确性亦为世所罕见；中国有世界第一流的历法；有在设计和制造水平上遥遥领先的天文仪器；在天体测量方面有许多时下最先进的成果。实际上，外来的天文学及历算、历法对中国的天文学和历法实践都有重要影响。中国古代掌管历法、天文的国家机构先后叫过司天台、司天监、钦天监等，自唐以后，这个机构的主持人许多时候为外国人，在唐代为印度人，元代为波斯人或阿拉伯人，明代则任用元代这些人的后裔，到了清代，钦天监则长期由欧洲传教士主持。

古代印度天文历算知识先进，早在汉代就已传入中国。唐代的中印交往中，继续有印度的天文历算著作传入中国。前往印度取经的中国高僧和印度来华高僧们携带到中国的佛经中，也有不少关于天文历算的书籍。玄奘在《大唐西域记》中，对印度的长度单位和印度岁时有比较详细的记载，义净在《南海寄归内法传》中记载有印度佛寺以漏法计时的情况。不空在乾元二年（759）译《宿曜经》，详细介绍了印度的占星术、七曜、二十七宿和十二宫方面的知识，其中"七曜历"对唐代历法影响很大。

唐朝时传入的印度历法有瞿昙悉达（Gautama Siddha，？—约724）翻译的天竺《九执历》。《九执历》是当时较为先进的印度历法，其中有推算日月运行和交食预报等方法，历元起自春分朔日夜半。它将周天分为360度，1度分为60分，又将一昼夜分为60刻，每刻60分。它用十九年七闰法，恒星年为365.2762日，朔望月为29.530583日。

《九执历》的传入是中国与印度科学交流史上的一件大事。翻译编纂《九执历》的瞿昙悉达在唐朝任太史监，太史监是秘书省下"监掌察天文，稽历数"的专门机构，后来在乾元元年（758）改为司天台。太史监是唐代以"本色出身"的技术官僚能够达到的最高官职，可知瞿昙悉达的天文历算技艺是相当高超的。瞿昙家族在唐朝世代从事天文历算职业。据《通志》及《姓纂》称，瞿昙氏（Gautama）来自中天竺，这一家族四代供职国家天文机构，先后担任过太史令、太史监或司天监经110年。因此，当时人们称瞿昙悉达为"瞿昙监"，称这一派的天竺历法为"瞿昙历"。

瞿昙悉达身为皇家天学机构负责人，得以利用皇家秘藏之古今星占学禁书，以其得天独厚的条件，编成《开元占经》120卷，集唐前各家星占学说之大成，是古代中国星占学最重要、最完备的资料库。书中保存了中国最古老的恒星观测资料，其中甘、石、巫咸三氏之星表，是今人研究先秦时代中国天学极为重要的史料之一；书中还录载有中国上古至公元8世纪时所有相传历法之基本数据。

唐朝当时有著名的"天竺三家"，都以天文历算著称。瞿昙氏在"天竺三家"中最为显赫，是史籍中有关记载较多的家族。其余两家为迦叶氏（Kasyapa）、拘摩罗氏（Kumara），也是以天文历算而知名的天竺人。

阿拉伯的天文学十分发达。阿拉伯的科学家们对天文学一直保持着浓厚的兴趣，他们已经能够娴熟地运用诸如星盘、等高仪、象限仪、日晷仪、天球仪和地球仪之类的天文仪器从事天文学研究。阿拉伯天文学继承了大量前人科学遗产，如古希腊、古罗马、波斯甚至印度的天文学等。当伊斯兰天文学自成体系后，它又影响和推动了世界其他文明的进程。在这一过程中，伊斯兰天文学影响和丰富了中国的天文学。

忽必烈居藩时，曾"征回回为星学者"，任用了一批伊斯兰天文学家，其中著名的天文学家波斯人札马鲁丁（Jamāl al-Dīn，生卒年不详）应召东来，后主西域星历司。忽必烈又派札马鲁丁回伊儿汗国，去马拉盖天文台参观学习。至元四年（1267），札马鲁丁带着马拉盖天文台的新成果回到忽必烈宫廷，向忽必烈进献《万年历》以及7件西域天文仪器。这些仪器设计巧妙新奇，准确精密，反映出很高的天文学研究水平。《万年历》则在全国颁行，直到至元十八年（1281）郭守敬的《授时历》完成，才终止使用。郭守敬编制《授时历》时，也从《万年历》中吸收了不少合理的内容。

上都的回回司天台，既与伊儿汗王朝的马拉盖天文台有亲缘关系，又由伊斯兰天文学家札马鲁丁领导，且专以进行伊斯兰天文学工作为任务，在伊斯兰天文学与中国天文学交流方面占有重要地位。除上述大型仪器外，回回司天监当时还拥有小天球仪、万能仪（星盘）、横道仪及圆规等小型回回天文器具，这些仪器的研制，应该是对伊斯兰同类仪器的引进和复制。回回天文仪器的制造，为"掌观象衍历"的回回司天监的工作提供了基本的观测条件，保证了回回天文工作的正常开展。札马鲁丁所献7件西域天文仪器，仍为明代回回钦天监所运用。与此同时期，主持汉司天监的郭守敬，通过回回司天监和札马鲁丁的西域天文仪器，对回回天文学有一定的了解，因而在仪器设计方面，吸收了回回天文仪器的长处。

至元十年（1273），札马鲁丁以回回司天台提点的身份被元世祖任命兼职新设立的秘书监两长官之一。另一长官是汉人、原任户部尚书的焦友直。在札马鲁丁的领导下，秘书监引进了大量波斯文、阿拉伯文的天文学、数学、星占学等方面的图书、器物，还有大量的阿拉伯地图。秘书监是元代中国与阿拉伯科学文化交流的一个重要中心。在《元秘书监志》中录有"回回书目"195部，在26种存目的书籍中，包括数学、几何学、天文学、医学、地理学、星象学、化学、哲学、历史学、辨认宝石学、机械制造原理、诗歌、天文仪器制造等方面的内容。

元代在天文机构的设置上实行双轨制，在为回回天算家设立机构之前或同时，也为汉人设立了另一套天文机构。两监地位相等，官员品秩相当，人数也基本相同。札马鲁丁、爱薛、可马剌丁、苫思丁、赡思丁等一批天文学家先后在这里任职，为中国天文历算的完善和发展做出了巨大贡献。

第八章

佛教东传之路

一、从西域出发的佛教之路

东汉永平七年（64），一天夜里，东汉第二位皇帝汉明帝刘庄做了一个奇怪的梦，一位身材高大的神人，全身金色，头顶上放射白光，在殿前飞绕而行。明帝正要开口问话，那金人腾起凌空，向西方飞去。明帝梦醒后，百思不得其解。第二天朝会时，他向群臣详述梦中所见，学识渊博的大臣傅毅答道："听说西方有神号称'佛'，身高六尺，通体金黄色，能飞行于虚空，神通广大，陛下所梦见的想必就是这位神佛。"

于是第二年，明帝遣郎中蔡愔、中郎将秦景、博士王遵等18人，前往西域去寻找神佛。蔡愔一行经过通往西域的丝绸之路，来到大月支国，遇见了两位来自天竺（印度）的僧人，一位叫迦叶摩腾，另一位叫竺法兰。蔡愔邀请两位僧人到中原传授佛教。二人接受邀请，用白马驮着佛像和经卷，随蔡愔一行来到洛阳。初到洛阳时，两位僧人被招待在鸿胪寺。鸿胪寺是朝廷专门接待外国人的机构。永平十一年（68），明帝特为他们建立了专用的住所，叫作"白马寺"。白马寺是中国汉地最早的佛寺，取回的佛经则收藏于皇室图书档案馆"兰台石室"中。白马寺一直被佛门弟子同尊为"释源"，即中国佛教的发源地。

这个故事讲述的是佛教传入中国的开始，也是佛经被翻译成汉文，能够被中国人诵读的开始。佛教在中国的传播和广泛流传，也从这里展开了漫长的千年画卷。

在古代的中外文化交流中，佛教的东传是最重要的事项，是丝绸之路上最为壮观、最为激动人心的文化景象。

佛教是在印度产生和发展起来的。公元前3世纪以后，在阿育王的支持和帮助下，佛教开始在印度以外的一些国家和地区，分别向南和向北，如缅甸、斯里兰卡以及中亚、西域一带传播。

北传佛教首先传入犍陀罗和迦湿弥罗。大约公元前1世纪后半叶，佛教传入西域的于阗、龟兹、疏勒、若羌、高昌等地。西域是中国与印度和西方交通的要道。在佛教东传的过程中，西域发挥了极为重要的作用，是大佛东行的主要通道。西域曾被佛教僧侣视为"小西天"，也被誉为佛教的第二故乡。

印度佛教传入西域后的几百年间，西域佛教有了长足的发展，佛教图像、寺庙石窟等佛教建筑开始在西域大地出现，佛窟成群，塔寺林立，浮雕或立雕的大小佛像琳琅满目，雕塑艺术达到了很高水平。此外，佛教的绘画、音乐、舞蹈、文学以及演讲辩论等也都发展迅速，造诣很高。到了魏晋南北朝时期，佛教在西域进入鼎盛发展阶段，各国佛事频繁，高僧辈出，年年举行盛大的佛会。同时，西域佛教也在不断发展演变，产生了不同的佛教宗派。

张骞通使西域后，西域各国与汉内地的政治、经济和文化交流一直往来频繁。在这一过程中，佛教通过西域传入中国内地。西域各国派往中原王朝的外交使节、侍子以及商人中就有一些佛教信徒。此后，常有内地僧人到西域讲经求法，赴内地的西域高僧也将自己的思想、学风等带到了中原，与中原地区的高僧共同相处，探讨佛学真谛，为中国的佛教传播和佛学发展做出了贡献。

这样，从印度到西域到中国西部，再从敦煌进入中国内地，就形成了一条"佛教之路"。在这条艰险曲折但却充满着信仰激情的大路上，西去求法的中国僧侣，东来传教的西域教徒，筚路蓝缕，不绝于途。同样是在这条大路上，遗存着无数佛教东传的历史遗迹，寺庙遗址、精美壁画、荒芜塔冢、古城残垣，以及遍布沿途壮观无比的佛教石窟。通过这条大路，佛教佛经、绘画、建筑、音乐，以及佛教所裹挟的印度和沿途民族的文化艺术等，源源不断地传至中国。因此，这也是一条文化传播之路。

佛教艺术传播到中国后，经过中国艺术家的吸收、借鉴和改造，形成了中国特有的佛教艺术形式，成为中国艺术发展史上一个重要组成部分。

佛教所传来的，不仅仅是宗教的僧团和仪轨、仪式，更是一套缜密的思维系统，是一套完备的理论体系。佛教在中国的传播，不仅给中国人带来一种新的宗教和宗教思想，也将印度的医学、天文学、逻辑学等传来，促进了中国的学科发展。

不仅如此，佛教对中国人的日常生活也产生了重大影响。在生活观念上，它部分地影响甚至改变了中国人的日常生活态度。佛教在中国的传播及其中国化，可以说是世界文化交流史上最广泛、最深入，且与本土文化融合最成功的、最具有典型意义的范例。

二、络绎来华的西域高僧

佛教在汉初传时期，陆续有一些西域或印度等地的僧人来到中国内地。他们最早向中原人介绍了印度佛教的文化信息，带来一批佛教经典并将之汉译，使中原人有了初步接触佛教的文本。他们还把佛教僧团和寺院的仪轨介绍而来，从而使中国内地有了最早的出家僧侣和佛事活动。至两晋南北朝时期，佛教在中国内地的传播迎来高潮，吸引了更多的西域、印度高僧挟道东来，为佛教典籍的汉译、佛教思想的传播，以及佛教文化艺术在中国内地的推广，做出了突出贡献。

这些高僧是一批自觉的文化传播使者。他们没有国家的委托，没有商业利益的追求，他们远道而来，就是为了弘化讲学，传播佛教。这些外来僧侣进入内地，以其缜密的哲思和渊博的学识，博得中土文士的赞赏。除了佛教学人胸怀"弘化利济"的宗教和文化理想以外，也由于中国古代文明富饶，尊贤好学，在国际间颇有声誉，许多国外贤哲因此钦慕而来。

东汉时期，陆续有一些僧人自古印度和西域来到汉地参加佛经传译工作。在这些僧人中，安世高和支娄迦谶是最有影响的两个。在桓帝、灵帝、献帝时代，还有安玄、竺佛朔、支曜、康巨、康孟详等人，他们的译经活动也很活跃。

一些印度的高僧也乘船从海路来到中国。孙吴时期，康僧会就是从海路来到中原内地。他把佛教思想和儒家思想调和起来，尤其把佛教中出世的思想改造成儒家所崇尚的治世安民精神，说明佛教在初传时期就已注意与中国本土传统文化相适应。

在北方，前秦建元年间（365—384），皇帝苻坚崇信佛法，大力推动译经事业的发展。这一时期的佛经翻译，已不像东汉、三国时期那样是私人行为，政府业已开始介入。苻坚开始有组织地进行佛经翻译，并派秘书郎赵政来主持这项工作。这一时期陆续有一些西域或印度僧人来到长安参加传译佛经，但是这些高僧都不通汉语，译经时必须有人传译。当时竺佛念正在长安，被公推为传译人。竺佛念其家世居凉州，20岁左右出家为僧。《高僧传》卷一称赞他"外和内朗，有通敏之鉴"，学识渊博，道德高尚。他不但研习佛典，而且对世俗书籍亦无不博览，训诂之学尤为他的特长。因为居家之地接近西域诸国，所以他通晓多种语言，成为有名的语言学家。竺佛念与陆续来长安的西域僧人僧伽跋澄和昙摩难提等人合作，将他们带来的佛教经典译梵为汉。这些译事，都是在道安的主持下进行的，竺佛念在道安的译场中是一个十分活跃的人物。

　　来华的西域高僧中最著名、贡献最大的是龟兹国鸠摩罗什（Kumarajiva，约344—413）。鸠摩罗什在龟兹时，广研大乘经论，声名日隆，是一代高僧，所谓"道震西域，名被东国"。鸠摩罗什每年举行讲经说法，西域诸王都云集闻法，他的名声也东传中土。符坚迎他来内地，但因时局变化，鸠摩罗什在凉州羁留16年。直到后秦弘始三年（401）十二月，鸠摩罗什才被迎请到长安。抵达长安后，鸠摩罗什受到僧俗大众、朝廷上下的热烈欢迎。作为著名的佛经翻译家，以及宣传、阐扬佛学的佛教哲学家，鸠摩罗什在佛学上有很深的造诣。他为中国佛学研究带来新的高潮，不但翻译了大量经典，还影响了许多杰出的弟子。周边及全国各地的僧人闻讯纷纷前往长安受学，当时来长安求学的僧人达5000多人。鸠摩罗什门下汇集当时全国僧侣精英，人才辈出，都是以学问、禅修著称的杰出佛学知识分子，他们发展中国化的佛学理论，扩大佛教义学的传播范围，对中国佛教发展有很大影响。

　　晋宋以后，西来僧侣愈勤愈密。南朝的建康是江南外籍僧侣的活动中心，也是出译籍、义理的主要基地。江南佛教同域外佛教的联系也强化起来，建康与中、南天竺，斯里兰卡和扶南等国的佛教联系尤为密切。南朝宋时，从海上丝绸之路来华的、最有影响的高僧是菩提达摩（Bodhidharma，？—536）。菩提达摩在中国住了将近50年，在北方的时间最久，"随其所止，诲以禅教"，被尊称为"东土第一代祖师""达摩祖师"。

他的禅教"不立文字，直指人心，见性成佛"。佛陀拈花微笑，迦叶会意，被认为是禅宗的开始。南朝时来华的西域高僧中，西天竺优禅尼国人真谛（Paramartha，499—569）也是一位比较重要的人物，被称为中国佛教翻译史上的"四大译经家"之一。

北魏洛阳永明寺，接纳"百国沙门三千余人"，远者来自大秦和南印度，洛阳也成为当时世界佛教最盛的圣地。

隋唐以后，仍陆续有许多印度僧人来到中国传教，翻译佛经。随着中印交往的加强，来华印僧在社会中更为活跃，唐朝廷亦往往将入唐印僧同视为异国番使而授予官职。他们在唐朝的生活以传译佛经为主，许多僧人是携经而来，或是介绍传译在中国未流行的佛经，或重新根据梵本翻译旧有经典，为唐代佛教文化增添了新的内容。唐代来华的印度僧人中，以善无畏（637—735）、金刚智和不空这"开元三大士"最为著名。

中国内地佛教的昌盛繁荣和独有的风貌，以及涌现的名僧大德，声名也传回西方早期的佛教流行地区，在东晋时期已广被熟知。《华严经》称清凉山是东方菩萨的聚居地，佛徒普遍认为此山就是今山西省的五台山。道安名播西域，号称"东方菩萨"，受到鸠摩罗什的敬仰。外国僧人烧香礼拜慧远，誉他为"大乘道士""护法菩萨"。来自天竺的著名译家菩提流支，尊称北魏昙谟最为"东方菩萨"，并将他著的《大乘义章》译为梵文，传回大夏。北齐刘世清译汉文《涅槃经》为突厥语，以赠突厥可汗。

三、行走在丝绸之路上的西行求法团

在西域和印度的高僧纷纷来华的同时，也有中原人士开始西行求法，成为法显、玄奘、义净等西行求法高僧们的先驱。

第一位西行求法的中原僧人是三国时期的朱士行（203—282），他是中国佛教史上第一个依律受戒成为比丘的汉人，在中国佛教史上被誉为"中国第一僧"。朱士行西域求法早于法显约140年。魏景元元年（260），朱士行带领一众弟子从雍州出发，通过河西走廊到敦煌，经西域南道，越过流沙到于阗国，看到了《大品般若经》梵本。他在那里抄写此经，共抄90章、60多万字，并派遣弟子弗如檀等人将抄写的经书送回洛阳。朱士行自己仍留在于阗，后来在那里去世，享年80岁。

魏晋南北朝时期，西行求法的中国僧侣以法显最为著名。及至唐代，西行求法运动更加蓬勃地发展起来。玄奘、义净就是唐代西行求法高僧中最著名的代表人物。在义净的《大唐西域求法高僧传》一书中记载了从贞观十五年（641）至武后天授二年（691）间57位僧人在印度求法取经的事迹。这57人中，年长者已近70岁，年幼者仅17岁，他们怀着对佛教的虔诚信仰，在印度各地努力求学，备受艰苦磨炼。其中甚至有27位病亡于印度或回国的海上而未能完成夙愿。从书中还可以看出，当时佛教东传的浪潮蓬勃发展，不仅是中国僧人，一些外国僧人也相继加入去印度求法的行列。

唐时诸僧出国西行的路线，有水、陆不同的路线。由长安西行，经甘肃、新疆、中亚进入北印的路线是汉代以来最主要的交通路线；还有唐初开辟经由西藏、尼泊尔往印度的中印藏道。他们越过戈壁沙漠、中亚的平原和高山，翻过喜马拉雅山，经历一条漫长、艰苦、充满危险的旅程。海路则是由广州、交趾等地经由南海前往印度。他们有的半路上还停留在印度尼西亚境内的印度人聚居之处达数月之久，先学梵文，然后去印度。

但唐代去印度的陆路已不止这一条路线。义净提到一条新的路线，即从印度经尼泊尔、吐蕃到长安的路线，当时被称为"吐蕃—尼波罗道"。义净在《大唐西域求法高僧传》中提到，中国僧人玄照自印度回国，路经尼波罗国，蒙国王发遣，遂至吐蕃，重见文成公主，深致礼遇，资给归唐。

从西域到印度的陆路其实就是丝绸之路。自汉代至唐初，到中亚各国及印度的商人和僧侣多走这一条路线，大体是沿丝绸之路，出河西走廊，过帕米尔高原到中亚，再南下到印度。另外还有，3世纪间，中国20多位僧人从蜀川牂牁道出至中印度的路线，即经今滇、川边境及缅甸北部往阿萨姆的道路。后来慧琳在《一切经音义》中，对这条路途径、沿革、道里、风俗、地理、气候等做了较详细的说明："……西越数重高山峻岭，涉历川谷，凡经三数千里，过土番界，更度雪山……入东天竺东南界……盛夏热瘴毒虫，不可行履，遇者难以全生。"

随着唐代南方经济发展，尤其是海上贸易的兴盛，从高宗时起，往印度求学的高僧多由海路附舶而行。"佛道长远，勤苦旷劫，方始得成"。据《大唐西域求法高僧传》一书记载，同时期去印度取经的僧侣和商人，由海路前往印度的高僧有几十人之多。这条路线汉代业已开辟，即我们今天所说的海上丝绸之路。走海路的求法僧人一般从内地来到濒临南海的港口广州、交州或爱州，在那里等候秋冬季风，搭乘商舶出海。然而海上航行千难万险，不亚于西域陆路。由于饥病、海浪的威胁，盗贼猛兽的荼毒，大多数渡海求法的僧人未能重返故乡。

其实就当时的交通条件，无论是走海路还是走陆路，都困难重重，十分艰险。从西域经丝绸之路，许多高僧记录了他们的艰难跋涉，"流沙"和"雪岭"是这条路上必经的阻碍。南朝梁时僧人慧皎所作的《高僧传》，记载了法显与同伴跋涉流沙的情景："上无飞鸟，下无走兽。四顾茫茫，莫测所之。唯视日以准东西，望人骨以标行路耳。"帕米尔高原古称"葱岭"，从新疆到中亚必然要经过这里。《高僧传》还写道："（葱）岭冬夏积雪。有恶龙吐毒，风雨沙砾，山路艰危，壁立千仞。"

求法者艰苦备至，饱尝九死一生之苦，有些人劳顿积苦，客死荒途；有些人中途折返；有些人只到了于阗、高昌诸国；有些人久居他乡而不得归。见于记载的，则是不畏死亡、风尘仆仆在路途上的极少数人。更多人是赍志以殁，或永远的隐姓埋名了。这些求法的僧人们不畏艰险，勇于牺牲，谱写了中国丝绸之路历史上光辉的一页。他们也是古代历史上伟大的探险家，足迹到达越南、柬埔寨、印度尼西亚、马来西亚、斯里兰卡、印度、尼泊尔、日本、朝鲜等众多国家和地区。

据梁启超统计，历史上有名可查的赴印高僧有105人，实际则有数百人。据历史学家方豪统计，西晋至南北朝时期西行求法可考者有近150人。在当时交通条件极其艰苦的情况下，有那么多人不畏艰辛，从事佛教传播事业，实为世界文化交流史上了不起的大事。他们绝大多数并没有政府的背景或资助，也不是受到佛教僧团的指派，而是自行前往。求法队伍所显示的勇气、胆识、意志和决心，参与者那种舍生忘死、百折不回、互助友爱的精神，那种一步一个脚印跨越万里长途的坚定意志和执着精神，辉耀千古，成为中华民族传之永久的精神财富。

促使他们甘冒风险而坚持前去西域的原因，有信仰的力量，但更主要的，还是求知的欲望。朱士行、法显、玄奘、义净等人，都是在国内研究佛经时遇到了困惑，不满足于已翻译过来的佛经，渴望到佛教发源地寻找"真经"。中国僧人西行求法活动的显著特点之一，就是具有十分明确的求知的目的。即是说，中国僧人不畏艰险，历尽险阻到佛教的发祥地，不同于一般宗教信徒"朝圣"或巡礼胜迹，也不是单纯自我修行、锻炼身心的个人行为，而是普遍带着寻访真经、了解佛法真谛的明确的理性目的。所以，梁启超说，当时的西行求法，其动机出于学问，"盖不满于西域间接的佛学，不满于一家口说的佛学。譬犹导河必于昆仑，观水必穷溟澥，非自进以探索兹学之发源地而不止也"，"自余西游大德前后百数十辈，其目的大抵同一。质言之，则对于教理之渴慕追求——对于经典求完求真之念，热烈腾涌，故虽以当时极艰窘之西域交通，而数百年中，前赴后继，游学接踵，此实经过初期译业后当然之要求"。

所以，中国佛教徒的西行求法，更多的是去寻求知识、寻求真理、寻求信仰。当时传播到中国的佛教，不仅仅是一种宗教信仰，而是一个庞大的思想体系和知识系统。与佛教和佛经一起传过来的丰富、先进、新奇的文化知识，也极大地刺激了中国知识分子的好奇心和求知欲，为此去获取更多的文化知识。这种对知识和智慧的渴望，是持续千百年西行求法运动最根本的心理动力。所以，梁启超将他们称为"千五百年前之中国留学生"。在漫长的求法途中，求法僧们除了学习佛法、求得经籍等外，还深入细致地学习了各国的文化，广泛地考察了各地的历史地理和风土人情，增长了有关国家各方面的知识，拓宽了中国人的知识系统。所以，中国僧人西行取经在学术发展史上也具有极为重要的意义。

许多西行求法者还记录了他们在求法活动中的经历和见闻，形成"求法行纪"一类极有价值的著作，如法显的《佛国记》、玄奘的《大唐西域记》、义净的《大唐西域求法高僧传》和《南海寄归内法传》、新罗僧慧超的《往五天竺国传》等。作为求法僧人个人经行的记录，这类著作遵循中华文化传统的"知行"和"实录"精神，忠实于见闻，凡著者经行之地的地理形势、道里山川、物产交通以及社会状况、风土人情等，都翔实地加以记述；对于宗教信仰、佛教胜迹以及相关神话传说等的记载尤为详细。这样，这类著作中就包含了有关各国、各民族历史、地理、宗教、民俗、文化、艺术等多方面极其丰富的内容。比起正史或笔记一类，这些著作的叙述往往更加详细，材料更加可靠。

这些著作向中国介绍了所经国家和地区各方面的知识，保存了古代中外史地、中外文化交流的重要资料，成为相关领域研究的主要经典。特别是《佛国记》《大唐西域记》《南海寄归内法传》《大唐西域求法高僧传》这4部著作，所涉及的时代相互衔接，内容相互补充印证，共同构成了建构7世纪之前印度历史状况的可信坐标和基本材料。现今凡是涉及这一段时期西域、印度历史的著作和相关研究，几乎很难越过或忽略中国僧人的这些著述。

四、书写在丝绸之路上的汉译佛经

佛教经典是随佛教一起沿着丝绸之路传入中国的。东汉至三国的佛教初传时期，汉译佛经是主要的活动形式之一。在以后的两晋南北朝乃至隋唐时期，汉译佛经都是一项极其重要的事业。佛教典籍的翻译成为佛教在中国传播发展的首要任务。在佛教文化的传播过程中，佛经的翻译是最具根本性的文化工程。正是基于这种源源不断的营养输入，中国佛教才得以获得大的发展。

最初来华传教的西域高僧就把翻译佛经作为传播佛教极

为重要的事业之一。他们不辞艰劳远来，穿越流沙峻岭，行囊中装着佛教经典，带到中国。他们开创传法、译经先河，几乎都参与了汉译佛经的事业。法显、玄奘、义净等西行求法僧，回国后也都进行了大规模的译经事业。可以说，丝绸之路也是佛经流转之路，丝绸之路上处处留下这些送经者和取经者负重经书、艰难跋涉的身影。

据现存文献记载，佛典汉译从东汉后期开始，到北宋中期废止译经院，大规模汉译佛典翻译工作持续了900余年，有名姓记载的佛教翻译家有200余名，共译佛教典籍2100余种、6000余卷。这些汉译佛教经典成为世界上现存最完备的佛教理论典藏。而且，佛典在中国的历史典籍中也占有举足轻重的地位，极大地丰富了中国古代文献典籍，是一份极为宝贵的文化遗产。

从翻译佛教典籍开始，中国佛教界就把佛教文献"sutra"（修多罗）称为"经"。在汉语的语境中，"经"的寓意为圣人之教，是恒常不变之道。只要是翻译佛教经典，其内容不管是经、律，抑或是论，通常均以"经"称呼。"经"就是记载圣人尊贵教法的书籍——经书。这一观念通行于中国初期的佛教界。

所谓佛经汉译，就是指将梵本或其他西域语言版本的佛典翻译为汉文。从事译经的僧侣被称为"译经僧"，翻译经典的场所叫"译场"。中国佛教史上被称作"四大译经家"的是鸠摩罗什、真谛、玄奘和不空，他们是历代从事佛经汉译工作的中外僧人的杰出代表。鸠摩罗什、真谛、不空是东来弘传佛法的外国佛学大师，玄奘则是西行求法的中国高僧。另外，像竺法护、菩提流支、善无畏、义净、金刚智、实叉难陀、菩提流志等人也都是名重一时的佛典翻译家。他们虽所处时代不同，经历不同，但他们都以毕生的精力从事译经事业，在中国的佛教史和翻译史上留下了光辉的篇章。

持续近千年、多达几千卷的佛经汉译，是一项极为庞大的文化工程和极其壮丽辉煌的文化事业。如钱穆先生所说："这实在是中国文化史上一绝大事业。"至后秦之后，从鸠摩罗什开始，译经活动就被纳入国家的社会发展规划之中，成为国家组织、提供财政和人力支持的文化事业。从后秦一直到唐宋，译经活动都是在政府的直接支持下进行的。这样，既有僧人们高度的热情，又有上层社会的全力支持和鼓励，汉译佛经成为一项极其伟大、前所未有的文化壮举。

五、丝绸之路上的造像和石窟艺术

佛教的传播，对中国的造型艺术，包括造像、绘画、石窟和建筑艺术，也都产生了深刻影响，一定程度上塑造着中国人的审美情趣和美学风格，引导着中国艺术发展的趋势和走向。

佛教造像艺术的最初兴起是在古印度阿育王时代，但此时的造像回避了佛陀释迦牟尼的具体形象。到了迦腻色迦王时期，他崇尚和提倡佛教，继续阿育王早期的阐释经义，大造寺塔，还邀请希腊手工艺师雕刻佛像，开始了具体的佛教造像艺术的活动，后来形成希腊-印度的犍陀罗艺术。

佛教雕塑艺术，主要是受到古印度"犍陀罗式"和"喀坡旦式"两种艺术风格的影响。犍陀罗式的佛、菩萨像的体格，都雄伟健全，近似欧洲人，面貌也像希腊人，当然还带有一些古印度的地方色彩。喀坡旦式采用了印度固有的做法，与犍陀罗的作风相融合，参以大乘佛教的理想，可以说是集合了印度艺术的大成，达到了佛教艺术的最高峰。这两种艺术形式对中国佛教艺术风格都产生了深刻影响。两晋及以后，西域传来的各种佛像，汉地都有模仿。佛教雕塑开发了中国传统雕塑的新品种，开拓了新的艺术手法，激发了创造力，极大丰富了中国传统雕塑的内容和范畴。

在丝绸之路沿线，包括南道的楼兰、于阗等地，北道的疏勒、龟兹、高昌等地，都有深受犍陀罗艺术影响的佛教造像艺术的遗存。佛教造像艺术对中国内地佛教艺术的影响，主要是经由西域于阗、龟兹地区通过河西走廊辗转传入的。

东来西往的中外僧俗不断携来佛像实物和图绘的"粉本"，中国还翻译了一些指导造像规范的经典，是这些造像艺术风格传播的方式之一。这些规范传入中国，其基本原则被中国艺术家接纳和遵循。随着佛教在中国的发展，造像越发兴盛，外来的艺术方法和模式与本土艺术风格、手法相结合，创造出独具特色的中国佛教造像艺术模式。

到东晋十六国时，中国的佛教造像渐次兴盛。佛教造像在当时被人们认为是无量功德的事情。此外，雕塑佛像还有"恒生大富家，尊贵无极珍""作大名闻王"等种种的福德利益。于是，竞相造像求功德蔚然成风。佛教寺院铸塑造像御风而起，先有荀勖造佛菩萨金像12躯于洛阳，继有道安铸襄阳檀溪寺丈六释迦金像、竺道邻铸山阴昌原寺无量寿像、竺道壹铸山阴嘉祥寺金漆千像、支慧护铸吴郡绍灵寺丈六释迦金像，均为一时名塑。

此时的佛像，已不再是对印度佛像的单纯模仿，而是形成了中国样式风格。晋孝武帝时，会稽山阴灵宝寺求南朝艺术家戴逵（约326—396）制一尊1丈6尺高的无量寿佛木雕像。佛像宽额、浓眉、长眼、垂耳、笑脸、大肚，既符合佛经教义，又体现了中华民族审美习惯，成为佛像形体的公认定格。

南北朝时期，佛像的制造极其隆盛，"庄严佛事，悉用金玉"。在北朝，据《洛阳伽蓝记》记载，洛阳永宁寺佛殿有丈八金像1躯，等身金像10躯；平等寺门外有金像1躯，高2.8丈；长秋寺中有六牙白象负释迦。

除兴建佛寺、铸造佛像外，还开凿有大量的石窟。石窟中的早期造像，面相丰圆，肢体肥壮，神态温静。北魏迁都洛阳后的龙门石窟造像，受到以戴逵为代表的"秀骨清像"本土化风格的影响，融合南北，出现一种"面容清瘦、褒衣博带、风姿秀逸"的新形象。以龙门石窟为代表的中国佛教造像艺术，虽然还带有浓重的印度艺术色彩，但其标志着具有民族特点的佛教造像艺术已经出现。唐代的雕塑艺术更臻于繁荣圆熟，如佛、菩萨、力士造像，反映出当时真实生活及现实人间的美好形象。佛教造像呈现民族化、世俗化和人性化的艺术形式，展现出光华、绚丽的健美风姿，突显典型性及主题性。在形象的表现上，弯长的眉、明澈的眼，唇润颐丰、面容温静，身躯健美、肌体丰腴，姿态妥帖、衣褶流丽，风格更近于写实。

唐代佛教雕塑在武则天时期达到高潮。这一时期的洛阳龙门奉先寺，有卢舍那佛及弟子、罗汉菩萨、天王、大力等11尊巨像。其中卢舍那佛像高17.14米，头部4米，耳朵长1.9米。其造型已经摆脱了印度佛教艺术的犍陀罗风格和秣菟罗风格。他双耳垂肩，鼻梁高隆，慈眉善目，宽唇微翘，既显得庄严肃穆、凝重恬静，又不乏温柔敦厚、和蔼慈祥，在宗教的意蕴中隐隐流露出世俗化的倾向。菩萨雍容华丽，细腰斜欹，楚楚动人；天王、力士肌肉怒凸，体现了男子的健美，让人感到威严、正直、勇猛、坚毅，完全是隋唐时期现实生活中的人物写照。

唐代的菩萨造像，以健康有力、成熟自信的艺术风格，走向世俗化与女性化，透露出所谓的"菩萨如宫娃"的审美时尚。"宫娃"比喻唐代菩萨像看起来就像是现实生活宫廷里娇贵的宫女。

造像艺术对中国传统艺术也有很大影响，推动了传统造像技巧和风格的发展，大大丰富了其内容体裁。现在我们所能见得的极具代表性的艺术作品，不论是雕刻或是绘画，几乎都与佛教有一定的渊源。

古代印度佛教艺术的另一特色是石窟艺术。石窟是由僧伽蓝摩发展而来的集建筑、雕塑、壁画于一体的佛教石窟文

化综合体，是展示佛教艺术的一种非常重要的表现形式。佛
教艺术往往通过石窟的雕刻、寺庙的塑像、壁画的彩绘，将
佛教人物的各种形象以及故事内容，生动有趣地表现出来，
在展示过程中，承前启后，逐步形成完美的艺术造像群体。

　　北朝时期，各佛教传入地大规模造窟，出现星罗棋布
的石窟群。这些石窟从西向东，遍布丝绸之路沿线，直至丝
绸之路的东部端点洛阳。其中甘肃的敦煌莫高窟历史年代久
远，以雕刻、壁画闻名于世；云冈石窟是一朝之精华，以完
美的石雕艺术闻名于世；龙门石窟是继云冈石窟之后开凿
的，和云冈石窟是姊妹窟，可称中国石窟的佳篇。这三大石
窟艺术宝库见证了佛教在中国传播和发展的历史过程，也反
映出石窟艺术逐渐民族化、中国化的过程。

　　除上述著名的三大石窟外，北魏所造的石窟，还有甘肃
瓜州的榆林窟，敦煌城西的千佛洞，天水的麦积山石窟、临
夏的炳灵寺石窟。此外，甘肃张掖的文殊山石窟、马蹄寺石
窟、武威的天梯山石窟、泾川的南石窟寺，陕西彬州的大佛
寺石窟，山西太原的天龙山石窟，河南郑州的巩义石窟，河
南安阳的宝山石窟，山东济南的龙洞石窟，辽宁锦州的万佛
堂石窟，都是北魏时代所开凿的。这些遍布丝绸之路沿线的
大大小小的佛教石窟，组成丝绸之路上一道独特的风景线。

第九章

丝绸之路上的艺术风景

一、西域乐舞翩翩而至

各民族间艺术文化的交流，是丝绸之路历史上最浪漫、最有趣味的文化交流。丝绸之路上的艺术文化交流绘就了中西文化交流史上极为精彩的画卷。

中西之间的艺术交流可能开始得很早。在远古的传说中，有黄帝派伶伦去西方寻找音乐和乐器的故事。伶伦在中国古代的传说中是音乐的始祖。可以认为，在中华音乐文化的源头，就有了中西艺术交流的痕迹。

几千年来，沿着丝绸之路，中国与西域、印度乃至欧洲等地之间就进行着广泛的艺术交流。各民族创造的丰富多彩的艺术形式，陆续传播至中国内地，为中华文化所吸收，丰富着中华艺术文化的内容和形式，促进了中华民族文化的发展。体现世代中国人审美精神的各种艺术风格，也传播到世界各地，对世界各民族的艺术文化发展起到推动作用。

商周时期，周朝宫廷音乐舞蹈艺术已经显示出西域乐舞的影响，"四夷之乐"是周代乐舞体系的重要组成部分。汉魏及南北朝时期，有许多西域人来到中国内地，其中有一些是具专门特长的艺术家和演艺人才，他们把西域的幻术、乐舞等表演艺术也带到中国内地，对中国表演艺术的发展产生了一定的影响。音乐舞蹈等表演艺术是西域文化在中原传播的一项重要内容，直到隋唐时代，还有许多西域音乐家、舞蹈家在中原进行艺术活动，并与中原传统乐舞相融合，丰富了中国音乐舞蹈艺术的表现形式。

　　在各国所献的"贡人"中，有许多都是具有特殊才能的艺人。史载康、米、史等国曾向唐朝贡献的"胡旋女子"，实际就是从事胡旋舞表演的专业舞蹈艺术家；唐代载入史籍的著名西域音乐家有龟兹音乐家白明达、疏勒琵琶高手裴神符等几十人；见于唐朝载籍的外来音乐家、舞蹈家，多为中亚昭武九姓胡人，如曹国胡人曹保祖孙三代，均为琵琶名手，在唐朝声名很盛，人称"三曹"，尤以曹善才和曹刚的演奏艺术，受到当时诗人的特别赞赏。还有许多西域乐工、舞伎、歌手在教坊、梨园供职。他们为西域乐舞文化在中原的传播做出了贡献。在出土的唐代胡俑中，有许多表现国外艺人进行乐器和歌舞表演的形象。设在西域的唐朝安西都护府也向朝廷贡献舞狮伎人，白居易在《西凉伎》诗中说：

> 紫髯深目两胡儿，鼓舞跳梁前致辞。
> 应似凉州未陷日，安西都护进来时。

　　西域各民族的音乐舞蹈艺术大量地传播到中原，给汉代以及魏晋南北朝时期的乐舞艺术以很大的影响。到了唐代，有更多的西域各民族艺术家来到长安，他们带来了新的西域乐舞形式，使唐代的乐舞艺术大为丰富，激起中国乐舞艺术发展的又一次高潮。

西域传入北朝的著名胡舞有《五方狮子舞》《胡旋舞》《胡腾舞》《拓枝舞》等，后三者号称西域"三大乐舞"。胡舞以身体的形体动作表达创作者的内心情感，中国传统舞蹈以配合音乐与善于使用道具而著称，胡汉融合，使中国舞蹈艺术从此耳目一新。《五方狮子舞》出自《龟兹伎》，设五方狮子，高丈余，饰以方色，每方狮子有12人，画衣执红拂，首加红袜，谓之狮子郎。人在狮子队中俯仰驯狎，做出狮子各种动作，与中国传统杂技"舞狮"极为相似。

胡腾舞源于中亚"昭武九姓"中的石国。胡腾舞的舞者为男子，身着胡衫，袖口窄小，头戴蕃帽，脚登锦靴，腰缠葡萄长带，在一个花毯上腾跳，长带飘动。据杜佑《通典》中介绍，这种舞蹈伴奏的乐器主要是各种鼓，有羯鼓、正鼓、腰鼓、铜钹、笛子和琵琶。胡腾舞在唐代盛极一时，诗人刘言史的诗《王中丞宅夜观舞胡腾》中详细地描写了这种舞蹈：

> 石国胡儿人见少，蹲舞尊前急如鸟。
> 织成蕃帽虚顶尖，细氍胡衫双袖小。
> 手中抛下蒲萄盏，西顾忽思乡路远。
> 跳身转毂宝带鸣，弄腾缤纷锦靴软。
> 四座无言皆瞪目，横笛琵琶遍头促。

乱腾新毯雪朱毛，傍佛轻花下红烛。

酒阑舞罢丝管绝，木槿花西见残月。

胡腾舞与胡旋舞的主要区别在于舞姿的不同，一个是"腾"，急蹴地跳腾；一个是"旋"，飞速地旋转。胡旋舞传入唐朝之后，在宫廷内外盛行一时。8世纪初年，武延秀在安乐公主宅中作胡旋舞，"有姿媚，主甚喜之"。安禄山也以善舞胡旋著称，"至玄宗前，作胡旋舞，疾如风焉"。白居易有《胡旋女》一诗：

胡旋女，胡旋女，心应弦，手应鼓。

弦鼓一声两袖举，回雪飘飖转蓬舞。

左旋右转不知疲，千匝万周无已时。

人间物类无可比，奔车轮缓旋风迟。

白居易在诗中以转蓬、车轮、旋风等比喻，突出强调了胡旋舞疾速旋转的特点。他说，与胡旋舞相比，那飞奔转动的车轮和急遽旋转的旋风都显得太迟了。而且一跳起来，旋转的圈子很多，左旋右转不知疲倦，千匝万周猜不透何时才能跳完。

柘枝舞亦源于西域石国。唐人对柘枝舞的记载更多。舞柘枝者多为青年女子，舞者头戴绣花卷边虚帽，帽上饰以珍珠，缀以金铃。身穿薄透紫罗衫，纤腰窄袖，身垂银蔓花钿，脚穿锦靴，踩着鼓声的节奏翩翩起舞。婉转绰约，轻盈飘逸，金铃丁丁，锦靴沙沙，"来复来兮飞燕，去复去兮惊鸿"，当曲尽舞停时，舞者罗衫半袒，犹自秋波送盼，眉目注人。柘枝舞艺术境界高超，具有很强的观赏性，引起唐朝社会各阶层的极大兴趣和爱好，诗人刘禹锡、薛能、张祜、白居易、沈亚之、卢肇等都写过有关柘枝舞的诗歌。如白居易《柘枝伎》：

> 平铺一合锦筵开，连击三声画鼓催。
> 红蜡烛移桃叶起，紫罗衫动柘枝来。
> 带垂钿胯花腰重，帽转金铃雪面回。
> 看即曲终留不住，云飘雨送向阳台。

再如刘禹锡《和乐天柘枝》："鼓催残拍腰身软，汗透罗衣雨点花。"张祜咏柘枝舞的诗最多，如《柘枝》："红筵高设画堂开，小妓妆成为舞催。珠帽着听歌遍匝，锦靴行踏鼓声来。"这些诗句说明"柘枝舞"是在鼓声伴奏下出场、起舞的，舞蹈具有节奏鲜明、气氛热烈、风格健朗的特点。

二、"五旦七声"与西域乐器

西域音乐的传播，包括乐谱、舞蹈、乐器、乐师和艺人等，都是一同传播而来的。如史载一些国家"献乐"，实际上是一个大型的乐舞表演团体的活动。汉朝宫廷里当时已有演奏于阗乐。于阗乐原本是塔里木盆地绿洲诸国中最古老的乐种，声名远播，在汉初就成为长安宫廷乐队演奏的乐曲之一。汉武帝时宫廷音乐家李延年利用张骞从西域带回的《摩诃兜勒》，编为28首"鼓吹新声"，作为乐府仪仗之乐。这28首乐曲用于军中，称"横吹曲"。这些乐曲流传甚久，直到数百年后的晋代，尚能演奏其中的《黄鹄》《陇头》《出关》《入关》等10首。李延年也是中国历史文献上最早明确标有作者姓名及乐曲曲名，将外来音乐进行加工创作的音乐家。

前秦时，吕光为迎西域高僧鸠摩罗什，远征龟兹，带回《龟兹乐》。北魏太武帝曾从西域带回疏勒、安国的伎乐。太武帝令将西域悦般国的"鼓舞之节，施于乐府"，归入宫廷乐舞机构。北魏杂乐有"西凉鞞舞""清乐""龟兹"等乐。这样，西域民族的乐舞开始与中原传统礼乐相结合，出现新声新曲。

以《龟兹乐》为代表的西域乐舞，以健朗明快的舞曲、轻盈的舞步，弹指击节、移颈动头的传神动作，急转如风的旋转技巧，令人陶醉，很快就在民间流传开来。《龟兹乐》的乐队仪仗也很壮观，有竖箜篌、琵琶、五弦、笙、笛、箫、筚篥，还有毛员鼓、都昙鼓、答腊鼓、腰鼓、羯鼓、鸡娄鼓、铜钹、贝等，对汉族人来说很有新鲜感。

北齐盛行之乐皆是胡乐，齐后主高纬特别欣赏"胡戎乐"。宫中杂曲有西凉鞞鼓、清乐、龟兹乐等，来自西域的曹妙达、安未弱、安马驹等人的表演很受欢迎，得到统治者的重用。终齐一代，西域地区的音乐在民间和宫廷中一样盛行。宫廷比民间有过之而无不及，几乎成为病态，以至于西域音乐家有因受宠而"封王开府"者。有的史家甚至将北齐亡国归咎于朝野沉迷于西域音乐。

北周天和三年（568），北周武帝宇文邕迎娶突厥公主阿史那氏为皇后。公主出嫁时，带来一支由龟兹、疏勒、安国、康国等地组成的300多人的西域乐舞队，其中就有当时著名的龟兹音乐家苏祗婆。他们带来了西域特有的乐器，像五弦琵琶、竖箜篌、哈甫、羯鼓等。

在北周的宫廷，苏祗婆以善弹琵琶闻名，颇受北周武帝器重。苏祗婆演奏了大量的龟兹琵琶乐曲，把龟兹乐舞的艺术魔力发挥到了极致，让内地人倾倒在其美妙的乐声里。北周灭后，苏祗婆流落到民间，辗转各地，广招艺徒，传授琵琶技艺和音乐理论，传播龟兹乐律"五旦七声"。苏祗婆与隋朝重臣、音律学家郑译相识并合作，将西域龟兹乐律的"五旦七声"理论演变成"旋宫八十四调"，用于创制隋朝的新音乐。苏祗婆七声的输入，标志中国乐舞制度从乐人、乐器到乐律方面，都渗入胡风。这是中国乐律改进的重要成就之一。在新乐律的指导下，中国乐舞得以呈现丰富多彩的面貌。

魏晋南北朝时期引进的西域乐器很多。《隋书·龟兹乐》说："其乐器有竖箜篌、琵琶、五弦、笙、笛、箫、筚篥、毛员鼓、都昙鼓、答腊鼓、腰鼓、羯鼓、鸡娄鼓、铜钹、贝等十五种，为一部。工二十人。"《隋书·西凉乐》说："西凉乐……其乐器有钟、磬、弹筝、搊筝、卧箜篌、竖箜篌、琵琶、五弦、笙、箫、大筚篥、长笛、小筚篥、横笛、腰鼓、齐鼓、担鼓、铜钹、贝等十九种，为一部。工二十七人。"

　　传入中原的西域乐器主要有：箜篌，类似今日的"竖琴"；琵琶，是起源于波斯的古乐器，琵琶有多种形制，如秦琵琶、曲项琵琶、五弦琵琶等；筚篥，也叫作管子，是一种吹奏管乐，以软芦为舌，与笛管同类；横笛，也称"横吹""羌笛""胡笛"，汉族传统的箫是竖吹的乐器，横吹的羌笛便被视为胡乐；胡角，这也是一种横吹乐器，但是不用竹制，而是古代羌族牧马人用牛角制成的乐器；胡笳，原是匈奴人的一种乐器，木制管身、三孔、芦为簧，是鼓吹乐和横吹乐中使用的主要乐器。南北朝至隋唐的边塞诗歌的创作中，常常会出现一些乐器名，如羌笛、胡琴等等，用这样的意象来表现征战的内容。这些诗句所表现的是边塞沙场上的战争景象和壮志情怀。

　　中国内地在接受外来乐器时却又不重复外来乐器的编排使用，而是直接将外来乐器用于"华夏正声"的演奏，对外来音乐进行多次改造，使得各种胡乐最终都成为中华民族音乐的一部分。

三、骠国向唐朝的献乐外交

　　骠国是缅甸境内的一个国家，是能歌善舞的民族，音乐舞蹈艺术高度发展。唐德宗贞元年间（785—805），骠国组织了一个颇具规模的乐团，沿南方丝绸之路，不远万里赴唐都长安献乐。骠国使者入境当在贞元十七年（801）下半年，他们从骠国都城室利差呾罗出发，沿骠国至南诏的商道，经沙示、叫栖、锡箔、畹町、九谷、遮放、龙陵、保山至大理。到大理后，由南诏译官陪同，继续向成都出发。到成都后，受到西川节度使韦皋的接见。韦皋对骠国乐舞和乐器感到新鲜奇异，整理、记录了骠国乐曲，命画工画下了骠国的舞姿和乐器，献之于朝廷。

在成都短暂停留后，骠国乐团由韦皋安排从成都赴长安，大约于贞元十八年（802）正月初到达唐都长安。乐团在唐宫廷进行了表演，受到唐德宗和文武官员的欢迎。之后，唐朝与骠国建立了直接的友好联系。

按《新唐书·骠国传》所记，此次骠国乐团的率领者是悉利移城主舒难陀。舒难陀是骠国王子。白居易在为德宗起草的《致骠王书》中也记有"国王之子舒难陀"。白居易时任秘书省校书郎，在长安见过舒难陀。乐团的乐工有35人，对这一数字多处史籍都作了明确记载，除此之外还有一定数量的舞蹈表演者。可见《骠国乐》是一个乐器较多、队伍庞大的演奏乐队。

骠国此次所献乐器计有8大类22种。在这22种乐器中，《新唐书》详细罗列了19种，共计38件。按现代乐器的划分，属于体鸣乐器的有：铃钹、铁板；属于皮乐器的有三面鼓、小鼓；属于弦乐器的有大小匏琴、独弦匏琴、筝、凤首箜篌、龙首琵琶、云头琵琶；属于气乐器的有螺贝、横笛、两头笛、大匏笙、小匏笙、牙笙、三角笙、两角笙。种类之齐全，数量之丰富，由此可见一斑。

骠国乐团在唐宫廷演奏的乐曲计有12首。前7首是有歌有舞的乐舞作品，集声乐、器乐和歌舞于一体，极富艺术表现力。后5首则是器乐作品。乐曲的乐意、内容多涉及佛教。骠国乐舞的表演，有一人先领舞，各个乐曲的舞者有2—10人不等，但都成双成对。从"舞容随曲"可推知表演者的舞姿、表情和音乐的节奏是非常协调一致的。

骠国乐团在长安的表演，受到唐宫廷和当时文人学士的欢迎。唐德宗对骠国乐赞赏有加，还令白居易写信给骠王，称赞唐与骠的友好邦交，并封雍羌为检校太常卿，舒难陀为太仆卿，随行的两位大臣也授了官职。骠乐还被编入了宫廷音乐中。

白居易、元稹都作有《骠国乐》，这些文字一直传诵至今。开州刺史唐次也作《骠国献乐颂》，献给德宗。白居易《骠国乐》这样赞道：

> 骠国乐，骠国乐，出自大海西南角。
> 雍羌之子舒难陀，来献南音奉正塑。
> 德宗立仗御紫庭，黈纩不塞为尔听。
> 玉螺一吹椎髻耸，铜鼓一击文身踊。
> 珠缨炫转星宿摇，花鬘斗薮龙蛇动。
> 曲终王子启圣人，臣父愿为唐外臣。
> 左右欢呼何翕习，至尊德广之所及。
> 须臾百辟诣阁门，俯伏拜表贺至尊。
> 伏见骠人献新乐，请书国史传子孙。
> 时有击壤老农父，暗测君心闲独语。

闻君政化甚圣明，欲感人心致太平。

感人在近不在远，太平由实非由声。

观身理国国可济，君如心兮民如体。

体生疾苦心憯凄，民得和平君恺悌。

贞元之民若未安，骠乐虽闻君不叹。

贞元之民苟无病，骠乐不来君亦圣。

骠乐骠乐徒喧喧，不如闻此刍荛言。

骠国献乐向中国输入了大量的域外乐器、乐曲乃至乐理，这对丰富和发展中国原有的传统音乐产生了积极深远的影响。《新唐书》具体所列的19种乐器，依其渊源分为印度系和土俗系两大类。在这两大类中，印度系诸乐器渊源于印度，体现了印度文化对骠国文化的影响。骠国献乐以前，印度系乐器输入中国的主要途径是西域丝绸之路，而贞元年间骠国乐器是经西南丝绸之路输入的。

印度音乐经西域东来中国，并非长驱直入，而是一个渐进多向的过程。印度音乐先为西域各民族所接受，经西域各民族的融合发展，再经河西走廊输入中原。西域民族在印度音乐的入华中起到中介作用。在传播过程中，印度音乐受到西域民族自身文化因素的影响必然会产生某些变异，包括对印度系乐器的某些改造或改进。同理，输入骠国的印度音乐在影响骠国原有音乐的同时，也必然会受到骠国原有音乐的影响，烙上骠民族的印记。这是一个交互作用的过程。骠国献乐，使具有西域特色的印度系乐器与具有骠国特色的印度系乐器在中土交汇，推动了中国乐器的改进，提升了中国传统音乐的表现力。

四、唐代艺术的异域情调

在唐代，大量外国人拥入并生活在唐人中间，从事商业、艺术等活动，由他们带进中国的"胡风"弥漫在社会生活之中，整个唐朝充满了对异域情调的欣赏和想象，影响并改变着人们的生活习惯和社会风俗。诗人元稹曾描写唐代"胡化"之风：

自从胡骑起烟尘，毛毳腥膻满咸洛。

女为胡妇学胡妆，伎进胡音务胡乐。

火凤声沈多咽绝，春莺啭罢长萧索。

胡音胡骑与胡妆，五十年来竞纷泊。

当时的艺术作品中也表现出对外来事物的浓厚兴趣，显示着带有时代特征的异域风情。社会弥漫的异域风情，异域的事物和舶来品，激发着人们的艺术想象力。这种对于异域的想象，对异域风情的赞颂、描写和期待，成为许多艺术形式的表现主题。在音乐舞蹈方面有来自西域的乐舞。在宗教生活方面，僧人们的俗讲和变文，奇异鬼怪的故事，吸引了大量的听众，成为一种深受欢迎的大众文化形式。在诗歌创作方面，也表现出浓郁的异域风情。唐代胡风的流行，包括胡装、胡食、酒家胡、胡姬、胡舞等等，许多诗人都通过创作诗歌来表现，其中充满绚烂的色彩、绮丽的想象、浪漫的意境。他们的吟咏酬唱，恰是那个时代社会生活的具体反映，是对那时社会风气和精神情调的诗意的书写。在他们的诗歌中，还经常以各种外来事物来表现特有的意境。

李贺是一位想象丰富的诗人。他的诗歌创作中自然而然地流露出奇妙的异域风情。《昆仑使者》写道：

> 昆仑使者无消息，茂陵烟树生愁色。
> 金盘玉露自淋漓，元气茫茫收不得。
> 麒麟背上石文裂，虬龙鳞下红枝折。
> 何处偏伤万国心，中天夜久高明月。

诗人元稹的诗歌中，也涉及许多与外来事物有关的主题，如进口的犀牛、大象以及突厥骑手、骠国乐等等。

绘画方面，也与这个时代的风尚相适应，描绘外来风貌成为许多画家的创作主题。在绘画作品之中，首先是表现域外人的形象。7世纪时，表现外来人物的画家中名气最大的是阎立德（约596—656），阎立德是阎立本（601—673）的哥哥，阎氏兄弟二人齐名。史载，贞观三年（629）东谢蛮谢元深到长安朝觐，阎立德奉诏画《王会图》纪其事，以歌颂唐帝国的强大兴盛和与边远民族的友好关系。他还画《文成公主降番图》，形象地记录了贞观十五年（641）太宗命文成公主赴吐蕃与松赞干布联姻这一重大历史事件。贞观十七年

（643），阎立本曾受命描绘太宗朝万国输诚纳贡的场面。阎立本的许多创作都反映了唐王朝与各民族的友好往来。

外国人是唐朝大画家喜欢表现的一个主题。如李渐与其子李仲和所画骑在马上的蕃人弓箭手的形象，张南本创作的《高丽王行香图》，周昉创作的《天竺女人图》，张萱创作的《日本女骑图》，等等。此外，敦煌壁画中还有一些面貌古怪、帽子奇特，留着外国发式的中亚民族人物的形象。唐朝画家描绘的这些远国绝域的居民的形象，通常都穿着他们本地的服装，这类绘画尤其突出地表现了异域人奇特的相貌。

在表现外国人的艺术作品中，还有由唐朝工匠创作的赤陶小塑像和彩陶、三彩胡俑。在这些塑像中，我们可以看到头戴高顶帽、神态傲慢的回鹘人，浓眉毛、鹰钩鼻的大食人，此外还有一些头发卷曲、启齿微笑的人物形象。在辽宁朝阳、河北唐山、湖北武昌、湖南长沙等地唐墓中都出土了深目高鼻的中亚、西亚人面型的陶或瓷的胡俑。西安乾陵陪葬墓和昭陵陪葬墓出土的有商贾、文武官吏、狩猎、伎乐、牵驼驭马、骑驼骑马、载物等形象各异的胡俑。洛阳地区出土的大量胡俑，特点非常明显，均深目高鼻，络腮胡或八字胡，身材魁梧，与中原人有着明显区别。其人物形象主要包括文官俑、牵马牵驼俑、骑马俑、侍俑、商俑、乐舞俑等等。这些胡俑造型生动，形象逼真，千姿百态，极具个性。通过对这些胡俑的研究，可推知唐代胡人的职业是丰富多彩的，身份亦是多元的，不仅仅是贩运的胡客商贾，还有从事畜牧的牵驼养马者，也有耕田扶犁的务农者，有酿酒酤卖的酒家胡，也有变幻百戏的卖艺者，有侍候主人的家奴，还有进入中原后为朝廷效力的文臣武将。江苏扬州城遗址中不仅发现了带釉的胡俑，还发现了石雕像，一处手工作坊中还出土了深目高鼻的人头陶范。

唐朝艺术家喜欢表现的外来题材还有外国的神和圣者，尤其是佛教发源地的神与圣人，如瘦削憔悴的印度罗汉，璎珞被体、法相庄严的菩萨，还有表现为佛法的守护神，中国殿堂门庭里的古代保护神因陀罗和梵天，以及其他一些已部分地同化于北方游牧民族文化和汉族文化的守护神。

异域的野生动物、家畜、植物，特别是唐人羡慕和渴望得到的那些家畜，如鹰隼、猎犬、骏马等，对唐朝的艺术家也都具有强烈的吸引力。因而也有许多作品表现这些充满异域想象的动物和植物，以寄托人们无尽的情怀。

唐代玉器的品种式样也出现了许多新的变化。形成了胡人风格的玉器，如佛教飞天、胡人歌舞等。唐代佩饰中数量最多和最富有时代特色的，首推嵌缀在玉带上的玉带板。玉带板多于正面琢饰图纹，其纹饰有写实动物纹、神兽龙凤纹、植物花草纹和人神仙佛纹等。在人物纹中又以所谓"胡人纹"最多和最富特色，有胡人献宝、胡人乐舞、胡人舞狮、胡人驯象、胡人宴饮以及胡人托塔等等。

唐初大量波斯移民的进入，带来波斯的艺术风格，称"波斯风"，突出表现有萨珊波斯艺术风格的流行。萨珊波斯金银器的输入对唐朝金属制造业，特别是对中国金银器皿制造业的大发展产生了一定影响。在萨珊风格的影响下，唐代金银器上出现了一些比较特别的装饰纹样，来自域外的纹样主要有立鸟纹、翼兽纹、缠枝鸟兽纹、联珠纹、摩羯纹等。萨珊工艺的影响还相当广泛，在织锦、宝石镶嵌、玻璃烧造以及马具、乐器、服饰等方面都留有痕迹。

萨珊波斯的石雕艺术对唐代石雕工艺也产生了一定影响。中国石刻的浮雕艺术一直是以平雕、浅浮雕为主，但在 7 世纪出现了不少水平很高的高浮雕，如有名的昭陵六骏，有人推测它是受了萨珊雕刻的启示。昭陵六骏是中国马鬃剪三花的最早的实例，此后 8 至 9 世纪，三花、五花成为贵族间流行的马饰。这样装饰马鬃和唐陵石兽多雕出云样双翼的意匠，也源于萨珊波斯。长安碑林保存着的若干块碑石，其侧面、础石、台座等处装饰有丰腴艳美的纹饰，都是波斯的艺术风格。

由萨珊波斯传入中国的艺术风格，经唐人的接受和吸收，很好地融入唐代的各种工艺艺术之中，并经唐朝又传播至新罗和日本，对那里的艺术也产生了一定的影响。

五、青花瓷与中阿艺术互鉴

中国瓷器很早就传到阿拉伯地区。11世纪著名的波斯历史学家贝哈基（995—1077）在1059年写成的一部著作中，曾提到早期中国瓷器运往巴格达的情景："在哈里发哈伦·拉希德在位（786—809）时，呼罗珊总督阿里·伊本·伊萨向哈里发哈伦·拉希德进献过20件精美的中国御用瓷器，以及数达2000件的中国民用陶瓷。这在哈里发宫廷中是从未见到过的。"呼罗珊地区位于伊朗东北部。这条史料证实，在8—9世纪之交，已有相当数量的中国瓷器经呼罗珊流入巴格达。

9世纪以后的阿拉伯文献中已有关于中国瓷器输入的记载。伊本·胡尔达兹比赫在《道里邦国志》中历数中国沿海著名港口，在出口货物中提到瓷器等。地理学家伊本·法基在《地理志》（Kitāb al-Buldān）中将中国丝、中国瓷器和中国灯并列为三大名牌货。中国瓷器在波斯湾、阿拉伯半岛已经成为畅销货。

在阿拉伯，中国瓷器是极受珍视的贵重物品，阿拉伯人多以珍藏中国瓷器为荣。巴格达的统治者哈伦·拉希德（786—806）和法蒂玛王朝哈里发穆斯坦绥尔（1029—1094）都有收藏大量中国瓷器。在今伊拉克境内，从南到北的各处古代遗址都出土了许多唐宋古瓷。在叙利亚的哈马（Ḥamāh）遗址，也有一些中国古瓷被发现。

阿拉伯伊斯兰国家的陶瓷工艺，在世界陶瓷艺术史上占据重要地位。阿拉伯人很早便掌握了陶瓷上彩上釉的技术，后又将波斯人烧制五色琉璃的技巧加以改进，开拓了彩瓷加工法，取代了传统的镶嵌细工。这些工艺对中国的制瓷技术产生了很大影响，促进了明代瓷器工艺艺术的大发展。特别是青花瓷的出现和发展，对中国的瓷器影响巨大。

青花是中国传统的颜色釉，它是用氧化钴作着色剂，在坯体上描绘各种花纹，然后施透明釉，经高温（1300℃左右）在还原气焰中一次烧成的。中国早在唐代就已经开始了青花瓷器的制作，但还处于原始阶段。到了元代，青花瓷器的制作有了突飞猛进的发展，无论在造型、画面装饰还是工艺制作方面都日渐成熟，为明、清两代青花瓷器的生产奠定了基础。发展到明代永乐、宣德时期可谓进入了黄金时代，这时期的青花瓷器以其胎质细腻洁白、釉层晶莹肥润、青色浓艳、造型多样和纹饰图案优美而享有盛名，制作达到了最高水平，尤以它浓艳幽深的青花色泽最为著称。

明代开始引进伊斯兰"苏麻离青""回青""霁红料"等色料，特别是苏麻离青的使用，使这一时期的青花色泽浓重明艳。推动中国青花瓷烧造史出现了自元代末期青花瓷成熟以来的第二次发展高峰，尤其是宣德时期与中国传统文化有机结合的青花瓷，被民间称为"青花之王"。

另一方面，中国的外销瓷大量输往阿拉伯地区，受到王公贵族以及平民百姓的喜欢，他们对中国瓷器的偏爱和需要，形成了外销瓷器的大市场。而这一地区大批的陶瓷订货，使得具有典型伊斯兰文化色彩的阿拉伯、波斯陶瓷式样、纹饰及风格，融入中国瓷器的制造工艺中，青花瓷器的造型由此发生了很大变化。

明代青花瓷除了继承前期传统造型之外，基本改变了元代青花瓷器的面貌，许多瓷器与西亚地区器物的风格相似，有些器物本身就是为适应西亚诸国的需要而制作的，如抱月瓶、长颈方口折壶、长颈水罐、仰钟式碗、无挡尊、八角烛台、花浇、水注、军持、执壶、藏草壶、僧帽壶、卧壶、扁腹绶带葫芦瓶、天球瓶、折沿洗、大盘、鸡心碗等。

阿拉伯文化的输入给此时的陶瓷绘画也带来丰富多变的图案。中国最早出现装饰有阿拉伯文字的瓷器可上溯至唐代。1998年在印度尼西亚海域发现了装有6万余件唐代长沙窑、越窑外销瓷器的沉船，其中长沙窑中有部分瓷器用褐绿和红色彩料书绘阿拉伯文字及伊斯兰风格纹饰，如书写有阿拉伯文的褐绿彩纹碗。这类瓷器出现是为满足外销需要，有目的地吸收外来文化元素。元代开始大规模生产具有伊斯兰装饰风格的青花瓷器，并销往阿拉伯地区。明代永乐、宣德时期的瓷器也有许多外来风格的纹饰图案，如几何纹、藏文、阿拉伯文字、藏人歌舞、胡人舞乐、洋莲、佛花等。特别是最广泛使用的西番莲纹样（一种团形的多叶莲花）就是从痕都斯坦（今巴基斯坦北部、阿富汗东部一带）的玉质盘子上的蕃莲图案移植过来的。明代文献中多次提到的"回回花"就是这种纹样。永乐、宣德青花瓷器上的"回回花"装饰无所不在，即使是传统的龙凤纹样也常常是以西番莲为底衬，有的则书写《古兰经》中的语录，直接歌颂真主。

六、远方传来西洋画

从16世纪末期开始，有许多天主教传教士乘着大帆船来到中国。传教士们在中国传播欧洲发展起来的科学技术和思想文化，也包括艺术文化，他们带来的西洋画风，影响了中国的美术艺术。

意大利传教士利玛窦就带来了"彩绘圣像画"等西方

宗教油画，向中国介绍了欧洲的绘画艺术。以后来华的传教士中，有一些精通绘画的艺术家，他们接受中国传统绘画技艺并融入西洋绘画之中，致使这一时期清朝宫廷绘画的风格有所改变，形成新的画体和画风。大约从清康熙后期起，那些擅长绘画的传教士凭借他们的绘画技艺，成为中国宫廷画家的成员，影响了中国绘画艺术的发展。这批具有专业素质的传教士画家就成为这一时期西洋艺术在中国的主要传播者。康熙朝以后，在清王朝服务的西方传教士画家有郎世宁（Giuseppe Castiglione，1688—1766）、王致诚（Jean Denis Attiret，1702—1768）、艾启蒙（Jgntius Sickltart，1708—1780）、潘廷璋（Joseph Panzi，1733—1812），安德义（Joannes Damascenus Salusti，？—1781）、贺清泰（Louis Antoine de Poirot，1735—1813），被称为"六大宫廷洋画家"。

这些人中，郎世宁是自晚明西洋绘画传入中国以来最有影响力的传教士画家。郎世宁年轻时受过较为系统的绘画技法训练，为教堂画过耶稣像和圣母像等宗教题材画。他在中国生活时间长达51年，历经康雍乾三朝，创作了近百件反映清中前期社会文化生活的作品。

从雍正元年（1723）开始，郎世宁便以绘画为雍正服务。当年九月，郎世宁绘了一幅《聚瑞图》，画上的题款为"海西臣郎世宁恭画"，表明他已经正式以"臣"属的身份供奉朝廷。圆明园扩建工程基本完工之后，雍正帝开始驻跸圆明园，御园听政。为了对园内的殿堂进行装饰，他命郎世宁绘制了大量的室内装饰画。乾隆继位后，郎世宁为他绘制了多幅图画。其中最重要的一幅，是他与唐岱、沈源合笔绘制的《圆明园图》，这幅画充分展示了圆明园的美丽景色。

在长达数十年的清宫内廷的艺术生涯中，郎世宁既作油画，也使用中国画工具，按照西洋画法作中国画。所画人物、肖像、花鸟、走兽，均重视明暗、透视，注意解剖、结构，形成精细逼真的画面效果，受到皇帝的重视和赞许，被乾隆誉为"写真无过其右者"。郎世宁的早期画风保留了典型的西洋画法，后来为了适应中国皇帝的欣赏品位，逐渐糅入一些中国画技法，兼有中西合璧的特色。郎世宁曾多次为皇帝、皇后及嫔妃画像，他画的乾隆一系列"御容"肖像，以精妙的艺术手法表现了一个端庄、安详、威严的英主形象。他绘制的皇后、嫔妃脂粉浓丽，但不妖艳。

乾隆时期宫廷绘画艺术发展的一大盛事，是制作反映乾隆战功的系列铜版画。乾隆为表现自己历年来南征北战、平定边疆的"十全武功"，采取以画记史的方法，让宫中画家制作了8套共98幅铜版画。这些铜版画是传教士画家和中国画家的集体之作，郎世宁、王致诚、艾启蒙、潘廷璋、安德义等都参加了创作。西洋铜版画在中国的传播由此达到高潮。

西方传教士画家将西方绘画艺术传播到中国，一批中国宫廷画家也跟随他们学习西方绘画技法，这对中国绘画艺术的发展产生了很大影响，并形成中西绘画艺术交融汇合的趋势。郎世宁、王致诚等人为将中西两种不同的绘画形式融合在一起进行了长期的探索，创造出一种融合中西的"郎世宁海西新体"绘画。这是一种中西画法相结合的折中主义新形式，是为适应中国人欣赏习惯和宫廷需要，接触中国的纸、绢、笔、墨和砚，综合了中西绘画不同的观察方法和表现方法的绘画风格。总之，中国新体画以变通透视和明暗画法来适应清宫"古格"和"雅赏"的需要，是用西洋画法画中国画。郎世宁的绘画被尊称为"郎世宁新体画"，成为清朝画院主要画派之一。

郎世宁不仅自己勤奋作画，创作了数量众多、题材广泛的绘画名品，还向中国画家传授西画技艺，为清廷培养了一批兼通中西画艺、又各有独特专长的宫廷画家。

七、中国趣味与洛可可风格

在近代欧洲，中国商品带来的异域情调，中国工艺美术的神秘意蕴，以及全社会风行的中国趣味，共同推动塑造了欧洲的艺术风格"洛可可风格"的形成。这一风格模仿中国文化艺术中的柔美梦幻色彩，并表现在许多生活层面上，如壁纸、柳条盘子、壁炉台、木头檐口、格子框架、家具、亭子、宝塔以及最重要的园艺等。

"洛可可"（Rococo）一词源于法语"Rocaille"，意为假山石或装饰用的贝壳。"洛可可风格"（Rococo style）指的是18世纪风行于欧洲的一种艺术形式。其特点是轻飘活泼，线条丰富，色调灰淡，光怪陆离，重自然逸趣而不尚雕琢，完全不同于欧洲以前流行的严谨匀称的古典风格。

洛可可风格不仅仅是艺术形式的一种特殊风格，也是一种审美观念，一种社会情调。洛可可时代作为欧洲文化史上一个重要阶段，处处弥漫着中国文化的优雅情调，是中西文化交流史上别具风味的一章。洛可可艺术与中国古代艺术风格之间具有神奇般的契合，实际上就是一种"中国味的新风格"。

在当时欧洲流入的中国商品中，很大一部分具有鲜明的艺术性质，而生活日用品的形式使这种艺术性质深入、渗透到大众文化领域，因而具有广泛的群众性。中国的瓷器、漆器、家具、轿子、壁纸和丝绸、刺绣及其制作工艺传入欧洲，不仅为日常生活提供了许多方便，还在一定程度上改变了他们的生活环境和生活方式。更为重要的是，它们还将一种神秘而飘逸的艺术风格和神韵带到欧洲，在很大程度上影响了欧洲人的审美趣味和艺术追求。中国外销艺术品精美的工艺、别致的造型，以及全然不同于西方传统的装饰纹样，为欧洲提供了充满异国情调的审美体验与想象空间。大部分没有到过中国的欧洲人，正是通过这些外销艺术品认识中国并感知中国文化的。

"中国风格"实际上是一种"西方风格"，是欧洲对"中国风格"的"想象性"诠释。欧洲人对于中国的艺术并非完全照搬和简单移植，尽管在初期阶段充满了模仿甚至是粗劣的模仿。但其主要是出于对中国艺术的倾慕而进一步地"想象"，亦即进行新的创造。在洛可可时代的工艺美术作品中，就出现了大量的模仿中国纹样或中国情调的设计，或者称为"中国风格"的设计。

中国瓷器对洛可可艺术风格的形成也有重要影响。在中国制瓷技术的影响下，欧洲各国相继办起瓷器工场，它们大都模仿中国瓷器，描绘亭台楼阁、小桥流水、菊花柳树等独特的中国艺术风格的图案。温雅清脆的中国瓷器不仅为洛可可艺术提供了新的物质材料，还表现出洛可可时代特有的光彩、色调、纤美，象征着这一时代特有的情调。

欧洲各国的丝织业也都模仿中国的丝织技术和纹样图案，特别是法国生产的丝绸，丝质柔软，而且大量采用中国的纹饰图案。所以，法国出品的这种技术特点，连同中国风格的花式装潢，都是取法中国的。丝绸和瓷器的设计方面，都采用来自中国的风格和图样，成为当时流行的"中国风"设计的重要表现形式。中国的刺绣工艺也在欧洲广为传播，出现许多模仿和仿制的工场。

壁毯也是这一时期表现中国趣味的一种艺术形式，这主要表现在壁毯的图案设计上。有一件制作于17世纪末的英国著名的伦敦Soho壁毯，原件现藏于美国耶鲁大学，共有4幅，图案分别是"音乐会""公主梳妆""进餐""坐轿"。其中"坐轿"的画面是一位王子坐在一顶加盖的轿子上，两个随从抬着，几位女子等候王子的到来。"进餐"表现皇帝和皇后坐在帐篷里进餐，前景有人垂钓，地的颜色是深暗的，画面上的人物很小，着装是中国的、印度和欧洲的风格的混合，人物活动在一个个浮岛上展开：人们在岛上钓鱼、散步、上树采果子、聊天等等，配以中国式建筑，异国情调的棕榈树和奇异的植物，与东方有关的禽鸟和神秘的动物等，构成一幅幅十分神奇的画面。

法国博韦（Beauvais）皇家作坊是1664年创办的，18世纪二三十年代，那里生产了一套10幅以中国皇帝为主题的大型系列壁毯，有"皇帝的接见""皇帝出行""天文学家""夜宴""摘凤梨""采茶""打猎归来""皇帝登舟""皇后登舟""皇后品茶"等，展现了一系列中国皇帝宏伟的生活画面。1752年，画家布歇（Francois Boucher，1703—1770）为博韦织毯厂制作了许多挂毯的画板，其中有一套包括9幅画的挂毯，分别是"中国皇帝的召见""中国皇帝的宴请""中国婚礼""中国捕猎""中国捕鱼""中国舞蹈""中国市场""中国风俗""中国园林"。据说，这套挂毯是布歇参照传教士王致诚寄给巴黎的《圆明园四十四景图》设计的。1764年，法国国王路易十五将根据这份画稿设计织造的挂毯赠送给了乾隆皇帝。据说乾隆皇帝对这套壁毯十分欣赏，赞不绝口，在圆明园中开辟了专门的房间来收藏。可惜在英法联军"火烧圆明园"时，这套挂毯一起被毁。

在室内装饰中大量使用精致美观的壁纸也是洛可可风尚的表现形式之一。17世纪以后，中国手绘套印的由花鸟、山水、人物起居画构成的色彩绚丽的壁纸，风靡欧洲，和其他中国的工艺品一样也引起欧洲人的仿制。在19世纪中叶开始用机器印制壁纸之前，欧洲各国的壁纸生产一直是按照中国的方式，以小幅为单位，用铜版或木刻一张接一张连续拼印的。

洛可可时代，中国文化对欧洲的绘画艺术也产生了重大影响。除了受普遍形成的"中国趣味"的审美意识的影响，有一些中国山水画、人物画流传至欧洲，也为欧洲画家直接欣赏借鉴中国绘画艺术提供了可能。因而，和当时收藏中国瓷器、漆器等工艺品一样，中国画也为人们热心搜寻珍藏。

最突出的是法国画家华托（Jean-Antoine Watteau，1684—1721）。华托是法国绘画艺术史中一位重要人物，他使法国绘画摆脱了刻板的巴洛克风格，开启了洛可可画风。在技术上，华托在许多方面借鉴了中国画法，给风景画注入了一种独立的生气。他以山水烘托人物，把山水作为背景或壁画。其最著名的作品《孤岛维舟》，仔细研究过宋代山水画的人，一看到这幅画的山水背景，不由得会感到二者的相似。形状奇怪的山峰，和中国的山水十分相像。用黑色画出的山的轮廓是中国式的，云的奇妙画法也是如此。华托喜欢用单色山水作为画的背景，这正是中国山水画极为显著的特点之一。华托还画过不少中国景物和人物画，但都是凭想象画成，画中的境界反映着他幻想中的东方。

八、流行一时的"英-中花园"

中国的园林和建筑艺术对欧洲人有着强烈的吸引力。在中国文化的影响和刺激下，欧洲各国的园林建筑艺术在洛可可时代有了突出的发展，形成了欧洲造园艺术文化史上一个有特殊意义的阶段。

中国的"自然式园林"与欧洲的"几何规则园林"有着

强烈的反差和对比。中国皇宫的富丽堂皇、南方民居的典雅清秀、庙宇塔寺的庄严肃穆，都明显具有东方文化的特点。来到中国的欧洲人，看到那些与他们惯用园林式样完全不同的中国园林，以及建筑样式完全不同的中国建筑，会产生强烈的视觉冲击并对此留下深刻印象。所以，来华的传教士、商人等对中国园林和造园艺术以及中国建筑风格都有程度不同的介绍。1724年，意大利传教士马国贤（Matteo Ripa，1692—1745）把铜版画《避暑山庄三十六景图》带回英国伦敦，中国园林图像资料第一次传入西方。马国贤在伦敦时，曾经向英国人介绍过中国园林，并将其与古罗马贺拉斯（Quintus Horatius Flaccus，前65—前8）和西塞罗（Marcus Tullius Cicero，前106—前43）的牧歌式理想做了比较。马国贤的伦敦之行，对英国乃至欧洲的园林艺术产生了极大的影响。

另一位来华传教士王致诚在1743年给巴黎朋友的信中，详细描述了他称为"园中之园"即圆明园的美丽景色。王致诚具有很高的艺术修养，对中西方艺术都很有体会，所以他的书信是相对最全面也是影响最大的介绍中国园林的一份文献。在王致诚看来，中国的园林建筑给人一种画意的感觉，他指出中国园林的无比丰富性和浪漫情趣，充满了胜境幽处、意想不到的变化，山重水复，木老石古。他认为中国人的园林建筑是以作为景物的一部分而创作的，是对自然美景的补充。王致诚觉得对于这种美景无法描摹，说"只有用眼睛看，才能领略它的真实内容"。王致诚的这封信在欧洲流传很广，其笔下的圆明园成为欧洲人心目中的时尚园林和梦幻仙境，也引起了欧洲园林建筑家的极大兴趣。后来，王致诚应友人之邀，将中国宫廷画家唐岱、沈源、冷枚等人完成的《圆明园四十四景图》的副本寄到巴黎。

除了上述传教士们的介绍和推崇外，英国建筑家威廉·钱伯斯（William Chambers，1723—1796）在向欧洲介绍中国园林艺术方面也起到很大作用。钱伯斯曾在瑞典东印度公司的一条商船上任货物经理，1742—1744年间，他到广州收集了一批有关中国建筑、园林、服饰和其他艺术的资料。1748年他再次到中国考察，描画了许多中国建筑、家具、服饰等的式样，特别是对中国建筑做了大量的速写。1757年，他出版了《中国建筑、家具、服饰、机械和器皿的设计》（*Design of Chinese Buildings, Furniture, Dresses, Machines and Utensils*）一书，内容主要是介绍各种中国的建筑物和园林，有大量相当精确的插图。同年5月，他又在《绅士杂志》（*The Gentleman's Magazine*）上发表短文《中国园林的布置艺术》（"Of the Art of Laying out Gardens Among the Chinese"）。

钱伯斯的著作提出了与当时普遍流行的园林形式完全不同的理念。他认为真正动人的园林应该源于自然，但要高于自然，要通过人的创造力来改造自然，使其成为适于人们休闲娱乐之处。钱伯斯对中国园林怀着极为赞赏和推崇的态度，他认为，中国人设计园林的艺术确是无与伦比的，欧洲人在艺术方面无法和东方灿烂的成就相提并论，只能像对太阳一样尽量吸收它的光辉而已。钱伯斯对中国建筑和造园艺术的研究，在当时的欧洲各国产生了很大的影响，他的著作《中国建筑、家具、服饰、机械和器皿的设计》，也成为造园家们必备的参考书。

1757年，钱伯斯开始对英国皇家植物园邱园（Kew Garden）进行改造设计，模仿中国园林手法挖池叠山，并建造了一座八角十层的"中国塔"，在欧洲引起轰动，引起了一股中国园林热。邱园古塔通高约50米，颜色丰富，灰墙红轩，塔顶边缘盘绕80条彩色木龙，是当时欧洲极为精美的中式建筑。邱园中某些局部的规划也具有相当程度的中国特色，在水面以及池岸处理上尤显突出，两者之间过渡自然。

钱伯斯建造的邱园引起了模仿浪潮。大约在1770年前后，中国的园林及建筑实际上成为英国某些公园的主题，涌现出一批"中国风"园林。这一时期的英国园林，堆几座土丘，叠几处石假山，再点缀上错落的树丛，造成景色的掩映曲折，增加层次，引三两道淙淙作响的流水，穿过高高的拱桥，偶尔形成急湍飞瀑，汇集到一片蒹葭苍苍的小湖里去，湖里零散着小岛或者石矶。道路在这些假山、土丘、溪流、树丛之间弯来绕去，寻胜探幽，有意识地造一些景，大多以建筑物为中心，配上假山和岩洞，或者在登高远眺的地方，或者傍密林深处的水涯。

18世纪后期，中国式庭园建筑在英国蔚成风气，日趋完善。此风传到法国，便有了"英–中花园"之称。法国一些贵族刻意模仿中国园林，在私人花园里建造亭台楼阁宝塔，小桥流水，假山石岛。"中国风"设计的园林在德国、瑞典、西班牙等国也很有影响。在18世纪的欧洲，仿造中国式的园林，或者说建造一座"英–中花园"，成为贵族的一种时髦。此风从英国开始，继而各国纷纷仿效，一时间中国式园林遍布欧洲各国，成为一道独特的风景线。

第十章

丝绸之路上的传奇

一、八千里路云和月

"丝绸之路"是一个包罗万象的诗一般的名称，其中的浪漫色彩，令人们产生无限的遐想。在作家和诗人的笔下，那茫茫的草原、连绵的群山、万里的晴空、成群的牧羊、迷人的异域风情，以及对于远方的奇异想象，都有着诗一般的意境。然而，实际上的丝绸之路，并非鲜花铺路、一马平川，而是充满艰难险阻，是一段极为艰辛的旅途。茫茫戈壁，飞沙走石，热浪滚滚；巍巍雪山，冰雪皑皑，寒风刺骨；大漠流沙，激流险滩，沿途人烟稀少，水源奇缺。法显与同伴跋涉流沙，"上无飞鸟，下无走兽。四顾茫茫，莫测所之。唯视日以准东西，望人骨以标行路耳"。

玄奘在《大唐西域记》里这样记述："沙则流漫，聚散随风，人行无迹，遂多迷路，四远茫茫，莫知所指，是以往来者聚遗骸以记之。"唐太宗在《大唐三藏圣教序》中也说到玄奘的艰难行程："往游西域。乘危远迈，杖策孤征。积雪晨飞，途间失地；惊沙夕起，空外迷天。万里山川，拨烟霞而进影；百重寒暑，蹑霜雨而前踪。"义净说西行之路，"实由茫茫象碛，长川吐赫日之光；浩浩鲸波，巨壑起滔天之浪。独步铁门之外，亘万岭而投身；孤漂铜柱之前，跨千江而遣命。或忘飧几日，辍饮数晨，可谓思虑销精神，忧劳排正色。致使去者数盈半百，留者仅有几人"。

海上丝绸之路也同样惊险。法显从师子国回程时，曾两次遇到海难，船失方向，随风漂流，几乎九死一生。归国后，他回忆说："顾寻所经，不觉心动汗流。"据义净记载并州僧常愍及弟子"冀得远诣西方，礼如来所行圣迹"的事迹。他们坐商船从广东出发，走海路辗转去往印度，中途遇到风暴，商船破损漏水，人们纷纷逃生。到了17世纪的大航海时代，海上交通也并不安全。来华路程遥远，时有海盗洗劫或海难发生。明清间以耶稣会士为代表的来华传教士，其来华路途也是一个极为悲壮的旅程。据意大利耶稣会士杜奥定（Augustin Tudeschini，1598—1643）回忆，他于1626年9月从欧洲启程东行，同船的有35名会士，还有其余教友600余人。"舟行海中，多经风浪，苦难尽述"。后遇风浪触礁，船毁人亡，幸存者仅剩200余人。他们不得已在荒岛上留居，直到1631年他才到达中国，前后用了5年时间。1657年，卫匡国（Martino Martini，1614—1661）从里斯本返回中国，同行的还有南怀仁（Ferdinand Verbiest，1623—1688）等17人。他们从欧洲来中国的途中，遭遇海盗抢劫，钱物尽失，所幸保住了性命。后再度搭船东来时，又遇到狂风暴雨，有的人在途中患病或病死，还有的人精神失常，最后只剩下5人。当他们一行于1658年7月抵达澳门时，前来迎接的柏应理（Philippe Couplet, 1623—1693）等人不禁感叹说："他们浑身污垢，衣衫破烂，必是历尽了千辛万苦。"

据统计，在1655至1659年的5年间，来华耶稣会士死于途中的有姓名者就有18人。1581至1712年间，死于海道途中的有127人，占同期来华耶稣会士总数的1/3。1680年，传教士柏应理返回欧洲，在此期间他曾"专心致力"于估计从欧洲各地出发前往中国的耶稣会士人数。他发现已有600人登船前往中国，但仅有100多人到达了目的地，其他人都在途中因病或翻船而结束了生命。1692年3月，柏应理从里斯本出发返回中国。1693年5月，航船遭遇大风暴，柏应理因重伤不治身亡。有学者估计，派往中国的传教士中途遇难者的比例，可能在1/3至1/2之间。那么，经欧洲动员选拔并奉命登上开往东方远洋航船的传教士，实际上应在2000到2500人左右。

总之，当真正走在丝绸之路上时，无论是陆路还是海路，都充满了难以想象的艰难险阻。在旅行者的眼中只有满目苍凉，路边枯骨，哪还有半点诗情画意。

然而，尽管道路艰险，前路茫茫，千百年来，在这漫漫长路上行走的人何止成千上万。在历史上留下名字的只是极少数，又有多少人埋骨黄沙、葬身海底。也正是在这极少数人的故事中，我们看到，有络绎不绝的商旅，肩负国家使命的使臣，怀揣信仰的宗教人士，负笈远行的学子，远征戍边的武士，以及旅行家、航海家、艺术家，他们或经过大漠流沙，或翻越崇山峻岭，或踏破惊涛骇浪，不畏牺牲，历经艰辛，冒险犯难，以热血和忠诚，以梦想和情怀，走出了奔赴远方的路，开辟出各民族文化交流的路。

不同民族之间的文化交流与传播，是通过多种途径进行的。但文化交流的前提条件是交通，道路由人开辟，要有人来走。人员往来成为文化交流最主要的形式。历朝历代行走在丝绸之路上的各国各民族的行人，是文化交流的主要贡献者，是向中国内地传播各民族文化的主要载体。

丝绸之路的历史首先是这些人的历史，这些开辟并行走在丝绸之路上的人，是全人类的文化英雄。讲述丝绸之路的故事，讲述行走在丝绸之路上这些人的故事，体会前辈先贤对丝绸之路的文化情怀和梦想寄托，就是要从前辈先贤的事迹中汲取智慧，为古老的丝绸之路精神赋予新的时代内涵，赋予新的生机。

二、肩负国家使命的使臣

往来的使臣是丝绸之路上为文化交流做出贡献的一个重要群体。我们说张骞正式开通了丝绸之路，是因为他是汉王朝的官方代表，他走通丝绸之路，意味着丝绸之路从此纳入了中原王朝的视野和经略范围。

与域外国家或政权建立外交关系，互派使节往来，是文化交流的一个重要方式。官方使节的往来，除了能解决国家之间的争端，密切双边关系外，还增进彼此的了解和认识。从张骞出使西域开始，中原历代王朝逐步与许多域外政权建立起官方正式联系，互通使节。人们对张骞的贡献给予了相当高的评价，他不仅打通了往西域地区的正式交通路线，还通过实地考察，详细了解了西域的政事人情、风俗文化，提供了一份内容翔实的出使报告，使中原人第一次对西域有了比较准确的认识。

此后，不断有出使外国的官方使节回国后提供出使报告，或撰写游记等。历史上最大的官方使团出访即"郑和下西洋"。他们不顾路途遥远，经访众多国家，也带回丰富的"西洋"方物和有关当地风土人情的知识，还有马欢等撰写的"郑和三书"流传于世。明清两朝多次向琉球派遣册封使，他们回国后也都撰写了出使报告，详细记载了出使经过以及琉球的风土人情、历史文化。

除了路途遥远，备尝艰辛，古代出使域外的外交使臣还会受到各种人为的阻碍。张骞出使西域时，往返路上都曾被匈奴人俘获。特别是在去的路上，刚到陇西地区，就被匈奴军队抓获，扣押了十多年。这些并没有动摇张骞完成通西域使命的决心，史书说他"不辱君命""持汉节不失"。后来，张骞一行从匈奴那里逃脱出来，继续西行，完成自己的外交任务。张骞西使，出发时是百余人的队伍，前后共历13年，回来时仅他与随从堂邑父二人。这和广为人知的"苏武牧羊"的故事十分相似。苏武也是汉武帝时代的汉朝使臣，出使匈奴时被扣押，在北海（今贝加尔湖）边牧羊19年，不改其志，直到汉昭帝始元六年（前81）方才回到汉地，归汉时"须发尽白"。

使臣出使，为发展与各国的友好关系也做出了重要贡献。就比如，受郑和下西洋的影响，明永乐、宣德年间与东南亚及南亚等地区的交通往来出现空前繁荣的盛况。许多国家纷纷向中国派遣使节，以通友好。包括那些位于"绝域"的远方国家，也出于对中国的敬慕，沿着郑和所开辟的航路，不远万里，纷纷来宾，有的国家是国王携妻带子与陪臣一同入朝。郑和每次返航时，都有海外诸国使者随船来华。第一次下西洋返国时，有苏门答腊、满剌加、古里等国的使者随行；第五次下西洋返国时，带回了17个国家和地区的使者；第六次下西洋返航时，出现了暹罗、苏门答腊等18国1200余名使臣同时来华的盛况。

另一方面，也有大批的外国使节来到中国。在唐代，日本曾十多次派出遣唐使。遣唐使的规模之大，次数之多，历时之久，艰苦牺牲之巨，都为世所罕见。遣唐使一行在华一般居留一两年，他们身处文化荟萃的长安，与各界人士广泛接触交游，经常参列宫廷的各种仪式，还利用各种机会游览参观，耳濡目染，深深体验大唐文化的灿烂辉煌。遣唐使团实际上是一个大型的观摩学习团，他们承担的主要是文化使命。其他如新罗、大食等也向唐朝遣使十多次甚至几十次，其中新罗共向唐遣使126次，有时甚至一年两三次向唐遣使。有的使团规模十分庞大，明初甚至还有几个国家的国王亲率使团入华。李氏朝鲜时期向明清两朝派遣的"燕行使团"，每年数次，每次都有几百人，其中包括一些著名的学者随行。持续数百年的《燕行录》完整地记录了他们的出使过程，以及与中国官方、民间和文人学士之间的友好交往交流。明代还有日本派遣的遣明使，其规模远远大于遣唐使。

中国与各国频繁的使节往来是中外文化交流的重要途径。各国使节入华，亲沐华风，领略中华文化的辉煌和风采。中国朝廷还通过这些使节向外国赠送丝绸、瓷器以及其他中国物品，有时还赠送图书、历书等。

三、丝绸之路上的旅行家

各国的旅行家也是行走在丝绸之路上的一个重要群体，为各国各民族相互了解做出了特殊贡献。如马可·波罗、伊本·白图泰（Ibn Battūta，1304—1377）、鄂多立克等，他们回国后把在中国的见闻笔录成书，是外国人了解中国、了解中华文化的重要资料。

在这些旅行家当中，马可·波罗是最著名、影响最大的一位。马可·波罗是威尼斯人，他的父亲尼科洛（Niccolo）和叔父马泰奥（Matteo）都是有名的威尼斯商人，经常奔走于地中海东部地区，进行商业活动。1260年，尼科洛和马泰奥携带货物从威尼斯出发到达君士坦丁堡，几经周折，约于1265年到达元朝上都，朝觐忽必烈，受到热情接待。忽必烈派他们充任访问罗马教皇的专使，因为当时正赶上教皇去世而新教皇尚未选出，他们等待多时，直到最后将忽必烈的信件送达新教皇，后于1269年回到故乡。尼科洛和马泰奥在威尼斯住了两年，于1271年再次启程前往中国，年仅17岁的马可·波罗随父亲和叔父同行，踏上了东方之途，开始了他一生中长达24年的漫游东方的旅程。

1271年11月，马可·波罗一行由威尼斯启程。他们乘船渡过地中海，到达小亚细亚半岛，经巴格达到当时商业繁荣的霍尔木兹。而后，他们穿越荒无人烟的伊朗高原，继而东行，翻越险峻的帕米尔高原，沿着古老的丝绸之路，经喀什、莎车、和阗，再经敦煌、酒泉、张掖、宁夏等地，经过3年半的跋涉，于1275年夏天抵达元朝上都。

马可·波罗一行抵达上都后，受到忽必烈的接见。马可·波罗年轻聪明，善于学习，很快熟悉了东方的风俗和语言，很受忽必烈器重和信任，还留他以客卿身份在朝中供职。大约在1277年至1280年间，马可·波罗离开京城到云南游历访问。他从北京出发，经由河北到山西，过黄河进入关中，逾越秦岭至成都，西行至建昌，并到过西藏地区，最后渡金沙江，到达云南昆明和大理地区。此后，马可·波罗又游历了江南一带。他的游记中没有明确的行程记载，但却记载了淮安、宝应、高邮、泰州、扬州、南京、苏州、杭州、福州、泉州等南方城市。

1292年，马可·波罗奉命护送蒙古公主阔阔真嫁到伊儿汗国，得以和父亲、叔父返回故乡。他们一行先到波斯送阔阔真公主，然后继续西行，于1295年回到威尼斯。

马可·波罗在中国生活了17年，遍游大江南北与长城内外，对中国情况的了解远远超过当时的欧洲人。他回国后向乡人介绍东方见闻，引起人们的极大兴趣。作为商人，他与其父亲、叔父在中国各地经商多年而积累了巨额财富，回国时带回大批珍宝，人称"百万马可"。

马可·波罗回国后，在比萨作家鲁思蒂谦诺（Rrsticiano）的帮助下，将他在中国的见闻著成《马可·波罗游记》。书中赞颂中国地大物博、文教昌盛，系统地介绍了中国的辉煌文化，向西方世界展现了迷人的中国文明。《马可·波罗游记》是欧洲人撰写的第一部详尽描绘中国历史、文化和艺术的游记，被称为"世界第一奇书"。马可·波罗被誉为"中世纪的希罗多德"，是中世纪最伟大旅行家。这本书极大地丰富了欧洲人对中国和东方的认识，大大开阔了欧洲人的地理视野。有人说，寻找东方是欧洲大航海事业的"意志灵魂"，而这种"意志灵魂"正是在《马可·波罗游记》中培育和塑造的。

与马可·波罗同时代，从丝绸之路上走来了另一位名叫鄂多立克的传教士。他同样以旅行家身份著称于世，与马可·波罗、伊本·白图泰、尼古拉·康蒂一起，被誉为"中世纪四大旅行家"。

鄂多立克是意大利人，圣方济各会修士。和马可·波罗等人不同，他是由海上丝绸之路乘船来到中国的。1318年，他开始长达十几年的东游旅行。约1321年夏，鄂多立克由忽里模子乘船东航，用时29天抵达印度西岸之塔纳（Tana）；由塔纳沿印度西岸南下，抵达印度东南端之马八儿（Mobar）和锡兰；并由此继续东航，渡过大洋海抵苏门答腊岛，最后抵达占婆；又东航大洋海若干天，终于到达中国南方；大约在1322年到达中国广州。鄂多立克记载的其东来行程，就是那个时代海上丝绸之路的航线。

到广州后，鄂多立克稍作停留就继续东行，至福建的泉州、福州，北上经三省交界的仙霞岭，至杭州和南京。再从扬州沿大运河北上，约在1325年到达元朝大都，受元泰定帝接见，并在大都留居3年，于1328年启程回国。返程取道天德军（河套），经陕西、甘肃，又南至吐蕃，然后经中亚、波斯，返回意大利。

鄂多立克回国后，将见闻口述，由索拉纳的僧侣威廉（William of Solagna）笔录，即流布于世的《鄂多立克东游录》（*The Eastern Parts of the world described by Friar Odoric the Bohemian, of Friuli in the Province of Saint Authony*）。此书一经问世，就受到人们的重视，以后陆续有拉丁文、意大利文、法文、德文等各种语言抄本达76种之多。

鄂多立克东行游历十几年，足迹几乎踏遍整个亚洲，特别是在中国，从南到北，远达西南、西北诸省，所记甚为详细，其游记被称为"关于中国的最佳记述"。他对中国各大城市的印象极为深刻，认为中国城市的雄伟壮丽，绝非欧洲诸城可比。他惊叹广州密集的人口、繁荣的经济以及港口众多的船只，说广州是一个比威尼斯大3倍的城市，有数量极其庞大的船舶，整个意大利都没有广州的船只多。他还说刺桐是世上极好的地方之一。他特别描绘了杭州城，说它是世上最大的城市，是"天堂之城"。

同样被称为"四大旅行家"之一的伊本·白图泰是生于西北非洲摩洛哥的阿拉伯人。其他几位旅行家的行程都有明确的目的地，肩负着宗教或外交或商业上的任务。伊本·白图泰则不同，游历就是他的目的，他是名副其实的"旅行家"。

1325年，白图泰离开家乡，取道陆路前往埃及的亚历山大城，从此开启了他的游历生涯。他用了26年的时间，行程12万余千米，游历了半个世界，足迹遍及亚、非、欧三洲的大地。1349年，白图泰结束多年的旅途生活，回到故乡，来到马林国首都非斯。他关于世界的渊博知识受到非斯苏丹阿布·伊南（Abū Inān Fāris）的赏识，召他入宫任职，并委派他出国去完成外交使命。再次回国后，阿布·伊南令他回忆在世界各地旅行的事情，并笔录成书，于1355年12月完成。

伊本·白图泰的游记原名为《异域奇闻揽胜》（A Masterpiece to Those Who Contemplate the Wonders of Cities and the Marvels of Travellings）。白图泰在所写游记中详细介绍了他游历世界各地的见闻，描绘了阿拉伯、突厥、印度和中国文明的生动图景。书中有很大篇幅记载他在中国的游历见闻。关于白图泰的中国之行，也颇为复杂和富有传奇色彩。1339年，他从中亚地区进入印度，到达德里，被德里苏丹留住宫廷8年，充任德里马立克教派总法官。1341年，元顺帝遣使德里，要求重建喀拉格里山麓萨姆哈里的佛寺，供中国佛教徒顶礼。苏丹授命白图泰率领使团前往中国答谢。1342年7月，白图泰率领的使团离开德里，由坎代哈尔登舟，不幸发生海难，使团失散，白图泰流落马尔代夫群岛、锡兰、孟加拉国等地，历尽风霜，饱尝艰辛，最后于1345年春由爪哇搭乘驶往中国的海船，在今泉州港登陆，踏上中国的土地。之后，白图泰先到广州，又从泉州走水路到杭州，然后沿运河北上大都。据他自述，由于战事发生，他没有见到元朝大汗，便被护送回印度，从泉州登上去印度的中国船。

白图泰在中国游历了许多地方，到过中国许多大都市。他对杭州的繁华和宏大极为赞叹，还记述了广州、泉州等他所到过的城市，在他看来，说泉州是世界上最大港口也不过分。

无论是马可·波罗的游记，还是鄂多立克、伊本·白图泰等人的叙述，都为欧洲人展现了一个新的世界，一个完全新鲜的奇异之邦，激发着西方世界对东方这一神秘之地的向往。

而在中国古代，除了官方使节和商人外，以旅行家身份游历海外的人不多，只有杜环、周达观、汪大渊等数人。他们有些人的足迹远达西亚和非洲，他们回国后所撰著的游记等资料，为中国人了解外部世界提供了重要文献。

四、背井离乡的移民

人类的迁徙是文化交流的主要途径之一。特别是在古代，人类各种原因和形式的迁徙活动成为传播文化信息、交流文化成果的主要渠道。在远古时代，欧亚大陆上的文化传播主要就是通过各民族的迁徙活动实现的。西方有学者提出了"离散社群"的概念，对于理解移民在文化交流上的重要作用有积极意义。按照西方学者的论述，"离散社群"作为嵌入居住国的特殊文化集团，既要保持自己原乡的文化，以确定自己族群的文化认同，又要学习当地的文化，以便融入当地的社会生活中。这样，"离散社群"就成为具有两种文化要素的特殊人群。他们在文化传播和交流中发挥作用，成为沟通原乡文化与居住地文化的桥梁。

中国自古就不断有外国人进入活动，甚至定居。自汉代到南北朝时期，就不断有关于"胡人"的记载。数个北方游牧民族整个族群向南迁徙到黄河流域，进入中华文化的核心区域。到唐代，更是全面对外开放，大批外国人到中国来传教、经商和从事其他文化活动。唐时外国移民数量是非常大的，当时除了日本人和朝鲜人外，文献上都称之为"胡人"，有"胡姬""酒家胡""胡医""胡商"等，主要是粟特人、波斯人、阿拉伯人等。这些移民在中国广州等地建立了"番坊"，形成相对封闭的居住区，成为中国最早的外国人居住区。但他们大部分与当地居民杂居相处，同时把他们民族的先进生产技术、生活方式、宗教信仰乃至民族文化精神带到中国，为海外文化在中国的传播做出了特殊贡献。

元代是另一个全面对外开放的时代，大批外国人来到中国。在三次西征中，每次战争结束后，蒙古统治者都将大批阿拉伯人、波斯人和中亚各族人迁徙到东方，他们中有被遣发的军士、工匠，有妇孺百姓，还有携带家属部族归附的上层人士，东来经商的商贾。来华的外国移民有西域人、波斯人、阿拉伯人甚至欧洲人，形成了"色目人"阶层。他们入居元朝后，"乐居中土，皆以中原为家""不复回首故国也"。他们有的从事农业、手工业生产，有的充当职业军人，有的担任传教士，有的从事贸易，还有少数人在元朝当了官。

中国自古以来也不断有人移居海外，早的如箕子走之朝鲜、蜀王子南下越南、徐福东渡日本的故事，这些都是有组织的大规模移民。

公元前1066年，周武王灭商，箕子不忍看殷商王朝灭亡的惨状，遂率5000人去了朝鲜。这个移民群体具有较高的文化水平，其中有精通诗书礼乐、医巫阴阳、百工技艺等多方面的人才。他们把先进的生产技术和文化带到朝鲜，在生产技术和文化制度上对当地社会发展有一定帮助，"教民以礼义、田蚕、织作"，因而也将朝鲜的文明推进一大步。

从战国末期到秦二世亡，再到刘邦建立汉朝，这100多年间征战频繁，社会动荡，原燕、齐、赵等国的百姓，为避战乱与重役，从陆路经辽东进入朝鲜半岛，人数多达数万，有的还经朝鲜半岛而远渡日本。他们把大陆先进的生产技术和物质文明，以及中国的典章制度、精神文化带入朝鲜半岛，对推动当地社会经济发展和文化繁荣起到重要作用。中国的许多金属工具、丝绸、漆器以及汉字、儒学、佛教等都是在这一时期传入朝鲜的。

秦汉时代又有大批"秦人""汉人"移居日本，最著名的是秦末徐福东渡。徐福东渡是一次经过精心组织和策划的有计划、有准备的大规模移民活动，其带领的是一支人员配置齐全、装备精良的庞大的移民队伍。徐福本人是当时齐地的方士，而方士则是当时社会中掌握一定科学知识和生产技术的知识分子。在他的移民团队中，有掌握着农业、手工业和艺术工艺等方面知识的专业人士。他们还带去了"百谷"，即各种农作物，尤其是水稻种子和栽培技术。同去的还有所谓"童男童女"，他们不仅仅是为了繁育后代，也是一支从事生产和技术工作的劳动大军。徐福带领的移民给日本带去了先进的大陆文明，帮助土著居民从事生产，改善并提高了当地人民的物质和文化生活水平。

从汉至南北朝这一时期，仍不断有许多中国人陆续移居日本。这一时期的中国移民在数量上相当可观，对日本的技术和文化发展做出了突出贡献，为后来飞鸟文化的形成，奠定了深厚基础。宋元之际和明末清初，为躲避战乱，还出现了两次向海外移民的高潮。

历代移居海外的中国人与当地居民杂居相处，带去了中国的先进生产技术、生活方式，还将吃苦耐劳、艰苦奋斗的民族精神以及中华文化播撒到世界各地，对中华文化在海外的广泛传播有着特殊的贡献。

五、商胡贩客，日款于塞下

自古以来，中国就与世界上许多国家有着频繁的贸易关系。丝绸之路最初就是商人为了进行国际性的丝绸贸易而开辟的。在西北陆路，各国商队络绎不绝，甚至还有粟特、回族等专事对华贸易的商业民族；在南洋海路，宋代时中国商船就已驶抵印度洋，阿拉伯商船更是十分活跃。朝鲜、日本等东亚国家，与中国的传统贸易关系持续不断。大航海时代以后，西欧各国建立东印度公司，开展大规模的对华贸易。这些从事国际贸易的商人，除贸易活动外，有时还承担一些外交使命和文化使命。

有许多西域商人沿着丝绸之路进入中原开展经营活动，他们被称作"商胡"。自汉开始，历经魏晋南北朝及隋唐，"商胡"在中原的踪迹屡现于史籍。《史记·大宛列传》说"西北外国使，更来更去"。这里的"外国使"，更多的是商人。汉代有"商胡贩客"活跃于边境地方，内地亦"商贾胡貊，天下四会"，其中明确有"西域贾胡"。

丝绸之路上的商队是一种民族成分多元化的混合型商队，有时商队的规模相当大。在敦煌、龟兹等地的一些石窟中常绘有与中亚、西亚商队有关的壁画。魏晋南北朝及隋唐时期的北方墓葬中，常出土有骑驼或牵驼、牵马的胡俑，还有载货驼俑、马俑、驴俑等一系列陶俑的组合。

北朝是胡人入华规模比较大的时代，根据历史文献与石刻史料的记载，这一时期西域胡人大量进入并分布在黄河流域诸多地区，一些地区甚至形成了区域文化聚落。从北朝时期开始，中央还专门设置"萨宝"这一官职，对胡人聚落进行管理。自魏孝文帝迁都洛阳之后，侨居这里的胡人日众。杨衒之所撰《洛阳伽蓝记》记载西域人到洛阳经商的情况，说当时西域来华者人数甚多。暂时居住的，住在当时洛阳特设的异国馆；长期居住的，国家赐给住宅，也有自己筑室而居者。据记载，当时洛阳的外侨住宅区多达万余户，若以每户5人计，总计有5万余人。当时洛阳的人口估计在100余万，外国人就占了约1/20。以现在来看，这也是一个很大的数目。这些外国人来自"葱岭已西，至于大秦，百国千城"，可知主要是中亚和西亚人，其中也包括不少波斯人和阿拉伯人。

汉代以后来中原的西域"商胡"中，以被称为"商业民族"的粟特人最为突出。粟特人是属于伊朗人种的中亚古族，在中国史籍中被称为"昭武九姓""九姓胡""粟特胡"等。他们原来生活在中亚阿姆河和锡尔河之间的泽拉夫尚河流域，即古典文献所说的粟特地区（Sogdiana，索格狄亚那），主要范围在今乌兹别克斯坦。在粟特地区大大小小的绿洲上，渐渐聚集起一个个大小不同的城邦国家，其中以康国最大，此外还有安国、东曹国、曹国、西曹国、米国、何国、史国、石国，不同时期或有分合，史称"昭武九姓"。

粟特人是一个几百年间活跃在丝绸之路上的、独具特色的商业民族，被诸多中外学者认为是古代中亚极为活跃和神秘的民族之一。正如腓尼基人、犹太人在地中海沿岸和北海远程贸易中所扮演的角色一样，粟特人在中原通往地中海的漫长商路上，也扮演了同样的角色。粟特商人大约从东汉后期开始往来于中国内地的商业活动，到了5世纪的北魏时期，他们在东方的商业活动达到高潮，活动范围已扩展到长江流域。

粟特人沿着丝绸之路，由西向东进入塔里木盆地、河西走廊、中原北方、蒙古高原等地区。这条道路上的各个主要城镇，几乎都留下了粟特人的足迹。他们以沿途的一个个绿洲城镇为转运点，有的人在一些居民点留居下来，形成自己的聚落；有的继续东行，寻找新的立脚点。

粟特人的这些聚落点不仅分布在西域各处，而且在从中亚通往中国的沿途中，包括长安、洛阳和通往东北方面的河北道、河东道的驿道沿线的主要州属都市，都有他们的聚居点。粟特人以自己建立的聚落为据点组成贸易网络，除了作为商人们的家园，还帮助来往于贸易网络中城镇的商人们进行买卖活动。经过长时间的经营，粟特人在撒马尔罕和长安之间，甚至远到中国东北边境地带，逐渐形成了自己的贸易网络。可以说，粟特人几乎控制了东西贸易的命脉。

茫茫沙海，漫漫丝路，除了自然环境的险恶之外，沿途还时常有盗匪出没，商旅贩客常常有被劫杀的危险。为此，粟特人的贸易活动，都是以商队为单位，集体结伙而行，往往都是数十人甚至数百人一道行动，并且拥有武装以自保。

东汉到唐末的数百年间，粟特商队是中国和中亚、中国和印度、中国和北方草原民族间贸易的主要承担者。从遥远的粟特故乡，到中国中原腹地，粟特商人通过商业活动这一纽带，为中西之间的文化交流做出了不可替代的贡献。粟特人的语言也成为丝绸之路贸易中的通用语言。有学者非常形象地描绘了粟特人对东西方文化交流的作用：通过丝绸之路，古代世界得以沟通和交流，而中亚粟特人是东西文明的主要"搬运夫"。

9世纪以后，粟特商人在丝绸之路上承担的贸易职能，由回鹘商人所取代。不过，"回鹘商人"指的是回鹘国的商人，这其中也包括了许多粟特人和汉人。在丝绸贸易中做出了巨大贡献的"粟特商人"，稍稍改变了身份，但仍然活跃在这条中西交流的大道上。

唐代吸引了更多的"外夷""胡商"来到中国，从事外交、商贸、文化艺术等活动。唐代的"胡人"，主要指当时与唐朝交往频繁的入华西域人，包括粟特人、波斯人、大食人，乃至来自拜占庭的罗马人等。唐代多有侨居中国的阿拉伯人和波斯人，大都集中在广州和长安两地，扬州、洪州、张掖也都有波斯客商来往定居。

唐代"商胡"这个词多是指在唐朝境内从事商业活动的外来商贾，尤指以粟特胡人为主体的西域商人。唐朝商胡的分布及活动范围是相当广泛的，有长安、洛阳、番禺、扬州等大都市，还有内陆中小城市，如豫章、洪州、义兴县、陈留、魏郡、东州等。长安"商胡"主要聚居在西市附近的地区。唐代载籍中，往往将西市与胡人联系起来，有"西市贾胡""西市波斯邸""西市商胡""西市胡"等种种习称，表明了商胡与西市的特殊关系。唐东都洛阳地处天下之中，交通便利，商业繁荣，与长安相比，更多世俗气氛而较少政治色彩，是商胡聚居的首选之地，洛阳南市及附近诸坊也是商胡聚居之所。

唐代载籍中所见商胡，许多都与经营珠宝贸易有关。《太平广记》对胡商的活动多有记载，但其中只要记载胡商，就与巨额财富联系在一起。他们动辄以几十万，甚至几千万的金钱购买珠宝、奇货。所以，唐人将胡商称为"千金估胡""富波斯"等。

北宋时，来广州港贸易的阿拉伯商人最多，所征收的关税位居第一。在元代丝绸之路贸易中，回族商人担当了重要角色，发挥着独特作用。西域的回族人具备传统的商业才能，且大多数始终生活在多种语言混用的社会环境中，一般都能讲回鹘、阿拉伯、波斯、蒙古等多种语言，其中有些尚通汉语。这样的优越条件，使回族人很快就取代了先是粟特人后是回鹘人在丝绸之路上的优势地位。

六、丝绸之路上的信仰使者

人类历史上，宗教热忱是促进各大文明交往的主要动力之一。宗教传播不仅仅是一种信仰，还包含了其他多种文化要素，是一个巨大的"文化丛"，宗教传播也就成为多种文化要素传播的媒介。佛教东传的过程，就包含着西域文化、印度文化等诸多内容在中国的传播。中国化佛教在朝鲜、日本的传播过程中，中国的建筑、雕塑、绘画、音乐等艺术形式，以及中国的工艺技术、饮食习俗、医药之学、文学和哲学思想，也随佛教而传播。中国宋代理学最初就是附着于禅宗佛教传入日本的。朝鲜、日本历代都有许多佛教僧侣来中国巡礼、请益，回国后不仅模仿中国佛教建制，传播中国佛教宗派，还将大批汉文佛典及其他中国典籍、书法绘画作品和工艺品等携带回国，成为传播中华文化的一座桥梁。

　　佛教在中国的初传时期，陆续有西域、印度等地的僧人来到中国。两晋南北朝时期，佛教在中国的传播形成高潮，吸引了大批西域、印度的高僧挟道东来，他们为佛教典籍的汉译、佛教思想和宗派的传播，以及佛教艺术文化在中国的推广，做出了重大贡献。这些来华高僧来自大月氏国、安息国、康居国、于阗国、龟兹国、罽宾国、印度、师子国、扶南国等国，大部分是通过丝绸之路经西域进入中国内地的，也有少数人如师子国人、扶南国人和部分印度人是通过海上丝绸之路在交趾、广东沿海登陆再进入内地的。

　　西域高僧鸠摩罗什是西域来华高僧中贡献最大的一位。他进行了大规模的佛教汉译工作，被称为中国佛教史上的"四大译经家"之一。这一时期，在鸠摩罗什等杰出翻译家们的努力下，译典质量大大高于前一时期。

　　唐代来华的印度僧人中，以"开元三大士"最为著名，分别是善无畏、金刚智和不空。善无畏又称"无畏三藏"，是中印摩揭陀国人。善无畏依着师教东行弘法，携带梵本，于开元四年（716）到达长安，被礼为国师，先住兴福寺南塔院，后迁西明寺；玄宗并敕内廷道场，尊为教主。开元十二年（724），他随玄宗到洛阳，译出《大毗卢遮那成佛神变加持经》等3种。开元二十三年（735）卒于洛阳大圣善寺。

　　金刚智是南天竺人。他乘船出海，经师子国、佛室利逝国，经过3年航行，在开元七年（719）到达广东。次年初到洛阳，又到长安，居慈恩寺，后移至大荐福寺，"所住之刹，必建大曼荼罗灌顶道场"。金刚智弘传密法，在资圣寺组织翻译了《瑜伽念诵法》4卷。后来在大荐福寺译出《金刚顶经曼殊师利菩萨五字心陀罗尼品》和《观自在如意轮菩萨瑜伽法要》各1卷，《金刚顶经瑜伽修习毗卢遮那三摩地法》1卷和《千手千眼观世音菩萨大身咒本》1卷等经。

不空是北天竺人，师事金刚智，随师来到中国。开元二十九年（741），玄宗诏许其师徒回天竺和师子国寻访密教经典。但金刚智从长安到洛阳时就患病不起，不久圆寂。不空三藏尊师遗命，取道广州法性寺（今光孝寺），与弟子含光等泛海经爪哇、锡兰，到达五天竺，遍寻密藏和各种经论。天宝五年（746），他携多部密藏经典回到长安，先后住在鸿卢、净影、兴善诸寺，从事翻译和灌顶。他也时常被请到宫中内道场作法，受到玄宗、肃宗、代宗三朝帝王的崇敬。

为了前往汉地传经，西域僧人们在碛天荒漠中孑然独行，往返一次，几乎就耗尽了一生的年华。《病僧二首》诗：

> 竺国乡程算不回，病中衣锡遍浮埃。
> 如今汉地诸经本，自过流沙远背来。
> 空林衰病卧多时，白发从成数寸丝。
> 西行却过流沙日，枕上寥寥心独知。

这首诗即反映了传经僧人异乡染疾的幽苦情状和思念乡土的孤寂心怀。

在西域和印度的高僧纷纷来华的同时，也有中原人士西行求法。在早期赴西域求法的中国僧人中，最著名的是法显。他是中国僧人到"西天"（印度）研究佛学的第一人。《续高僧传·玄奘传》说："前后往天竺者，首自法显。"后秦弘始元年（399）春天，法显同慧景、道整、慧应、慧嵬4人一起，从长安起身，向西进发。在法显之前，虽已有朱士行往西域求法，但他未到天竺的印度，并且未返汉地。汉人西行求法，有去有回，并带返大量梵本文献的第一位汉僧，乃是法显。法显带回大量佛经，亲自参与翻译工作，为中国戒律学、佛性论思想和毗昙学的发展做出了杰出贡献。

唐代玄奘是中国古代西行求法僧人中最著名的代表。玄奘孤身涉险，一路上历尽艰辛，于印度游学17年，主要使命是取经和求法。回国时，他从印度携带回来的佛教经典共有657部。这些佛教经典，大大丰富了中国佛教典籍的宝库，也为唐代译经事业的辉煌成就提供了梵本基础。他先后译出的经论典籍共有74部，共1335卷，占整个唐代译经总量的一半以上。玄奘的译经事业规模宏大，成就显著，为中国佛教经典宝库增添了极为珍贵的文献典籍。

在向西求法的同时，中原王朝与东方的交流也在密切进行着。

从朝鲜三国时期一直到高丽时期，不断有僧侣入华求法请益。他们以探询佛法义理的热情和对中华文化的向往仰慕之心，搏击沧波，舍身西渡。《海东高僧传》所说："西入中国，饱参而来，继踵而起。"近600年内，朝鲜僧人入华求法请益可稽考者达200多人。这些请益僧中，有许多精通佛法的高僧。他们为中国化佛教东传以及推动朝鲜半岛佛教的兴盛发展做出了重大贡献。

日本入唐的僧侣有两种名称，即"学问僧"和"请益僧"。学问僧是来唐学习佛法的僧侣；请益僧则是已在本国学有专长，带着疑难问题来唐质疑问难的僧侣。学问僧们在中国潜心钻研佛教义理，广泛搜集佛教经籍。日本僧人入唐求法的时间，少则一二年、三五年，多至十几年、二十几年，有的甚至长达38年。日本入唐学问僧中涌现出许多杰出的唐文化传播者，其中自日本奈良时代至平安时代，即9世纪上半叶的最澄、空海等"入唐八家"最有影响、贡献最大，是日本入唐学问僧的杰出代表。

在朝鲜、日本僧人纷纷入华的同时，唐代以后到明清时期，陆续有一些中国高僧赴朝鲜半岛和日本传播佛教。最著名的是鉴真和尚率弟子东渡日本。唐玄宗天宝元年（742），应日本方面的邀请，鉴真开始了史无前例的、历时12年的6次东渡之壮举。这时鉴真已年55岁，东渡可谓一波三折，困难重重，先后5次的东渡计划都宣告失败。长期的奔波劳顿和酷暑的折磨，导致鉴真双目失明。迎请鉴真东渡的日本僧人荣睿和决心相随的弟子祥彦也先后在途中病逝。但这些打击并未动摇鉴真东渡弘律之志。直到天宝十二年（753）十一月，鉴真率弟子38人随日本遣唐使舶东渡，最终踏上日本国土。

鉴真一行受到在踏上日本国土后，稍作停留，便启程前往都城奈良，沿途受到了当地官员和僧俗各界的热烈欢迎。鉴真一行于日本天平胜宝六年（754）二月抵达奈良，被安置于东大寺。随后，他在奈良建立了著名的"唐招提寺"，专心在唐招提寺传法。鉴真被称为"日本律宗之初祖"，唐招提寺则被尊为"日本律宗祖庭"。鉴真圆寂前，以唐招提寺托付给法载、如宝、义静三人。他们继承了大师的事业，推动了律宗在日本的发展。

鉴真一行不仅对日本佛教的发展做出突出贡献，还把当时唐代先进的建筑、绘画、雕塑、医药等文化技术介绍到日本，被后世称为"日本文化的恩人"。有日本学者说，鉴真是个站在奈良文化最高峰的人，同时也是为之后平安文化开道的人。

到了明清之际，风云际会，西学东渐，内容丰富。西欧基督教会派遣大批传教士来华，他们前赴后继，采取"学术传教"的策略，也带来西方的文化、艺术与科学，成为这一时期中西文化交流的主渠道。他们还通过书信、翻译中国典籍和撰写有关中国的著作，向欧洲广泛介绍中国的儒家学说、政治制度、生活礼俗，为中华文化在欧洲的广泛传播发挥了作用，对启蒙运动产生了极大影响。

最早来华的传教士是意大利耶稣会士利玛窦。1582年，利玛窦乘坐葡萄牙的大帆船，经过漫长的海上航行来到澳门，踏上中国大地，这一年他刚满30岁。利玛窦在中国生活了28年，直到在北京逝世，再也没有回到自己的祖国。利玛窦开辟了在中国的传教事业，取得了一定的成功，并与中国的士大夫们建立起广泛的友谊，为西方文化在中国的传播做出了重要贡献。他与徐光启合作翻译的《几何原本》，对中国科学文化发展有很大影响。他的回忆录《利玛窦中国札记》是当时最具权威的、严谨而全面介绍中国文化的一部力作，对欧洲人了解中国起到重要作用，是"欧洲人叙述中国比较完备无讹之第一部书"。

利玛窦之后，德国传教士汤若望是极为重要的耶稣会士之一。汤若望在华40余年，经历了明、清两朝，与利玛窦、南怀仁并列，是耶稣会在中国传教史上极为杰出的三位伟人之一。还有人说，汤若望与利玛窦相并，堪称耶稣会之二雄。在徐光启主持历局编纂《崇祯历书》的工作中，汤若望有重要贡献。他还受明廷之命，以西法督造战炮，并口述有关大炮冶铸、制造、保管、运输、演放以及火药配制、炮弹制造等原理和技术，由焦勖整理成《火攻挈要》2卷和《火攻秘要》1卷，是当时介绍西洋火枪技术的权威著作。明清易代后，汤若望向朝廷进献新制的《舆地屏图》，以及浑天仪、地平晷、望远镜等仪器，将《崇祯历书》压缩成《西洋新法历书》103卷进呈，清朝将此定名《时宪历》，并于1645年开始颁行天下。我们现在用的农历就是这部《时宪历》。

在17至18世纪，传教士们成为中西文化交流的重要桥梁。明清之际来华的欧洲传教士有几百近千人之众，其中有许多都是当时的才智之士。他们在承担传教使命的同时，还广泛介绍文艺复兴时代发展起来的近代欧洲科学、文化，为西学东渐做出极大贡献。

七、和亲公主：丝绸之路上的文化使者

和亲是自西汉直至清代中原王朝发展与周边少数民族关系的一种手段，主要目的是避免战争，发展经济贸易关系，其中以汉唐两朝和亲最有特色。中国历史上的和亲始于西汉初年。当时匈奴势力强大，汉朝初建，"疲于兵革"，遂将汉公主嫁与匈奴单于，以安边患。

所谓"和亲"政策，实际上还包含着一种文化策略，就是在"和亲"的形式下，通过"和亲"的渠道，向匈奴及其他游牧民族输送中原文化，包括物质文化和精神文化，使他们接受中原文化的教化和影响，从而避免他们造成边患和威胁。然而，这个政策在很大程度上带有一厢情愿的性质，一时的"和亲"可能获得暂时的和平，实际上却是时和时战。但"和亲"在传播中原汉文化方面起到了一定的作用。西汉时与匈奴以及其他民族的和亲，都是出于这种考虑。与匈奴的和亲，更是达到了13次。

张骞第一次出使西域归来时，曾向汉武帝建议与乌孙和亲，通过和亲与乌孙联盟，共破匈奴。于是武帝将细君公主嫁给乌孙国王，令她"从其国俗，欲与乌孙共灭胡"。西汉曾与乌孙3次和亲，以此来均衡汉与匈奴的力量，对匈奴南下侵扰起到牵制作用。

自汉以后，和亲成为历代王朝联络周边民族、稳定边疆的一项常用策略。一直到清朝，中国古代历史上至少有360次和亲活动。和亲政策具有明显的政治和军事目的，但和亲活

动对发展贸易关系、传播中原文化、促进西域文明的发展起到了积极作用。

和亲双方对和亲都十分重视。每次和亲，从提出到和亲公主出嫁都要经过求婚、报聘、交纳聘礼、回报、约定婚期、出嫁等若干程序，有的甚至要反复多次，持续几年。几乎每位和亲公主出嫁后，都要经过派使臣答谢、报告公主情况、看望慰问公主等反复往来，有时和亲公主也派人向"父母之国"报告情况，或带人回国省亲。这样一来，和亲使双边的人员往来大大增加，有时一次和亲往来的人员甚至多达数万人次。在这些往来的人员中，既有达官贵人，也有对方首领的妻子儿女或其他贵妇，还有商人和教徒，其中有些往来已经超出了求婚、交纳聘礼、迎亲等范围，具有明显的商业目的，而且这些人员停留时间一般都比较长。这样大规模的人员往来，进一步加强了接触和互相了解，促进了文化交流。

和亲公主和她们的随行人员也是一支庞大的队伍。据记载，到匈奴、乌孙、于阗等地的和亲公主的随从者，既有服务性的侍者、宦者、属官、媵，也有医生、手工业者、设计师、建筑工人、乐师、厨师、文化教员等各种各样的专门人才。他们进入西域后，积极向西域人介绍并传授中原的文化礼俗和先进技术，对西域的农业和畜牧业生产，建筑和音乐等艺术形式，礼仪、服饰和风俗习惯等都有一定的影响。西汉地节元年（前69），嫁与乌孙国王的解忧公主曾派她的女儿弟史、女婿龟兹王绛宾、儿子万年到长安学习，弟史在长安学习鼓琴长达三年之久，汉宣帝曾赐给弟史几十名歌吹手。弟史和绛宾回龟兹后，仿中原样式建筑宫室，"作徼道周卫，出入传呼，撞钟鼓，如汉家仪"。据《梁书·诸夷传》记载，龟兹都城延城"有三重，外城与长安城等。宫室壮丽"。大约在十六国至北朝时期，中国内地的养蚕缫丝业通过和亲传入了于阗国，又通过西域传播到西方。

中原王朝对和亲公主及其达官贵人赐予金银绢缯，其数量巨大，物品品种也很多，既有日常生活用品，也有一般装饰品，还有许多高级观赏品。这样就使大量的中原物产流入西域或其他民族地区。西汉能够说通乌孙答应和亲的前提条件是"厚币赂"。据《汉书·西域传》记载，细君公主出嫁时，汉"赐乘舆服御物，为备官属宦官侍御数百人，赠送甚盛"，公主则"以币帛赐王左右贵人"。解忧公主的女儿出嫁龟兹王绛宾后，汉对其"赐以车骑旗鼓，歌吹数十人，绮绣杂缯琦珍凡数千万"，他们每次到长安朝贺时，汉都"厚赠送之"。

和亲也大大地促进了双方的贸易发展。"通关市"是和亲的主要目的之一。据《汉书·匈奴传》记载，汉文帝时，"与通关市，妻以汉女，增厚其赂，岁以千金"；汉景帝时，"复与匈奴和亲，通关市，给遗单于，遣翁主如故约"；汉武帝即位时，仍与匈奴"明和亲约束，厚遇关市，饶给之"。随和亲活动往返的双方人员，都有从事贸易活动的目的，他们借和亲之便，与当地进行商品贸易。有的和亲公主也从事商业活动。

和亲活动还有利于保障丝绸之路的畅通。自张骞通西域后，维护丝绸之路的安全与通畅，对于历代中原王朝来说，都是一项十分重要的任务。汉王朝对于西域的经略，班超的"三绝三通"，都是为了保障丝路的通畅。有的和亲公主亲自担负起监督丝路通畅的责任，和亲的西域国家也自觉地保护丝绸之路。与汉和亲的鄯善国就为汉廷与西域诸国的联系及贸易开展提供了许多便利条件。据《汉书·匈奴传》记载，汉宣帝时，乌孙昆莫鉴于匈奴"欲隔绝汉"，主动要求出动"国半精兵，自给人马五万匹，尽力击匈奴"，助汉夺回丝绸之路的控制权。

第十一章

"一带一路"：丝路精神的新时代传承

一、"一带一路"倡议与当代全球化

丝绸之路的核心精神是和平合作、开放包容、互学互鉴、互利共赢。这是世世代代艰苦探索而积累的宝贵经验，是千百年来人类文明发展创造的卓越成果。

从20世纪中期即二战结束后，人类历史进入全球化发展时期。自此，全球化在深度和广度两个方向加速推进，将其触角延伸到全球各个角落。20世纪与21世纪之交，全球化进程达到一个质的突破点，进入"全球化时代"。全球化时代开启了世界变革的历史进程，科学技术加速向前，交通、通信和互联网技术大发展，世界各地的联系更加紧密。世界上任何一个角落发生的新闻，很快就能传遍各地；任何一种新的技术发明，很快就进入各个地方的生产生活领域；强大的运输能力则会把一个地方的产品快速运送到各地，成为全世界人民共同享用的物质财富。伴随着全球化进程，全世界的不同文明如今都处在一个共同体之中。全球化发展要求弘扬全人类共同价值、创造人类文明新形态、建构人类文明共同体。

在此大背景下，丝绸之路精神也得以复兴，并以不断拓展的深度和广度为人类文明的发展注入新的活力。2013年，中国国家主席习近平先后提出建设"丝绸之路经济带"和"21世纪海上丝绸之路"的重大倡议，即共建"一带一路"倡议。"一带一路"贯穿亚欧非大陆，一头是活跃的东亚经济圈，一头是发达的欧洲经济圈，中间的广大腹地国家经济发展潜力巨大。丝绸之路经济带重点畅通中国经中亚、俄罗斯至欧洲（波罗的海）；中国经中亚、西亚至波斯湾、地中海；中国至东南亚、南亚、印度洋。21世纪海上丝绸之路的重点方向是从中国沿海港口过南海到印度洋，延伸至欧洲；从中国沿海港口过南海到南太平洋。"一带一路"建设促进形成陆海内外联动、东西双向互济的开放格局，打造包容性全球化。

2017年5月14日，习近平主席在"一带一路"国际合作高峰论坛开幕式上发表主旨演讲，深刻阐释了丝绸之路精神的丰富内涵，全面描绘了建设和平、繁荣、开放、创新、文明的"一带一路"的美好前景。共建"一带一路"倡议高举和平发展的旗帜，依靠中国与有关国家既有的双多边机制，借助既有的、行之有效的区域合作平台，积极发展与共建国家的经济合作伙伴关系，共同打造政治互信、经济融合、文化包容的互利共赢、共同发展繁荣的利益共同体、命运共同体和责任共同体。

可以说，"一带一路"是丝绸之路在当代全球化时代的新复兴，而丝绸之路的文化精神是共建"一带一路"倡议的重要源泉。共建"一带一路"是秉承丝绸之路精神与原则提出的重要倡议，是丝绸之路精神在新时代的新发展。

习近平总书记指出，开放是人类文明进步的重要动力，是世界繁荣发展的必由之路。共建"一带一路"是中国长期坚持对外开放基本国策的进一步提升，是中国更高水平对外开放的重要举措。当今世界是一个开放的世界，中国经济和世界经济高度关联。只有坚持对外开放，构建全方位开放新格局，才能深度融入世界经济体系。"一带一路"建设就是一种高水平开放，它强调制度性、结构性，用制度型开放来推动"一带一路"建设。一方面，这是中国扩大和深化对外开放的需要，只有开放才能发现机遇、抓住机遇、主动创造机遇，才能进一步实现国家的奋斗目标；另一方面，这也是全球发展的需要，有利于推动各国共同实现现代化。

推动促进"一带一路"建设是在新的全球化时代条件下，中国将自身的产能优势、技术与资金优势、经验与模式优势转化为市场与合作优势，实行全方位开放的一大创新。通过共建"一带一路"，中国与共建国家间实现合作与对话，建立更加平等均衡的新型全球发展伙伴关系，夯实世界经济长期稳定发展的基础。"一带一路"建设带动中亚、蒙古国等内陆国家和地区的开发，在国际社会推行全球化的包容性发展理念，超越西方开创的全球化造成的贫富差距、地区发展不平衡，致力于推动建立持久和平、普遍安全、共同繁荣的全球化再平衡。共建"一带一路"以共商、共建、共享为原则，积极倡导合作共赢理念与正确义利观，开创地区新型合作，为21世纪的国际合作提供新的理念。

　　共建"一带一路"倡议的基本属性是"中国倡议、各国共建、市场运作、全球共享、构建人类命运共同体的新型国际合作平台"。共建"一带一路"搭建了广泛参与的国际合作平台，为全球治理体系改革提供了中国方案，成为推动构建人类命运共同体的生动实践，受到国际社会普遍欢迎。目前，全球100多个国家和国际组织积极支持和参与"一带一路"建设，联合国大会、联合国安理会等重要决议也纳入"一带一路"建设内容。第71届联合国大会决议欢迎"一带一路"等经济合作倡议，敦促各方通过共建"一带一路"倡议，呼吁国际社会为"一带一路"建设提供安全保障环境。联合国秘书长古特雷斯表示，共建"一带一路"倡议与联合国2030年可持续发展议程都以可持续发展为目标，都试图提供机会、全球公共产品和双赢合作，都致力于深化国家和区域间的联系。他强调，为了让相关国家能够充分从增加联系产生的潜力中获益，加强共建"一带一路"倡议与联合国2030年可持续发展议程的联系至关重要。

二、"一带一路"的建设成果

　　共建"一带一路"倡议提出10年来，中国政府积极实施了一系列政策措施，统筹谋划推动高质量发展、构建新发展格局和共建"一带一路"，坚持共商共建共享原则，把基础设施"硬联通"作为重要方向，把规则标准"软联通"作为重要支撑，把与共建国家人民"心联通"作为重要基础，推动共建"一带一路"高质量发展，取得了一系列重要成果。

共建"一带一路"——新的世界合作平台

在共商共建共享原则下，中国着力打造共商国际化平台与载体，"一带一路"国际合作高峰论坛成为"一带一路"框架下最高规格的国际合作平台。2017年、2019年和2023年，中国先后成功主办三届"一带一路"国际合作高峰论坛。首届高峰论坛期间，29位国家元首、政府首脑等领导人出席，来自140多个国家、80多个国际组织的1600多名代表参会，形成5大类279项具体务实成果。第二届高峰论坛吸引更多国家和国际组织参与，取得更丰硕成果，达成构建全球互联互通伙伴关系的重要共识，开启高质量共建"一带一路"新征程。第三届高峰论坛总结了共建"一带一路"10年经验，宣布了中国支持高质量共建"一带一路"的八项行动。中国愿与各方深化"一带一路"合作伙伴关系，推动共建"一带一路"进入高质量发展的新阶段。

务实的合作架构

"一带一路"建设是务实合作的平台。通过加强相关国家间的全方位多层面交流合作，充分发掘与发挥各国的发展潜力与比较优势，彼此形成互利共赢的区域利益共同体、命运共同体和责任共同体。"一带一路"建设从一开始就具有平等性、和平性特征。平等是中国所坚持的重要国际准则，也是"一带一路"建设的关键基础。只有建立在平等基础上的合作才能是持久的合作，才会是互利的合作。"一带一路"建设离不开和平安宁的国际环境和地区环境，和平是"一带一路"建设的本质属性，也是保障其顺利推进不可或缺的重要因素。

共建"一带一路"倡议是开放性、包容性的区域合作倡议。共建"一带一路"倡议自提出以来不断拓展合作区域与领域，尝试与探索新的合作模式，使之得以丰富、发展与完善。共建"一带一路"以开放为导向，冀望通过加强交通、能源和网络等基础设施的互联互通建设，促进经济要素有序自由流动、资源高效配置和市场深度融合，开展更大范围、更高水平、更深层次的区域合作，打造开放、包容、均衡、普惠的区域经济合作架构，以此来解决经济增长和平衡问题。共建"一带一路"不是对现有地区合作机制的替代，而是与现有机制互为助力、相互补充。通过双多边对话方式，中国加强了与相关国际组织之间的交流与合作，不仅推进了彼此的发展对接，也激发了区域性国际组织的活力。在共建"一带一路"框架下，中国深化同各方发展规划和政策的对接。在全球层面，共建"一带一路"倡议同联合国2030年可持续发展议程有效对接，形成了促进全球共同发展的政策合力。在区域层面，共建"一带一路"倡议与《东盟互联互通总体规划2025》、非盟《2063年议程》、欧盟"欧亚互联互通战略"等区域发展规划或合作倡议有效对接，达成促进互联互通、支持区域经济一体化进程的共识。"一带一路"建设还与俄罗斯欧亚经济联盟建设、印度尼西亚"全球海洋支点"

构想、哈萨克斯坦"光明之路"新经济政策、蒙古国"草原之路"倡议、埃及苏伊士运河走廊开发计划等实现了对接与合作，并形成了一批标志性项目。

重点合作建设成果涌现

政策沟通是共建"一带一路"的行动先导与重要保障。共建"一带一路"倡议得到越来越多国家和国际组织的积极响应，成为当今世界深受欢迎的国际公共产品和国际合作平台。10年来，中国已与152个国家、32个国际组织签署200余份共建"一带一路"合作文件，涉及基础设施建设、经贸、产能合作、生态环保、人文交流、抗击疫情等多个领域。其中包括与部分国家签署了共建"一带一路"合作备忘录，与一些毗邻国家签署了地区合作和边境合作的备忘录以及经贸合作中长期发展规划，研究编制与一些毗邻国家的地区合作规划纲要等。通过加强与共建国家的沟通磋商，在基础设施互联互通、产业投资、资源开发、经贸合作、金融合作、人文交流、生态保护、海上合作等领域，促成了一批条件成熟的重点合作项目。众多重要国际机制对共建"一带一路"倡议表示认同和支持，并将其核心理念纳入各自成果文件。

促进基础设施建设和互联互通是共建"一带一路"的优先方向。共建"一带一路"致力于亚欧非大陆及附近海洋的互联互通，建立和加强共建各国互联互通伙伴关系，构建全方位、多层次、复合型的互联互通网络，实现共建各国多元、自主、平衡、可持续的发展。随着交通、能源管网等大批项目落地实施，共建国家基础设施建设取得了长足进展，区域交通可达性、资源流动性、信息共享能力显著增强。

基础设施项目有序落地实施，一批标志性项目取得实质性进展。中国积极开展亚洲公路网、泛亚铁路网规划和建设，与东北亚、中亚、南亚及东南亚国家开通多条公路铁路。此外，油气管道、跨界桥梁、输电线路、光缆传输系统等基础设施建设取得成果。中老铁路实现全线开通运营，客货运输量稳步增长；匈塞铁路塞尔维亚境内贝诺段顺利通车；雅万高铁最长隧道实现全隧贯通；吉布提港铁路场站正式投产；瓜达尔港成为区域物流枢纽和临港产业基地。中欧班列继续安全稳定运行，连续27个月单月开行千列以上。这些设施建设，为"一带一路"建设打下牢固的物质基础。

在各方共同努力下，"六廊六路多国多港"的互联互通架构已基本形成，一大批互利共赢项目成功落地。其中，六大经济走廊是共建"一带一路"的立体框架和区域经济合作网络的重要框架，包括新亚欧大陆桥、中蒙俄、中国—中亚—西亚、中国—中南半岛、中巴和孟中印缅国际合作经济走廊，不仅将充满经济活力的东亚经济圈与发达的欧洲经济圈联系在一起，更畅通了连接波斯湾、地中海和波罗的海的合作通道。

贸易畅通是共建"一带一路"的着力点，是推动各国经济持续发展的重要力量。10年来，中国与共建"一带一路"国家之间的贸易往来日益密切。截至2023年第三季度，中国是共建国家中114个国家的前3大贸易伙伴，是68个国家的最大贸易伙伴。辐射"一带一路"的自由贸易区网络加快建设，贸易自由化和便利化水平稳步提升，贸易方式不断创新，贸易畅通迈上新台阶。2013至2021年，中国与共建"一带一路"国家进出口规模由10.11万亿元增长至18.95万亿元，年均增长达到7%，较同期中国外贸增速高1.5个百分点，占中国进出口比重由39.2%提升到45.4%。"丝路电商"成为拓展经贸合作的新亮点和新引擎。截至2022年底，中国已与17个国家签署"数字丝绸之路"合作谅解备忘录，与23个国家建立"丝路电商"双边合作机制，共同开展政策沟通、规划对接、产业促进、地方合作、能力建设等多层次多领域的合作，着力培育贸易投资新增长点。

在合作机制的扎实推进下，双向投资及合作总体保持稳定增长。与共建"一带一路"国家的境外合作工业园区项目稳步推进，成为经贸合作的重要载体。一大批园区凭借自身优势迅速发展，如中白工业园、泰中罗勇工业园、中国印尼综合产业园区青山园区、柬埔寨西哈努克港经济特区、中埃·泰达苏伊士经贸合作区、埃塞俄比亚东方工业园等，在承接中外企业合作、解决当地民众就业、带动东道国经济发展等方面发挥了积极作用。

中国积极与共建国家开展金融合作，推动建立多层次的金融服务体系，为"一带一路"建设提供多元化的金融支持和服务。在各方共同努力下，亚洲基础设施投资银行、丝路基金等多边金融合作机构相继成立，为"一带一路"建设和双多边互联互通提供投融资支持。中国与国际货币基金组织建立联合能力建设中心，为共建"一带一路"国家优化宏观经济金融框架提供智力支持；与世界银行、亚洲基础设施投资银行、亚洲开发银行等共同成立多边开发融资合作中心，推动国际金融机构及相关发展伙伴基础设施互联互通。

10年来，中国与共建国家建设"一带一路"取得丰硕成果。世界银行报告显示，共建"一带一路"使参与方贸易增加4.1%，吸引外资增加5%，使低收入国家GDP增加3.4%。受益于"一带一路"建设，2012至2022年，新兴与发展中经济体GDP占全球份额提高3.9个百分点。据世界银行测算，到2030年，共建"一带一路"每年将为全球产生1.6万亿美元收益，占全球GDP的1.3%；2015至2030年，760万人将因此摆脱绝对贫困，3200万人将摆脱中度贫困。

架起文明对话新桥梁

共建"一带一路"倡议提出10年来，中国与共建"一带一路"国家人文交流日益密切，以"一带一路"为主题的文化活动明显增多，品牌化趋势明显，人文合作领域愈加宽广，人文活动影响力逐步扩大，推动中外文化交流继续不断向全方位、深层次发展。中国与共建国家互办艺术节、电影节、音乐节、文物展、图书展等大量活动，其中许多已形成常态化机制，为共建各国提供了良好的人文交流平台。

"一带一路"建设以文明交流超越文明隔阂、以文明互鉴超越文明冲突、以文明共存超越文明优越，为相关国家民众加强交流、增进理解搭起了新的桥梁，为不同文化和文明加强对话、交流互鉴织就了新的纽带，推动各国相互理解、相互尊重、相互信任。"一带一路"虽跨越不同区域、不同文化、不同宗教信仰，但通过弘扬丝绸之路精神，开展智力丝绸之路、健康丝绸之路等各种建设，在科学、教育、文化、卫生、民间交往等各领域广泛开展合作，实现各文明间的交流互鉴，将会使"一带一路"建设民意基础更为坚实，社会根基更加牢固。

三、共建"一带一路"的世界意义

共建"一带一路"倡议源自中国，机会和成果属于世界，"一带一路"是中国同世界共享机遇、共谋发展的大道。

10年来，"一带一路"合作范围不断扩大，合作领域更为广阔，在许多方面都取得了扎扎实实的成果，这些成果是巨大的、世人瞩目的。不仅为世界经济生活发展做出了巨大贡献，也为应对挑战、创造机遇、强化信心提供了宝贵的经验、智慧与力量。

当今世界正在发生重要的变革，新一轮科技革命和产业变革带来的激烈竞争前所未有，气候变化、核污染等不断涌现的全球性问题对人类社会影响深远。在这样的环境下，"一带一路"建设更具重要的世界意义，符合世界发展大趋势的要求，符合国际社会的根本利益，彰显着人类社会的共同理想和美好追求，是国际合作以及全球治理新模式的积极探索，将为世界和平发展增添新的正能量。

"一带一路"建设为全球均衡可持续发展增添了新的动力，提供了新平台。致力于通过消除供应链壁垒、挖掘各方比较优势、鼓励各方创新合作模式等，努力为世界经济发展打造新引擎；致力于通过提高有效供给来催生新的需求，通过改善基础设施、行业标准、政策和服务等方面的不足，推动跨境商品自由流动，推动国际经济合作发展；推动各方充分发挥比较优势，强调共建国家实现联动发展，有助于将中国在基础设施建设能力、资金实力等方面的优势与共建国家在能源、劳动力等方面的优势结合起来，相互借力、相互给力，共同提升在全球产业链中的位置。

"一带一路"建设旨在促进经济要素有序自由流动、资源高效配置和市场深度融合，推动共建各国实现经济政策协调，开展更大范围、更高水平、更深层次的区域合作，共同打造开放、包容、均衡、普惠的区域经济合作架构；在尊重现有国际经济合作机制的基础上进行创新超越，鼓励合作模式创新和合作经验推广，鼓励共建国家因地制宜、量体裁衣，根据各自经济结构、资源禀赋、发展潜力等探索专属性合作方案。"一带一路"建设已成为目前世界上最有力量、最有作用的经济全球化的平台，也是经济全球化的引擎和发动机，它为世界经济增添更多确定性与合作信心，引领全球化发展新方向。

近年来，在世界全球化发展的大趋势下，出现了一些反全球化的逆流，全球化进程也遇到了一些新问题，全球化的发展方向需要进行调整。实际上，全球化进程中最重要的问题是各国之间及各国内部发展的不平衡，所以新的全球化应更为强调发展的均衡性、联动性和包容性，不同发展阶段的国家具体的发展诉求与优先方向不尽相同，但各国都希望获得发展与繁荣，这就是各国共同利益的最大公约数。"一带一路"倡议帮助共建国家实现优势互补，将这一重要诉求转化为现实。"一带一路"注重高速铁路、能源管道等基础设施建设，致力于推动全球产业布局调整，改变亚欧大陆的经济格局。"一带一路"倡导开放包容原则，倡导一种开放的区域经济合作框架，注重在不同层次、不同区域的国际经济合作之间疏通经络、搭建桥梁。"一带一路"强调各国的平等参与、包容普惠，主张携手应对世界经济面临的挑战，开创发展新机遇，谋求发展新动力，拓展发展新空间，共同朝着构建人类命运共同体方向迈进。

丝绸之路是人类互联互通历史中一段体现和平合作精神的共同宝贵记忆，而"一带一路"建设继承了以"和平合作、开放包容、互学互鉴、互利共赢"为核心的丝路精神，进一步实现了全球的互联互通、文明共享。世界历史发展到今天，各国间的相互联系已经变得空前紧密。"一带一路"建设正向更高水平、更高质量发展，致力于推动实现世界各国的现代化，推动人类互联互通迈向新高度。

结　语

一

　　丝绸之路是世界文明史上最壮丽的篇章，是人类所走过的最华美的"路"，丝绸之路繁荣发展的历史，就是人类文明繁荣发展的历史。其本质是文明交流之路，是文明对话之路。人类文明从诞生之日开始，就从未停止向外寻找对话和交流。丝绸之路就是为各民族、各文化间展开交流与对话而开辟的大通道，是各民族共同努力的结果。在沟通东西方文明，实现欧亚大陆各民族物质、技术、宗教、艺术文化交流方面，具有无可比拟的重要性。

　　丝绸之路是不断发展着的，这种发展既有纵、横向的延伸，也有交流内容的丰富与扩大，但丝绸之路发展的根本原因在于科学技术水平特别是交通技术的更新与提高。每一次的交通革新都加快着人类前进的脚步，延伸走向更远的路。随着丝绸之路的延伸，人们对于外部世界的认知不断扩大，产生走向更遥远世界的动力和愿望。

　　丝绸之路最初是因为商贸活动而开辟的。商贸活动以及追求商业利润是人类开辟道路交通的最初和最持久的动力，商旅是丝绸之路上人数最多、延续时间最长，同样也是贡献最大的一个群体。正是因为这些商人持续千百年行走在丝绸之路上，才实现了商品物种的大交换。中国的丝绸、茶叶、瓷器以及丰富精美的物产源源不断地传播到世界各地，西方的香料、玻璃和其他奇珍异宝也源源不断地被输入中国。但丝绸之路更重要的价值体现在文明的交流对话。

交流互鉴正是文明发展的要义，而丝绸之路的文化意义，在于为人类文明的发展提供了交流互鉴的重要载体。对于任何一个民族来说，文化要保持其生机勃勃的活力，更好地持续发展，必须拥有健全的开放机制，通过吸收其他文明的先进成果，来补充、丰富并发展自己。所谓人类文明，是各个民族的共同创造，这其中有各自的独创性，也有相互的补充和启发，以及文化间的激励和推动。

不同文化的交流过程常常表现为一种复杂的多层次的模式，表现为一种持续运动着的各个部分相互作用的模式。两种文化相遇、交流，对双方都会产生刺激、激励和影响，并引起一定的反应。虽然相互作用的方向和效果可能并不是一致的，甚至是相反的，但是只要参与了这样的交流，就会有互动、变化和影响。外来文化进入之后，经过当地本土文化的"选择"和"解释"，被"接受"到本土文化之中，与原有文化相融合，逐渐成为其民族文化的一部分。这种"民族化"的过程，便是对外来文化选择、解释、吸纳的过程，也是外来文化对原有文化发生实际影响的过程。好比佛教的中国化，佛教与中国文化相遇、会通、融合而逐渐实现中国化，中国文化也部分地受佛教文化所影响，从而使中国传统文化的内涵得到充实和丰富，形成中华文化生命的共同体。这个经验是成功的，在世界文化交流史上也是一个具有启发意义的实例。

二

丝绸之路的历史漫长而悠久，是世界文化发展的共同记忆，为我们留下了宝贵的物质和精神遗产，在现代世界中仍具有十分重要的价值。

各民族文化通过丝绸之路建立起广泛的联络体系，成为世界文化总体格局中的一部分，获得世界文化的意义。所谓世界文化，正是各民族文化共同创造发展而形成的。许倬云曾提出一个文化发展的"网络体系说"，认为中国文化的发展有它的"体系结构"，在空间的平面上，中国的各个部分，由若干中心地区放射为枝形的连线，这些连线，又因接触日益频繁，编织成一个有纲有目的网络体系。几个地区的网络体系，因为体系的扩大，逐渐连接重叠，成为庞大的体系。中国的道路系统，经过数千年的演变，将中国整合为一个整体。丝绸之路于世界文化的意义也是如此。千百年来丝绸之路建立的"网络体系"，使各民族文化因接触与交往，走向更大的整合，合成全球性的体系。

丝绸之路的重要价值还在于给予我们一种历史观和文化观。以丝绸之路的历史观和文化观来认识我们的历史和文化史，就能看到，即便在遥远的古代，世界上的各民族、文化之间也不是封闭隔绝的。总结以丝绸之路为中心的中外文化交流历史，能够发现，尽管中华文化从文明发端开始是在一个相对封闭的环境中独自创生的，是在少受外来文化因素影响下创造的原生型文化，但是在其早期的文化形态中已显现出与其他民族文化联系的某些信息和线索。在很早的时候，我们的先人便为走向世界付出了巨大的努力。历代行人不畏艰难险阻，越关山、渡重洋，与各国各族人民建立起多方面的联系，搭起友谊桥梁。在这期间，中华民族参与着世界文化的历史发展进程，海外其他民族所创造的优秀文化成果也充实、丰富着中华文化的内容，激励并促进中华文化的繁荣发展。

总的来说，世界眼光、世界意识，就是丝绸之路赋予我们的历史观和文化观。以这样的历史观、文化观来看待世界历史和人类文明，我们的眼界就更开阔了，得以从全人类文明发展的大图景中审视我们自身的历史文化。中华文化与其他民族文化交流的历史，可说是中国人不断向外开拓的历史，是一代一代中国人不断走向世界的历史。

从全球视野和互动视角来考察历史，丝绸之路历史所展现的是各民族文化之间的互动，研究丝绸之路历史也是大范围的文明互动研究。互动乃人类社会组织的存在形式以及世界历史发展的动力，某个地区的发明创造可以在世界范围内引起连锁反应，产生远距离或间接互动。这种互动在于文明之间的相遇、联结、交流和影响。在这种互动成长中，中华文化得以博大精深，也为不同文化进一步交流和融汇提供了

现实可能性。如果以这样的历史观、文化观来看待中华文化
的发展历史，我们就可以获得新的认识、新的知识和新的理解。

　　丝绸之路给予我们的，还在于其锻造的文化精神。丝绸
之路所呈现的欧亚大陆上各民族文化交流的大场景，给我们
以启示，每个民族都不是独自生存的，每一种文化也都不是
孤立成长的，它们从一开始就是交流对话的成果。和平合作、
开放包容、互学互鉴、互利共赢就是丝绸之路的根本文化精
神，是其本质意义所在。通过丝绸之路，各民族间相互沟通、
相互了解，各文化之间相互渗透、相互融合，使作为整体的
人类有了更多的共同语言，进而塑造出共同的价值基础。正
因如此，丝绸之路培育锻造了文化的开放包容精神。在丝绸
之路的历史中，中华民族对其他民族的文化成果都抱着积极
欢迎和学习吸取的态度。在自身的成长过程中，中华文化形
成了健全的传播和接受机制，中华文化是在与世界各民族文
化的广泛交流中成长起来的，中华文化的开放性和包容性，
使其文化系统处于一种"坐集千古之智""人耕我获"的佳境，
使整个机体始终保持旺盛的生命力。

　　历史漫长而内容丰富的丝绸之路史，是世界文化发展历
史上一个奇伟壮丽的文化景观。解读这个巨幅的历史画卷，
总结中国与其他民族文化交流互动的历史经验，对于认识中
华文化的特性与品质，对于理解中华文化的民族性和世界性
内涵，对于展望中华文化和世界文化面向全球化时代的发展
前景，都有着有益的启发与思考价值。

三

丝绸之路与人类文明发展共生，促使人类文明真正成为"世界的""全球的"文明，为人类留下互联互通、文明共享、开放包容的宝贵精神财富。其文化价值和历史影响，仍然体现在我们今天的生活中，丝绸之路孕育的文化精神至今鼓励着我们。先辈的荣光和智慧，给我们以激励，给我们以营养，我们仍然行走在丝绸之路开辟的人类文明发展的大道上。丝绸之路曾塑造了世界的过去和今天，也将塑造世界的未来。

近几十年现代科学技术飞速发展，互联网和全球化趋势将整个世界真正联结成一体，进入新的全球化时代，同时也开启了新的世界历史变革。在全球化进程中，国家间在政治、经济、军事和文化领域等多层次多方面相互依存、相互渗透，整个人类社会正形成一个相互感应、相互制约的整体，整个人类也面临着共同的命运和考验。

随着全球化的发展，人们的世界观也发生了根本性的变化。这种改变，不仅包含对未来的展望，也包含对传统的回归。在这历史变革的浪潮中，我们从丝绸之路孕育的文化精神中获得新的灵感和智慧。

如今，各国学者都关心在现代科学技术革命和全球化条件下的世界文化走向问题，讨论未来世界文化的可能性。共建"一带一路"倡议，深刻阐释了丝绸之路精神的丰富内涵，全面描绘了建设和平、繁荣、开放、创新、文明世界的美好前景。我们完全可以从古丝绸之路中汲取智慧和力量，本着和平合作、开放包容、互学互鉴、互利共赢的丝绸之路精神推进合作，共同开辟更加光明的前景。

从"丝绸之路"到共建"一带一路"，是全球化时代背景下对文明交流与互鉴认识的深化，是文明对话与互动的新发展，更是对全人类文明愿景的新展望。在现代世界新的政治经济和文化格局中，共建"一带一路"为古老的丝绸之路精神赋予了新的时代内涵，使其焕发出新的生机，这种生机正不断为中华文化乃至世界文化的繁荣发展，贡献出新的智慧和力量。

附　录

一、丝绸之路史事年表

公　元	中国纪年	事　项
距今10万年前		宁夏水洞沟旧石器时代晚期遗址，发现其中有属于西方莫斯特文化的勒瓦娄哇石器。一些学者将西方石器技术向东传播的途径称为"史前石器之路"。
距今7000—5000年		仰韶彩陶文化可能与西方的彩陶文化有一定的联系，中国考古学家裴文中提出存在"史前丝绸之路"，李济提出"彩陶之路"概念。
距今6000—5000年		原产于中国的粟和黍传播到欧洲。
距今约5000年		东亚大陆地区的一些原始族群开始向东南亚地区迁徙。 原产于中国的水稻传播到印度支那和东南亚地区。 起源于西亚的羊和黄牛引入中国。
距今4000年前		起源于西亚的小麦传入中国。 和田玉进入中原，形成一条从西域到中原的"玉石之路"。

公　元	中国纪年	事　项
前2000年左右		西亚、中亚、东亚之间形成"青铜之路"。 齐家文化作为早期丝绸之路的中转站，是东西方文明最早接触的中介。
约前13世纪	商代晚期	驯养的家马引入中国。
前1066年		周武王灭商，箕子率5000人移民朝鲜。
前960年	周穆王十七年	周穆王"西征昆仑丘，见西王母"。
前7世纪		齐桓公发动"尊王攘夷"运动。 西方的制铁技术进入中国北方。
前6世纪		古波斯大流士修建"王家大道"。
前5世纪		希罗多德在《历史》中论述了"斯基泰贸易之路"。
前329年	周显王四十年	亚历山大大帝东征大军抵达中亚地区，建立了"极边亚历山大里亚"。
前210年	秦始皇三十七年	徐福东渡日本。
前177—前176年	汉前元三年至四年	匈奴人进攻月氏，月氏人大部分西迁。前173—前160年，月氏人再度西迁至阿姆河北。
前138年	汉建元三年	张骞带领向导、随员等100多人，从长安出发，出使大月氏。
前134—前130年	汉元光元年至元光五年间	西域康居来汉朝"纳贡"。
前126年	汉元朔三年	张骞回到长安。张骞出使西域，史称"凿空"，为中外关系史上大事件。

公元	中国纪年	事 项
前121年	汉元狩二年	霍去病进征河西，打通了河西走廊。汉设武威郡、酒泉郡。
前119年	汉元狩四年	张骞第二次出使西域，到乌孙国。张骞还分别派遣副使到大宛、康居、大月氏、大夏、安息、身毒、于阗及其邻近国家。
前115年	汉元鼎二年	张骞回长安，乌孙国王派遣数十名使臣随行赴长安，此为西域使者首抵中原。
前111年	汉元鼎六年	汉设张掖郡。
前102年	汉太初三年	李广利攻大宛，获宝马3000匹。
前88年	汉后元元年	汉设敦煌郡。
前60年	汉神爵二年	汉始设西域都护府。
前2年	汉元寿元年	大月氏王使臣伊存口授佛经，为佛教传入汉地之始。这是佛教史上的一个重大事件。
65年	汉永平八年	传说汉明帝感梦，遣使西域求法，永平十年(67)，天竺沙门迦叶摩腾和竺法兰二人，带经像到洛阳。
69年	汉永平十二年	东汉"始通博南山，度兰仓水"，建置永昌郡，"中印缅道"由此打通。
73年	汉永平十六年	班超率36名壮士再通西域。
91年	汉永元三年	东汉重设西域都护。匈奴人离开漠北单于庭，开始西迁，到4世纪70年代出现于东欧。

公　元	中国纪年	事　项
97年	汉永元九年	甘英出使大秦，穷临西海而还。
1世纪中叶		一位住在埃及的希腊水手著《爱利脱利亚海周航记》，记述了西方商船往来于红海、波斯湾和印度东西沿岸的航线。
147年	汉建和元年	安息僧安世高到洛阳。
166年	汉延熹九年	大秦王安敦遣使自日南徼外献象牙、犀角、玳瑁。
167年	汉永康元年	大月氏僧支娄迦谶到洛阳。
2世纪		埃及地理学家托勒密著《地理学》，记载了通往东方的贸易路线，是西方古典作家首次对"丝绸之路"的记载。
226年	吴黄武五年	孙权接见大秦贾人秦论。吴交州刺史吕岱派中郎将康泰和宣化从事朱应出使南海诸国，分别撰《吴时外国传》和《扶南异物志》。
247年	吴赤乌十年	康僧会从交趾到建业，从事传教和译经活动。
250年	魏嘉平二年	印度僧昙柯迦罗到洛阳。
260年	魏景元元年	朱士行到于阗国，得《大品般若经》梵本。他将抄本派弟子送回国内。朱士行是中国西行求法第一人。
3世纪		养蚕植桑技术传入西域。
306—310年	晋光熙元年至永嘉四年	葛洪往扶南旅行。

公　元	中国纪年	事　项
310年	晋永嘉四年	西域僧佛图澄到洛阳。
383年	前秦太元八年	前秦苻坚派遣骁骑将军吕光带兵远征西域。
399年	晋隆安三年	法显从长安出发，到天竺求法。晋义熙八年（412）回国，前后共走了30余国，历经13年。
401年	后秦弘始三年	鸠摩罗什被迎来长安，从事译经。
404年	后秦弘始六年	释智猛赴西域求法。在当时西行求法僧侣中，他在天竺停留最久，加上往返时间共计20多年。
437年	北魏太延三年	董琬出使西域。
424—452年	北魏太武帝年间	大月氏人将玻璃制造方法传入中国。
435年	宋元嘉十二年	中印度僧人求那跋陀罗，由海路来到建康。
440—450年	北魏太平真君年间	北魏使者韩羊皮到达萨珊波斯。
5世纪		中国的养蚕缫丝技术传入波斯。
518年	北魏神龟元年	沙门惠生、使者宋云奉命赴印度寻求经律，北魏正光二年（521）携梵本归至洛阳。
520年	梁普通元年	印度僧人菩提达摩到达广州。
547年	梁太清元年	拜占庭作家科斯马斯著《基督教世界风土志》。
548年	梁太清二年	印度僧人真谛由海路至建康。

公 元	中国纪年	事 项
568年	北周天和三年	龟兹音乐家苏祇婆随突厥公主到中原,传播龟兹乐律"五旦七声"。突厥使团到达拜占庭君士坦丁堡。
600年	隋开皇二十年	日本第一次遣使隋朝。
605年	隋大业元年	韦节出使西域,撰《西蕃记》。
607年	隋大业三年	常骏出使赤土国,撰《赤土国记》2卷。
608年	隋大业四年	裴矩撰《西域图记》3卷。隋炀帝西巡,"高昌王、伊屯设等及西蕃胡二十七国,盛服珠玉锦罽,焚香奏乐,歌舞相趋,谒于道左"。
629年	唐贞观三年	玄奘西行求法,游学于印度17年,贞观十九年(645)回到长安。撰《大唐西域记》。
630年	唐贞观四年	日本第一次正式派出遣唐使,长达264年的遣唐使活动自此开始。
640年	唐贞观十四年	唐平定高昌国,立为西州,置安西都护府。葡萄酒酿造技术引入中国。
641年	唐贞观十五年	唐文成公主入藏,从长安到拉萨再到加德满都至中印度的"中印藏道"全线成为通道。中天竺摩揭陀国国王尸罗逸多(戒日王)派使者到长安,此后两国有了外交关系。

公 元	中国纪年	事 项
643年	唐贞观十七年	朝散大夫卫尉寺垂上护军李义表为正使，融州黄水县令王玄策为副使的使团出使印度。此为王玄策第一次出使印度，他共3（或4）次出使印度。撰《中天竺国行记》10卷。
647年	唐贞观二十一年	王玄策第二次使印，请得摩揭陀国摩诃菩提寺石蜜匠及僧8人入唐，引进印度饼块糖石蜜制法。
651年	唐永徽二年	大食使者初次来到长安。
657年	唐显庆二年	唐平定西突厥，后置北庭都护府，在西域各地建立都督府、州。丝绸之路全线畅通。
661年	唐龙朔元年	请来印度制糖专家，引进印度砂糖制法。
668年	唐总章元年	五天竺国遣使于唐。
671年	唐咸亨二年	义净西行求法，延载元年（694）回到广州。撰《大唐西域求法高僧传》和《南海寄归内法传》。
674—676年	唐上元年间	达奚弘通奉使泛海西行，横渡印度洋，途经36国，抵达今阿拉伯半岛南部，著《海南诸蕃行记》（一作《西南海诸蕃行记》）1卷。
716年	唐开元四年	"开元三大士"之一善无畏到长安。
718年	唐开元六年	瞿昙悉达译天竺《九执历》。

公　元	中国纪年	事　项
719年	唐开元七年	"开元三大士"中的金刚智和不空到广州，翌年到长安。
723年	唐开元十一年	新罗僧慧超离开唐朝赴印度，唐开元十五年（727）冬回到中国。著《往五天竺国传》3卷。
751年	唐天宝十年	怛罗斯战役。造纸术正式传入阿拉伯地区。
753年	唐天宝十二年	鉴真第六次东渡日本始获成功。
762年	唐宝应元年	杜环在大食境内流寓十多年后返回唐朝，撰《经行记》。
785年	唐贞元元年	杨良瑶率使团经过海路出使黑衣大食。
789年	唐贞元五年	僧法界（悟空）在西域天竺游历40年后回到洛阳，撰《悟空入竺记》。
801年	唐贞元十七年	贾耽作《海内华夷图》，后撰《皇华四达记》10卷，记唐"入四夷之路，与关戍走集最要者"，有通道7条。
802年	唐贞元十八年	骠国王子舒难陀率乐团来朝献乐。
971年	宋开宝四年	宋设置了第一个海外贸易的管理机构"市舶司"。
约983年前后	宋兴国八年	阿拉伯人胡尔达兹比赫撰写《道里邦国志》。
1008年	宋大中祥符元年	埃及船长蒲含沙从杜米亚特港启航赴华。

公 元	中国纪年	事 项
1132年	宋绍兴二年	耶律大石建立西辽。
1178年	宋淳熙五年	周去非撰《岭外代答》。
1219年	宋嘉定十二年，蒙古成吉思汗十四年	成吉思汗率军进行蒙古第一次西征。耶律楚材奉命北出居庸关，赶赴漠北大营晋见成吉思汗，随成吉思汗西征。
1225年	宋宝庆元年	赵汝适《诸蕃志》成书。
1236年	宋端平三年，蒙古窝阔台汗八年	蒙古第二次西征，至1242年结束。
1241年	宋淳祐元年，蒙古窝阔台汗十三年	西征蒙古军使用火枪作战，西方认为这是在战争中首次使用火枪。
1245年	南宋淳祐五年，蒙古乃马真后四年	柏朗嘉宾出使蒙古哈剌和林，1247年秋回到欧洲，著《蒙古史》。
1253年	宋宝祐元年，蒙古蒙哥汗三年	鲁布鲁克出使蒙古哈剌和林，回到欧洲后著《鲁布鲁克东行纪》。蒙哥汗发动第三次西征，到1260年结束。
1267年	元至元四年	札马鲁丁向忽必烈进献《万年历》，并进献西域天文仪器7件。
1271年	元至元八年	元在上都设立回回司天台。马可·波罗启程来中国，1275年抵达上都，1295年回到威尼斯。1298年在狱中由鲁思蒂谦诺笔录《马可·波罗游记》。

公　元	中国纪年	事　项
1277年	元至元十四年	元在泉州、庆元、上海及杭州附近的澉浦等地相继设立市舶司。
1294年	元至元三十一年	孟高维诺抵元大都，受到了元朝皇帝的接见，之后开始传教活动。
1296年	元元贞二年	周达观出使真腊，撰《真腊风土记》。
1304年	元大德八年	陈大震、吕桂孙撰《大德南海志》。
1322年	元至治二年	鄂多立克抵广州，1325年抵达大都，1328年启程回国，口述游历见闻，成《鄂多立克东游录》。
1330—1339年	元至顺元年至元（后）至元五年	汪大渊两次随商船出海，撰《岛夷志略》。
1336年	元（后）至元二年	元顺帝派使团出使罗马教廷。
1342年	元至正二年	马黎诺里到达元大都。
1346年	元至正六年	伊本·白图泰抵达中国，著有《异域奇闻揽胜》（《伊本·白图泰游记》）。
14世纪中叶		帖木儿在中亚地区建立的帝国，阻隔了中西丝绸之路的交通。
1405年	明永乐三年	郑和第一次下西洋。郑和下西洋共7次，历时30年。
1434年	明宣德九年	巩珍完成《西洋番国志》。
1436年	明正统元年	费信完成《星槎胜览》。

公 元	中国纪年	事 项
1451年	明景泰二年	马欢完成《瀛涯胜览》。
1453年	明景泰四年	土耳其军队攻陷君士坦丁堡，控制了红海、波斯湾和黑海通往地中海的交通线。
1486—1488年	明成化二十二年至弘治元年	迪亚士率领的探险队航达好望角。
1492年	明弘治五年	哥伦布船队横渡大西洋，到达中美洲。
1498年	明弘治十一年	达·伽马率领的葡萄牙舰队绕过好望角，到达印度，开辟了欧洲通往亚洲的航线，葡萄牙的商船开始了通往东方的航行。
1511年	明正德六年	葡萄牙人占领满剌加，从此满剌加成为欧洲人进入东方的重要前哨阵地。
1513年	明正德八年	葡萄牙人首次到中国贸易。
1519—1521年	明正德十四年至十六年	麦哲伦船队进行了人类历史上第一次环球航行。
1553年	明嘉靖三十二年	葡萄牙人获得了在澳门的居留权。
1573年	明万历元年	有两艘马尼拉大帆船驶往墨西哥，从此开始了长达两个半世纪的马尼拉大帆船贸易。
1583年	明万历十一年	利玛窦至肇庆，开始在中国大陆正式进行传教活动。

公 元	中国纪年	事 项
1600年	明万历二十八年	英国成立东印度公司，取得对东方贸易的垄断权。
1602年	明万历三十年	荷兰组建东印度公司。
1606年	明万历三十四年	第一批中国茶叶运到荷兰，被认为是茶叶第一次作为商品进口到欧洲。
1684	清康熙二十三年	康熙皇帝发布谕令，正式宣布"开海"政策。
1757年	清乾隆二十二年	实行广州"一口通商"体制。
1877—1912年	清光绪三年至中华民国元年	德国学者李希霍芬发表5卷本《中国——亲身旅行的成果和以之为根据的研究》，提出"丝绸之路"的概念。
1967年		日本学者三杉隆敏出版《探寻海上丝绸之路——东西陶瓷交流史》，第一次明确地提出"海上丝绸之路"的概念。
1975年		日本学者前岛信次和加藤九祚合编《丝绸之路事典》，首次提出丝绸之路包括"草原之路"的观点。

二、丝绸之路沿线主要城市

丝绸之路途径中国、阿富汗、乌兹别克斯坦、伊朗、伊拉克、印度、巴基斯坦、土耳其、罗马尼亚、荷兰、意大利等 40 多个国家、100 多个城市，其中重要的有洛阳、长安、兰州、天水、武威、酒泉、敦煌、高昌、哈密、喀什、碎叶镇、怛罗斯、撒马尔罕、喀布尔、木鹿、泰西封、巴格达、安条克、君士坦丁堡等。

洛阳。古称"神都""洛邑""洛京"，地处河南省西部，横跨黄河中下游南北两岸，历史上先后有 13 个王朝在此建都，是中国建都最早、建都朝代最多、建都时间最长的城市。洛阳也是华夏文明的发祥地之一，丝绸之路的东方起点之一。

长安。西安的古称，地处关中平原中部，今陕西省省会，素有"金城千里""天府之国"的美誉，曾有 13 个朝代在此建都，是中国历史上建都朝代最多、影响力极大的都城。长安城布局严谨，规模宏大，是闻名世界的历史名城，与罗马、开罗、雅典并称"世界四大古都"。长安是华夏文明的发祥地之一，丝绸之路的东方起点之一。

兰州。古称"金城"，是甘肃省省会。兰州处于大西北的"十字路口"，接南通北、承东启西，自古就是"联络四域、襟带万里"的交通枢纽和军事要塞，以"金城汤池"之意命名金城，素有"黄河明珠"的美誉。兰州是丝绸之路的重要节点城市，也是重要的交通要道、商埠重镇。

天水。古称"秦州""上邽"，位于甘肃省东南部，因"天河注水"的传说而得名。天水市处于兰州、西安、银川、成都四个省会城市的中点，陇东南交通枢纽，是丝绸之路重要节点城市。

武威。古称"凉州""姑臧""雍州"，地处甘肃省中部，河西走廊东端，东接兰州，是西部重要的交通隘口城市。汉武帝派骠骑将军霍去病远征河西，击败匈奴，彰显大汉帝国的"武功军威"，而命名"武威"。武威地处古丝绸之路要冲，是古代中原与西域的经济枢纽，中原文化和西域文化的融汇传播之地，丝绸之路西段的要隘。

酒泉。地处甘肃省西北部、河西走廊西端，因"城下有泉""其水若酒"而得名，自古就是通往新疆和西域的交通要塞。酒泉市为汉代河西四郡之一，丝绸之路的重镇。

敦煌。位于河西走廊的最西端，地处甘肃、青海、新疆三省区的交汇处，是丝绸之路的重要节点城市，丝绸之路中西交通中转站和西域门户。以敦煌石窟闻名天下，是世界遗产莫高窟和汉长城边陲玉门关、阳关的所在地。

高昌。位于新疆维吾尔自治区东部，地处天山支脉博格达山南麓，吐鲁番盆地中部。汉代高昌为车师前国都城，置戊己校尉主管屯田。唐贞观十四年（640），平高昌，置西州。高昌是与中央政权关系特殊的西域重镇，丝绸之路的重要节点城市。

哈密。位于新疆维吾尔自治区东部，地跨东天山南北，是新疆通往内地的门户，是古丝绸之路上的重镇，也是新疆的"东大门"，有"西域咽喉，东西孔道"之称。哈密是汉代张骞第一次通西域开通丝绸之路的要塞，自汉代之后，即是经营西域的前哨阵地。

喀什。古称"疏勒""任汝""疏附"，位于新疆维吾尔自治区西南部，东临塔克拉玛干沙漠，西部与塔吉克斯坦相连，西南与阿富汗、巴基斯坦接壤，是古丝绸之路的交通要冲。

碎叶镇。故址在吉尔吉斯斯坦托克马克城西南8千米处，唐安西四镇之一，先后归隶于安西、北庭两大都护府。碎叶镇是丝绸之路的重要中转站，在屏卫唐朝的西北边防中起了重要的作用。

怛罗斯。位于今哈萨克斯坦塔拉兹城，唐时归安西都护府管辖。唐天宝十年（751），唐军与阿拉伯军队在这里发生战事，唐军大败。怛罗斯战役是影响中亚历史的重要战役。

撒马尔罕。乌兹别克斯坦第二大城市，是中亚历史悠久的古城之一。唐永徽（650—655）时在康国置康居都督府，故址在撒马尔罕，当时称"撒麻耳干"，是帖木儿帝国的首都。撒马尔罕连接着中国、波斯帝国和印度这三大帝国，是丝绸之路上重要的枢纽城市，被称为"古丝绸之路明珠"。

喀布尔。位于阿富汗东部的喀布尔河谷、兴都库什山南麓，为阿富汗首都，也是阿富汗最大的城市。"喀布尔"在信德语中是"贸易中枢"的意思。喀布尔是丝绸之路上的重镇，是连接中亚和南亚贸易的必经之路，也是东西方文化交流的一个中心。

木鹿。古称"蒙奇""马鲁""麻里兀"，今译"梅尔夫"，是土库曼斯坦的一个绿洲城市。木鹿古城在撒马尔罕和巴格达之间，是古代丝绸之路上的交通要道。

泰西封。故址位于伊拉克首都巴格达东南32千米处，滨于底格里斯河左岸，处于迪亚拉河河口。此地初为帕提亚人对抗塞琉古王朝的驻军之地，后建有城池，采取两河流域常见的城市建筑形制，城墙呈圆形。泰西封是萨珊波斯时的都城之一，也是萨珊波斯最繁华的城市，丝绸之路上的重镇。

巴格达。伊拉克首都，伊斯兰世界历史文化名城。"巴格达"这个名称来自波斯语，含义为"神（bagh）的赠赐（dād）"，旧译"报达""八哈塔"，阿拉伯阿拔斯王朝（750—1258）的都城。巴格达跨底格里斯河两岸，距幼发拉底河仅 30 多千米，处于丝绸之路的交通要道上。

安条克。西亚著名古城，位于叙利亚阿西河下游平原。在罗马帝国时期，安条克是罗马帝国极其繁华的城市之一，在拜占庭帝国国内也是首屈一指的大城市，被称为"东方明珠"。

君士坦丁堡。今土耳其伊斯坦布尔，位于金角湾与马尔马拉海之间的地区，是罗马帝国的历史名城，拜占庭帝国和奥斯曼帝国的首都。在 4 世纪中期到 13 世纪初期，君士坦丁堡是全欧洲规模最大且最为繁华的城市，是地中海东部政治、经济、文化中心。君士坦丁堡位于巴尔干半岛东端，临博斯普鲁斯海峡，扼黑海门户，当欧、亚交通要冲，是沟通东西方的桥梁。

三、丝绸之路中国段的世界文化遗产

在2014年的第38届世界遗产大会上，中国、哈萨克斯坦、吉尔吉斯斯坦三国联合申遗项目——"丝绸之路：长安—天山廊道的路网"获得了成功，丝绸之路被正式列入了《世界遗产名录》。丝绸之路遗产项目涵盖了长安—天山廊道路网中5000千米的路段，东起汉唐时期中国的中心城市长安—洛阳，西到哈萨克斯坦的奇姆肯特，涉及三个国家途中的共33个遗产点，其中，中国共有22个申遗点，分布在河南、陕西、甘肃和新疆4个省区。

汉魏洛阳城遗址。位于河南省洛阳市以东约15千米处，长、宽均达10千米，是位于中华文明起源与发展核心地区的重要古都遗址。汉魏洛阳故城始建于西周，东周、东汉、曹魏、西晋、北魏等朝代相继为都，至唐初废弃，前后达1600余年，其作为都城时间就长达600年。汉魏洛阳故城分为宫城、内城和外郭城三重城圈，面积以北魏时最大，东西宽度和南北长度皆达10千米，总面积达100平方千米；人口以东汉时最多，达101万人，是中国最大的古代都城遗址。汉魏洛阳故城是丝绸之路东端最重要的国际性商贸大都市，是丝绸之路的起点之一。

隋唐洛阳城定鼎门遗址。是7至10世纪洛阳城的南入口及街区遗址，隋初名为"建国门"，唐时更名"定鼎门"。定鼎门为一门两阙格局，双阙与主城门楼呈"一"字形对称平行分布，门楼与阙台之间有飞廊连接，其门道的宽度和进深为隋唐两京郭门之最。定鼎门遗址是丝绸之路鼎盛时期洛阳城的代表性遗存，与丝绸之路上繁盛的商贸往来具有密切关联。

新安函谷关遗址。位于河南省洛阳市新安县，是西汉时期的古遗址。汉函谷关是中国历史上建置较早的具有重要军事作用的重要关隘，始建于汉元鼎三年（前114），又称"汉函谷关""汉关"，是洛阳通往西方的"第一门户"，为"洛阳八关"之首、"丝绸之路西行第一关"。

崤函古道石壕段遗址。位于河南省三门峡市，是汉唐洛阳至长安进入古陕州崤山地段道路的总称，是中原通关中、达西域的咽喉要道，也是丝绸之路的干线路段。古道略呈西北、东南向，主要包括石灰岩古道路面和路边蓄水设施，是丝绸之路长期、远距离交通保障体系的珍贵物证。

汉长安城未央宫遗址。位于陕西省西安市汉长安城址西南角，因在长安城安门大街之西，又称"西宫"，是西汉都城最重要的宫殿，汉朝的政治中心和国家象征，西汉200余年间的政令中心。未央宫总体布局呈长方形，四周有围墙，占地面积4.8平方千米，包括未央宫等40多座建筑。未央宫是丝绸之路的东方起点，西汉建元二年（前139），张骞在未央宫领取汉武帝的旨意出使西域，开始了"凿空"之旅。

唐长安城大明宫遗址。位于陕西省西安市太华南路，是中国保存最为完整的皇家宫殿遗址。大明宫初建于贞观八年（634），龙朔二年（662）进行了大规模扩建，唐朝皇帝大多在这里朝寝，为唐帝国200余年间的统治中心。遗址总面积3.5平方千米，平面略呈南北长方形，北半部平面呈梯形，南半部为横长方形，宫墙周长7.6千米，四面共有11座门。大明宫南部为前朝，自南向北由含元殿、宣政殿和紫宸殿为中心组成；北部的内廷中心为太液池。大明宫规模宏大、格局完整，号称"万宫之宫""东方圣殿"，被称为"中国宫殿建筑的巅峰之作"，是当时世界上面积最大的宫殿建筑群。

大雁塔。又名"慈恩寺塔"，位于陕西省西安市雁塔区的大慈恩寺内，是唐永徽三年（652）玄奘为供奉从印度带回的佛像、舍利和梵文经典而建造的一座砖塔。大雁塔是楼阁式结构，塔身呈方形锥体，具有中国传统建筑艺术的风格。大雁塔塔高64米，共7层，塔身枋、斗拱、栏额均为青砖仿木结构，是现存最早、规模最大的唐代四方楼阁式砖塔。

小雁塔。位于陕西省西安南门外大荐福寺遗址内，故又名"荐福寺塔"。小雁塔建于唐景龙年间（707—709），为存放唐代高僧义净从天竺带回来的佛教经卷、佛图等而建。小雁塔之名是大约明代以后出现的对荐福寺塔的俗称。小雁塔由塔基、塔身、塔刹三部分组成，塔身15级（层），现存13层，高43.4米，是唐代密檐式砖塔中的代表建筑。小雁塔和荐福寺钟楼内的古钟合称"关中八景"之一的"雁塔晨钟"。小雁塔与大雁塔同为唐长安城保留至今的重要标志。

兴教寺塔。位于陕西省西安市长安区少陵原畔兴教寺内，是唐代高僧玄奘法师及其弟子窥基和新罗弟子圆测的舍利墓塔。唐总章二年（669）为迁葬玄奘灵骨于今址起塔，总章三年（670）建寺，全称"大唐护国兴教寺"。兴教寺为佛教法相宗（又称"唯识宗""慈恩宗"）祖庭之一，兴教寺塔即唯识宗的三位祖师墓塔，在佛教传播史和中印文化交流史上具有重要地位，是中国现存最古老的楼阁式塔。

张骞墓。位于陕西省城固县博望镇，是西汉丝绸之路开辟者张骞的墓葬。汉元鼎三年（前 114），张骞病逝于长安，归葬于故里陕西省城固县博望镇。

彬县大佛寺石窟。位于陕西省彬县城西 10 千米西兰公路旁的清凉山脚下。大佛寺石窟南依清凉山，坐落在蜿蜒 400 米长的陡峭崖面上。全寺共有 116 个大小石窟，446 个佛龛，大小造像 1980 余尊。其中"大佛洞"是全寺的中心，也是该寺最大的洞窟，是唐太宗为纪念在他指挥的彬州浅水原大战和五龙极大战中阵亡的将士而建，初名"应福寺"，完工于贞观二年（628），是中国现存唐太宗时期规模最大、最为精美的一所洞窟，因其中雕刻的高达 20 米的大坐佛而得名。唐代泥塑大佛为长安及周边地区规模最大，体现了石刻大佛艺术自西域东传及在关中地区的流行。

悬泉置遗址。位于甘肃省敦煌市安敦公路甜水井道班南侧 1.5 千米处的戈壁荒漠中，因出土的汉简上书"悬泉置"三字而定名。悬泉置是汉唐年间安西与敦煌之间往来人员和邮件的一大接待、中转驿站。这里东去安西 56 千米，西去敦煌 64 千米。遗址由主体建筑坞堡和坞外附属建筑仓、厩构成。悬泉置出土简牍 2.1 万余枚，形制有简、牍、觚、封检、削衣等。纪年简最早是汉太始三年（前 94），最晚为汉永元十三年（101）。

玉门关遗址。玉门关俗称"小方盘城"，位于甘肃省敦煌市西北约 102 千米处，是公元前 2 世纪至公元 3 世纪汉帝国设立在河西走廊地区西端最重要的关隘遗存。玉门关与阳关并为汉代西陲两关，是丝绸古道西出敦煌进入西域北道和中道的必经关口，自古为中原进入西域之门户。玉门关遗址以小方盘城遗址为中心呈线性分布，重要的三处遗址点包括：小方盘、汉长城遗址和大方盘遗址。大方盘又称"河仓城"，距小方盘约 10 千米，是古代中国西北长城边防至今存留下来最古老的、规模较大的、罕见的军需仓库。作为丝绸之路上至今保存最好、类型最完整、规模足够大的关隘遗存，其见证了汉代大型交通保障体系中的交通管理制度、烽燧制度与长城防御制度，及其对丝绸之路长距离交通和交流的保障。

麦积山石窟。位于甘肃省天水市麦积区。麦积山位于秦岭西端北侧，是小陇山中的一座孤峰，高142米，因山形似农家麦垛而得名。麦积山石窟与莫高窟、龙门石窟、云冈石窟并称"中国四大石窟"，被誉为"东方雕塑馆"。麦积山石窟始建于后秦（384—417），大兴于北魏明元帝、太武帝时期，孝文帝太和元年（477）后又有所发展。麦积山石窟窟龛凿于高20—80米、宽200米的垂直崖面上，现存有窟龛198个，其中东崖54窟、西崖140窟，泥塑、石胎泥塑、石雕造像7800余尊，最大的造像东崖大佛高15.8米，壁画1000余平方米。因位居丝绸之路要冲的地理位置，麦积山石窟既受到来自西域的影响，同时也受到中原地区以及南方地区文化的影响，并形成了独具特色的雕塑和壁画艺术风格。麦积山石窟见证了佛教沿丝绸之路传播过程，也见证了西域制作大型佛像的传统沿丝绸之路向东传入中原的开始。

锁阳城遗址。位于甘肃省酒泉市瓜州县锁阳城镇，亦称"瓜州古城""苦峪城"，是集古城址、古墓葬、古垦区等为一体的古文化遗存地。锁阳城始建于晋，兴于唐，其他各代都不同程度地重修和利用过，其形制保存了典型的唐代古城风格，是扼守丝绸之路交通咽喉的要塞。锁阳城按结构可分为内、外两城，城内留有大量土台、房屋及其他建筑物遗迹。内城的标志性建筑是锁阳城的塔尔寺，建于隋唐，是丝绸之路上的一座高等级寺院。遗址区保存了古代军事防御系统和烽燧信息传递系统，是中国目前保存完好的汉、唐、西夏古城之一。

炳灵寺石窟。位于甘肃省临夏回族自治州永靖县西南 35 千米处的小积石山中。炳灵寺处于古丝绸之路南线的必经之道上，位于黄河岸边，其上游是著名的临津渡，下游是名声更大的凤林关，炳灵寺石窟前有一座桥横跨黄河连接两岸，叫"天下第一桥"，丝绸之路、唐蕃古道、茶马古道都从此桥经过。炳灵寺石窟初建于十六国时期的西秦，历经以后各代扩建，最早叫作"唐述窟"，是羌语"鬼窟"之意。明永乐年后，取藏语"十万佛"的译音称作"炳灵寺"或"冰灵寺"。炳灵寺分为上寺、下寺、洞沟三部分，现存窟龛 216 个，各类造像 800 余尊，壁画 1000 多平方米。最大的唐代弥勒坐佛高达 27 米，最小的雕像高 10 厘米。炳灵寺石窟是中国石雕艺术延续时间最长的石窟之一，因保存有中国石窟最早期、中期和最晚期的壁画和石雕，其内容非常丰富，题材十分广泛，被誉为"中国石窟的百科全书"，在中国石窟艺术中占有非常重要的位置。

高昌故城。位于东天山南麓、吐鲁番盆地北缘的木头沟河绿洲上，距新疆维吾尔自治区吐鲁番市区以西 30 多千米。高昌故城先后作为汉晋时期戊己校尉治所（称"高昌壁"）、南北朝至隋唐时期的高昌郡和高昌国国都、唐代的西州和高昌县、宋元时期的高昌回鹘王国的国都，直至 14 世纪被废弃，共沿用 1400 余年。城址由周长 5440 米的城墙围合，占地约 198 公顷，平面呈不规则方形，呈现为外城、内城和"可汗堡"三重格局。主要遗存包括城墙、城门、城濠以及城内大量宗教建筑遗址和房屋遗址，出土宗教文物、多种语言文书、生活用品、建筑构件等文物。高昌故城是丝绸之路沿线吐鲁番盆地的第一大中心城镇，汉唐等中原王朝通过设置郡、州、县等建置，对丝绸之路的开创与繁荣起到重要的推动和保障作用。

交河故城。位于新疆维吾尔自治区吐鲁番市以西约 13 千米的亚尔镇，吐鲁番市西郊 10 千米雅尔乃孜沟两条河交汇处 30 米高的黄土高台上。这里是古代西域三十六城郭诸国之一的车师前国都城，是该国政治、经济、军事和文化中心。故城保存得非常完整，建筑全部由夯土版筑而成，形制布局则与唐代长安城相仿。交河故城是世界上最大最古老、保存得最好的生土建筑城市，也是中国保存两千多年最完整的都市遗迹，唐西域最高军政机构安西都护府最早就设在交河故城。

克孜尔尕哈烽燧。位于新疆维吾尔自治区阿克苏地区库车市西北，盐水沟河谷的东岸一戈壁台地上，距库车市 12 千米，烽燧东北距克孜尔尕哈石窟约 1 千米，"克孜尔尕哈"意为"红色哨卡"。克孜尔尕哈烽燧始建于汉宣帝年间。唐朝在汉代修建的烽燧的基础上，又营建了部分烽燧、驿站。克孜尔尕哈烽燧位居丝绸之路北道的黄金地段，是汉唐时期长城防御体系中的一个重要组成部分，是古丝绸之路北道上时代最早、保存最完好的烽燧遗址。

克孜尔石窟。位于新疆维吾尔自治区拜城县克孜尔乡东南 7 千米明屋塔格山的悬崖上，属于龟兹古国的疆域范围，是龟兹石窟艺术的发祥地之一，其石窟建筑艺术、雕塑艺术和壁画艺术，在中亚和中东佛教艺术中占极其重要的地位。龟兹古国地处古丝绸之路上的交通要冲，曾经是西域地区政治、经济和文化的中心，也是"西域佛教"的一个中心，是佛教传入中原的一个重要桥梁。克孜尔石窟现有石窟 349 个，壁画近 1 万平方米。石窟开凿于 3 世纪，在 8 至 9 世纪逐渐停建。

苏巴什佛寺遗址。又称"昭怙厘大寺"，位于新疆维吾尔自治区库车市东北却勒塔格山南麓。苏巴什古寺为魏晋时代的佛寺遗址，是龟兹王国内著名佛寺之一，至隋唐达到繁盛，僧侣曾多达万人，龟兹高僧鸠摩罗什曾在此开坛讲经，唐玄奘西去天竺取经路经此地。遗址东、西两寺分布于铜厂河东西两岸，隔河相望。现东寺已毁，仅存庙塔。西寺遗址大部分保存较好，主要由北、中、南三塔，佛殿和南部寺院组成。整个遗址以佛塔为中心，四周建有庙宇、洞窟、殿堂、僧房等建筑物。

北庭故城遗址。位于新疆维吾尔自治区吉木萨尔县城正北 12 千米，唐代北庭大都护府治所遗址，是北疆的重要交通枢纽和贸易中转站，古代丝绸之路北道必经之地。两汉时，此地为车师后部王庭所在地金满城。唐贞观十四年（640）讨平高昌后，经其地设庭州，发展成为天山北麓的政治、军事和文化中心，有重兵驻守。武后长安二年（702）在此设北庭都护府，下辖金满、轮台、蒲类（后改后庭）、西海 4 县，与安西都护府以天山为界分疆而治。景龙二年（708）升为北庭大都护府，辖天山以北及巴尔喀什湖以东、以南，西达咸海广大地区的军政事务。

除了"丝绸之路：长安—天山廊道的路网"所包含的上述 22 处世界文化遗产之外，丝绸之路上还有一处重要的文化遗产，即**莫高窟**。莫高窟坐落于甘肃省敦煌市。它的开凿从十六国时期至元代，前后延续约 1000 年。莫高窟现有洞窟 735 个，南区 492 个洞窟是莫高窟礼佛活动的场所，窟内绘、塑佛像及佛典内容；北区 243 个洞窟主要是僧人和工匠的居住地，内有修行和生活设施土炕坑、烟道、壁龛、灯台等。窟内保存壁画 4.5 万多平方米，彩塑 2400 余尊，唐宋木构窟檐 5 座。敦煌莫高窟是中国古代文明璀璨的艺术宝库，是古代丝绸之路上曾经发生过的不同文明之间对话和交流的重要见证。敦煌莫高窟与山西大同云冈石窟、河南洛阳龙门石窟并称"中国三大石窟"。1987 年，敦煌莫高窟作为世界文化遗产被列入《世界遗产名录》。

四、丝绸之路人物志

周穆王（约前 1026—前 922），名满，周朝第五代君主。曾西击犬戎，俘获五王，并将部分犬戎迁徙到太原（今甘肃镇原一带），打通周人往西北的道路。他曾两次"西狩"，行至西域地方，最早开始了官方对通往西域的丝绸之路的探索。

大流士一世（Darius I the Great，约前 522—前 486），古代波斯帝国第三代君主。他重新打通了东起西亚、印度河，西到波斯湾、红海、里海、爱琴海、东地中海乃至非洲的通道，而且将亚洲的道路，跨越博斯普鲁斯海峡，向西延伸到了欧洲。大流士一世以帝国的 4 个都城（帕塞波利斯、苏萨、埃克巴坦那和巴比伦）为辐射中心，在原来道路的基础上，修筑了覆盖全帝国的驿道网，其中最大最著名的干线是帝国西部的"王家大道"。

亚历山大大帝（Alexander the Great，前 356—前 323），古代马其顿国王。他通过远征东方的行动，建立了一个地跨欧、亚、非三洲的帝国，开辟了进行贸易交流的新道路，使丝绸之路西段（帕米尔以西）的道路实际上已经开通。他在东方建立的几十座城市，都逐渐发展成为商业中心。

阿育王（Asoka，约前 304—前 238），意为"无忧王"，古代印度孔雀王朝第三代君主。他向各地派出许多使团宣传佛教，从此佛教开始分别向南和向北，在印度以外的一些国家和地区，如缅甸、斯里兰卡以及中亚、西域一带传播。

张骞（前164—前114），西汉著名外交家。汉建元三年（前138），张骞奉汉武帝之命出使西域，联络大月氏共击匈奴，历13年而还，拜大中大夫，封博望侯。元狩四年（前119），张骞再次出使西域，至乌孙，并遣副使到大宛、康居、大月氏、大夏、安息、身毒、于阗及其邻近国家。他们回国时也带回了许多所到国家的使者。"于是，西北国始通于汉矣"。他两次出使西域，建立了汉朝与西域国家的官方联系，加强了中原与西域的联系，开辟了与西域交通的正式通道。张骞被认为是丝绸之路的开拓者。

卫青（？—前106），西汉将领，汉元光六年（前129）拜车骑将军，后拜大将军，封长平侯。卫青前后七次征匈奴，取得了对匈奴的决定性胜利，收复河朔、河套地区，控制了河西走廊，"自盐泽以东，空无匈奴，道可通"，为北部疆域的开拓和丝绸之路的畅通做出了重大贡献。

霍去病（前140—前117），西汉将领，卫青的外甥，初从大将军卫青击匈奴，功盖全军，封冠军侯，元狩二年（前121）拜为骠骑将军，两次出陇西击匈奴，进而控制河西地区，打通了通往西域的道路。霍去病前后六次征讨匈奴，多有建树，解除了匈奴对汉朝的威胁。

李广利（？—前89），西汉将领。西汉太初元年（前104），汉武帝以其为贰师将军，率军攻打大宛，无功而返；太初三年（前102），李广利率精兵6万再次远征大宛，凯旋，获3000匹汗血马，封海西侯。由于远征大宛的成功，"匈奴失魄，奔走遁逃"，丝绸之路得以顺利开通。

细君公主（？—前101），西汉江都王刘建之女。汉元封六年（前105），汉与西域乌孙国和亲，汉武帝以其为公主，嫁乌孙王猎骄靡为右夫人。细君公主出嫁时，汉"赐乘舆服御物，为备官属宦官侍御数百人，赠送甚盛"。后从乌孙国俗，再嫁猎骄靡孙军须靡。

解忧公主（前121—前49），西汉楚王刘戊的孙女。细君公主去世后，汉武帝以其为公主，将其嫁于乌孙国王军须靡。军须靡死后，从乌孙国俗，嫁其弟翁归靡。解忧公主数次上书，请汉与乌孙攻击匈奴。翁归靡死后，再嫁新王泥靡。甘露三年（前51），与其子孙三人归京师。

王昭君（约前52—前19），西汉元帝时宫女，名嫱，字昭君，竟宁元年（前33），嫁于匈奴呼韩邪单于，封"宁胡阏氏"。呼韩邪单于死后，奉命从匈奴俗，为新王阏氏。王昭君远嫁匈奴，对加强和发展汉朝与匈奴的友好，起到了一定的积极作用。

窦固（？—88），东汉将领，袭父爵封显亲侯。永平十五年（72），窦固拜车骑都尉，出屯凉州。永平十六年（73），窦固与耿忠率12000骑出酒泉塞至天山，击匈奴呼衍王，追至蒲类海（今新疆巴里坤湖）。永平十七年（74），窦固与耿秉率兵出击车师，迫降前后车师王，沉重打击了车师地区的北匈奴势力。

班超（32—102），东汉时期军事家、外交家。永平十六年（73），班超为假司马，从窦固击匈奴，奉命与从事郭恂率吏士36人出使西域，平定西域城郭诸国的内乱，将匈奴的势力再次赶出西域，西域大小50余国均归附东汉。班超决心"愿从谷吉效命绝域，庶几张骞弃身旷野"，任西域都护三十余年，为西域的回归和丝绸之路的畅通做出了巨大贡献。永元七年（95），封班超为定远侯，世称"班定远"。永元十四年（102）八月，班超70岁时，从西域返回洛阳，拜射声校尉。

甘英（生卒年不详），班超属下橼吏，东汉永元九年（97）出使大秦（罗马），通过安息到达波斯湾的条支，受安息人阻滞止步而还，是史书所载第一位到达波斯湾的中国人。

班勇（？—127），班超之子，任军司马时上"西域策"，建议朝廷应以敦煌为基地，设置护西域副校尉，负责与西域各地恢复联系事。延光二年（123）任西域长史，经营通西域、开丝路的事业，收服鄯善，龟兹、姑墨、温宿，击降焉耆，西域诸国复归于东汉朝廷统辖之下，为东汉后期丝路的长期开通奠定了基础。

迦叶摩腾（？—73），中印度人，汉永平十年（67）与竺法兰一起来到洛阳，住白马寺，早期来华的外国僧人之一，编译《四十二章经》。

竺法兰（生卒年不详），中印度人，汉永平十年（67）与迦叶摩腾一起来到洛阳，住白马寺，是早期来华的外国僧人之一，翻译出《十地断结经》《佛本生经》《佛本行经》《法海藏经》等佛教经典。

安世高（生卒年不详），安息人，东汉时经西域到洛阳，译出30余部佛经，数百万言，是重要的译经家。

支娄迦谶（Lokaksema，生卒年不详），大月氏人，汉桓帝末年（167）来到洛阳，是大乘佛教典籍在汉地翻译的创始者。

安玄（生卒年不详），安息佛教居士，汉灵帝末年（178）来到洛阳经商，与严佛调合作，翻译了《法镜经》。

支曜（生卒年不详），可能是大月氏人，东汉时来华，先后译出大小乘经10部、11卷。

昙柯迦罗（Dharmakala，生卒年不详），中天竺人，佛教学者，曹魏时来华，邀集了一批梵僧和胡僧，严格按照佛律，在所住寺院"大行佛法"。中国的佛教戒律是从此时开始的。

仓慈（生卒年不详），三国时魏国官员，太和中（231）出任敦煌太守，抑制豪强，发展农业生产，保护来往的西域使者和商旅，为胡商去内地经商提供方便。结果是"西域人入贡，财货流动"，为丝绸之路的畅通做出了贡献。

朱士行（203—282），三国时魏国名僧，最早西行求法的中原僧人。景元元年（260），朱士行带领一众弟子从雍州出发，通过河西走廊到敦煌，经西域南道，越过流沙到于阗国。他抄写《大品般若经》，派遣弟子弗如檀等人送回洛阳，自己仍留在于阗，后来在那里去世，享年 80 岁。

康僧会（？—280），三国吴名僧。先祖为康居国人，其父原居印度，因经商而移居交趾。吴赤乌十年（247），康僧会由海路抵达建业，推行佛教，孙权为之立建初寺，是江南佛寺之始。他是有史记载的第一个自南而北传播佛教的僧侣。

朱应（生卒年不详），东吴宣化从事，黄武五年（226）与康泰出使南海诸国，远至林邑、扶南诸国，是中国古代有历史记载的、最早航海到东南亚、南亚的旅行家。朱应回国后，著《扶南异物志》1 卷。

康泰（生卒年不详），东吴中郎将，黄武五年（226）与朱应出使南海诸国，远至林邑、扶南诸国，是中国古代有历史记载的、最早航海到东南亚、南亚的旅行家。康泰回国后，著《吴时外国传》。

葛洪（约 283—343/363），东晋著名医学家和道教学者，曾泛海到扶南游历。《太清金液神丹经》记载了他的经历及其南海航行的历程，还记载了扶南等 20 余国之方位、风俗及物产等。

佛图澄（232—348），后赵时期名僧，龟兹人，西晋永嘉四年（310）到洛阳，石勒建立后赵后，佛图澄被尊为大和尚。他建寺数百所，受业弟子前后近万人。

法显（约 337—422），最早到海外取经求法的佛教大师，佛经翻译家，是中国僧人到"西天"（印度）研究佛学的第一人，也是第一位陆上和海上丝绸之路都走过的旅行家，著有《佛国记》。

鸠摩罗什（Kumarajiva，约 344—413），中文译名"童寿"，西域龟兹国人，著名佛教大师，中国古代"四大译经家"之一。他在西域时就声名日隆，所谓"道震西域，名被东国"，每年举行讲经说法，西域诸王都云集闻法。前秦建元十八年（382），吕光受前秦王苻坚之命前往迎鸠摩罗什，后因吕光建后凉，鸠摩罗什羁留在凉州 16 年。后秦弘始三年（401），鸠摩罗什到达长安，主持佛经翻译，译出佛经 30 余部、近 300 卷，为佛经汉译和中国的佛教发展做出重大贡献。

吕光（338—399），前秦骁骑将军，受前秦王苻坚派遣带兵远征西域，鄯善王和车师王充当向导并率部参战，焉耆不战而降，龟兹国都被攻陷后，原属小国及远方诸国纷纷表示臣服。这是自汉朝以来，中原王朝在西域最大的一次军事行动。前秦王苻坚被杀后，吕光占据凉州，自立为帝，国号凉，史称"后凉"。

法勇（Dharmavikrama，生卒年不详），又称"昙无竭法师"，南朝宋僧人，受法显事迹鼓舞，于宋永初元年（420）"发迹北土，远适西方"。法勇招集僧猛、昙朗等 25 人，从陆路至中天竺，由南天竺搭乘商船返回广州。他们一行旅途十分艰险，同行 25 人，回国时仅剩 5 人。

菩提达摩（Bodhidharma，? —536），南北朝禅僧，南天竺人，属婆罗门种姓，通彻大乘佛法，为修习禅定者所推崇。北魏时在洛阳、嵩山等地传授禅教。民间常称其为"达摩祖师"，即禅宗的创始人。

真谛（Paramartha，499—569），西天竺优禅尼国人，梵名拘罗那陀或波罗末陀，著名佛教大师，中国古代"四大译经家"之一。南朝梁太清二年（548），真谛从海路乘船到建康，从事佛经汉译事业，为佛经汉译做出重大贡献。

智猛（？—453），西行求法僧人，雍州新丰人，后秦姚兴弘始六年（404）开始西行，在天竺停留，加上往返时间长达20多年。

董琬（生卒年不详），北魏散骑侍郎，太延三年（437）与高明等出使西域，"招抚九国"，北行至乌孙国，又到破洛那国。董琬回国时随同而来的有包括乌孙、破洛那、者舌等在内的西域16国的使节。他对当时西域的地理和交通等方面的情况给出详细的出使考察报告，收录在《北史·西域列传》。

高明（生卒年不详），北魏使臣，太延三年（437）与董琬等出使西域，北行至乌孙国，又到者舌国。

惠生（生卒年不详），北魏僧人，明帝神龟元年（518）被胡太后派遣出使西域，求取佛经。惠生与宋云同行至北印度诸国，得大乘佛经170部。撰《惠生行传》。

宋云（生卒年不详），敦煌人，原为侍应太后的僧官。北魏明帝神龟元年（518年），受胡太后之命与崇立寺沙门惠生、法力等出访天竺。正光三年（522），携大乘佛经170部返回洛阳。撰《魏国以西十一国事》。

苏祗婆（生卒年不详），龟兹乐人，北周时入华，将龟兹乐与七音输入北周乐舞中，推动了中国音乐史上最重要的变革。

白明达（生卒年不详），龟兹作曲家，隋代入华，在宫中从事创作音乐。他所创乐曲，至唐代尚有流传。

韦节（生卒年不详），隋朝使臣，隋大业元年（605）与杜行满等出使西域。两人抵达康国后分道，韦节经由史国、挹怛，抵达罽宾和王舍城；杜行满则往赴安国，并偕安国使者于大业五年（609）归朝。与韦、杜二人一起出发的李昱则先随杜行满抵达安国，复自安国往赴波斯。韦节撰《西蕃记》。

裴矩（约547—627），隋炀帝时驻于张掖，并往来于武威、张掖间，主持与西域的联系及商业交通事宜，使张掖成为当时中西贸易中心，"西域诸蕃款张掖塞与中国互市"，兴盛时有40多个西域国家的商人集中在这里经商。自此，丝绸之路畅通无阻，中原与西域的交往得以恢复和发展。撰《西域图记》。

常骏（生卒年不详），隋屯田主事，大业三年（607）与虞部主事王君政等人从"南海郡乘舟"，出使赤土国。撰《赤土国记》。

裴神符（生卒年不详），又名裴洛儿，疏勒音乐家，唐初担任宫廷乐师。他以《火凤》为代表的3首名曲，是唐代中原音乐"西"化的标志。

曹善才（生卒年不详），中亚昭武九姓中曹国人，琵琶艺人，唐代教坊乐师，任梨园供奉。

曹刚（生卒年不详），曹善才之子，唐代著名琵琶艺人。

尉迟乙僧（生卒年不详），于阗人，贞观六年（632）来到长安，一生从事绘画70余年。他既保持了于阗绘画艺术的特点，又吸收了中原绘画的艺术风格，使唐代绘画艺术更具鲜明的唐风特色，美术史上称之为"于阗画派"，对中国美术发展有很大影响。

玄奘（600—664），唐代高僧，世称"三藏法师"，汉传佛教史上伟大的译经师之一，法相唯识宗创始人。贞观三年（629），玄奘西行求法，经西域地区到达印度，游历各地，巡礼佛教胜迹，广泛学习大小乘佛教。他西行游学于印度17年，跋涉5万余里，周游参学100余国。他带回如来舍利150多粒，金檀佛像7躯，梵本经论657部。他先后译出的经论典籍共有74部、1335卷，占整个唐代译经总量的一半以上，在佛教东传的过程中，做出了重大的贡献，是中国佛教史上功垂千古的伟大人物。著有《大唐西域记》。

　　王玄策（生卒年不详），唐代著名外交家，曾 3（或 4）次出使印度。贞观十七年（643），以副使身份随正使朝散大夫卫尉寺垂上护军李义表，经泥婆罗国，出使印度。贞观二十一年（647），为正使再次出使印度，生俘了叛臣阿罗那顺，平息了内乱，使中天竺继续与唐朝保持友好关系。玄策几度出使印度，带回了重要的佛教文物，传播了印度风土、地理、政治、技术文化等方面的情况，对中印文化的交流做出了贡献。著有《中天竺国行记》10卷、图 3 卷。

　　卑路斯（Pirooz，生卒年不详），波斯萨珊王朝王子。大食灭波斯，卑路斯避居波斯东境，在吐火罗的支持下建立了流亡政权。唐龙朔元年（661），卑路斯派使者到唐朝求援，唐朝无意在葱岭以西与大食直接对抗，婉拒了出兵的要求。但唐高宗派王名远到西域，在吐火罗道设置羁縻都督府州，以卑路斯所在的疾陵城设置波斯都督府，任命卑路斯为都督。由于大食频繁东侵，卑路斯在西域无法立足，于咸亨年间（670—674）到唐朝，高宗封他为右威卫将军，最后客死长安。其子泥涅师（Narses）随父来唐，在卑路斯去世后，承袭"波斯王"。

　　义净（635—713），唐代高僧，经由广州取道海路，经室利佛逝至印度，在那烂陀寺勤学 11 年，后又至苏门答腊游学 7 年，历30 余国。返国时，携梵本经论约 400 部、舍利 300 粒至洛阳。义净在长安、洛阳主持译事，为中国佛教著名翻译家之一。

　　达奚弘通（生卒年不详），唐州刺史，唐高宗上元年间（674—676）奉使泛海西行，从赤土出海，横渡印度洋，途经36国，抵达今阿拉伯半岛南部。著《海南诸蕃行记》（一作《西南海诸蕃行记》）1 卷。

　　瞿昙悉达（Gautama Siddha，？—约 724），唐代印度裔天

文学家，曾于唐开元年间任司天监太史令。瞿昙家族前后四代供职唐代天文机构，其中瞿昙悉达的工作较为突出。他翻译编纂了《九执历》，还编辑了《开元占经》120卷。

善无畏（637—735），又称"无畏三藏"，中印摩揭陀国人，开元四年（716）到达长安，被礼为国师，密宗创始人，与金刚智、不空并称"开元三大士"。

金刚智（669—741），南天竺人，开元七年（719）乘船到达广东。次年初，金刚智到洛阳，又到长安，居慈恩寺，后移至大荐福寺，弘传密法。是"开元三大士"之一，密宗创始人。

不空（705—774），北天竺人，金刚智弟子，随师来到中国。他广学梵汉经论和密传，深得密教奥旨；又因其通晓梵汉，故常遵师命共同传译佛典。开元二十九年（741），玄宗帝诏许其师徒回天竺和师子国寻访密教经典。但金刚智患病不起，不久圆寂。不空三藏尊师遗命，前往天竺，取道广州，泛海经爪哇、锡兰，到达五天竺，遍寻密藏和各种经论。天宝五年（746），他携带多部密藏经典回到长安，先后住鸿胪、净影、兴善诸寺，也时常被请到宫中内道场作法，受到玄宗、肃宗、代宗三朝帝王的崇敬，是"开元三大士"之一，也被誉为"四大译经家"之一。

鉴真（687—763），唐代律宗僧人。天宝元年（742），受日僧礼请，鉴真开始了历时12年的东渡壮举。前5次都失败了，鉴真也在其间突发眼疾，双目失明。但他东渡弘法之志弥坚，终于在天宝十年（753）到达了日本。鉴真东渡促进了日本佛教的发展，也在中日文化交流史上写下了光辉的一页。

慧超（生卒年不详），新罗僧人，唐开元年间西行求法，著《往五天竺国传》3卷。

杜环（生卒年不详），唐代旅行家，天宝十载（751）随高仙芝西征，怛罗斯战役时被大食军队俘虏，在大食境内漂流 10 年之久，先后到过中亚、西亚乃至北非各地。宝应元年（762），杜环附海舶返回唐朝，根据他在大食境内流寓的经历及见闻写了《经行记》。

杨良瑶（736—806），唐朝宦官，贞元元年（785）率使团经海路出使黑衣大食。

贾耽（730—805），唐朝政治家和地理学家，撰有《皇华四达记》等著作，详细记载了当时的海外交通。

悟空（730—? ），又名法界，京兆云阳人，唐代最后一位有影响的西域求法高僧。唐天宝十载（751）随使西行，后留居犍陀罗国，出家为僧。贞元五年（789），悟空回到洛阳，将从西域带回的佛牙舍利与汉文译经呈献给朝廷，口述《悟空入竺记》。

苏莱曼（Sulaymān，生卒年不详），阿拉伯旅行家，曾在中国、印度等地经商，回国后述其东游见闻。佚名的《中国印度见闻录》中记载了他的行程和经历，这部书是目前所知最早的阿拉伯人的中国游记。

耶律大石（1087—1143），西辽政权的创立者，辽太祖耶律阿保机的第八代孙。辽保大四年（1124），耶律大石脱离辽廷，率 200 骑西北行至可敦城，自立为王，决心另谋建立根据地。他向西发展，扩大领域，至叶密里，征服了当地突厥诸部落，于 1132 年在叶密立称帝。在其后的 10 年中，耶律大石利用有利的国际环境，东征西讨，先后归并了高昌回鹘王国、东哈剌汗国、西哈剌汗国和花剌子模国，以及康里部，建成一个疆域辽阔的帝国，史称“西辽”。

周去非（1135—1189），南宋广南西路桂林通判，著有《岭外代答》。

赵汝适（1170—1231），南宋福建路市舶司兼泉州市舶使，著有《诸蕃志》。

丘处机（1148—1227），字通密，自号长春子，山东登州栖霞县人，全真教龙门派的创始人。兴定四年（1220），他应成吉思汗之邀，行程万余里，于1221年抵达阿富汗境内兴都库什山西北坡的八鲁湾，谒见成吉思汗。

李志常（1193—1256），字浩然，号真常子，道号通玄大师，丘处机弟子，随师西行，编纂《长春真人西游记》。

耶律楚材（1190—1244），字晋卿，号湛然居士，金元之际契丹人。成吉思汗十三年（1218），耶律楚材奉命北出居庸关，赶赴漠北大营晋见成吉思汗，随成吉思汗西征。著《西游录》《湛然居士文集》《庚午元历》。

周达观（约1266—1346），元代人，元贞二年（1296）出使真腊。撰《真腊风土记》。

汪大渊（约1311—？），元代旅行家，于1230年到1239年，先后两次随商船出海，航迹遍及东亚、东南亚、南亚、西亚、印度洋与地中海，并把出海见闻写成《岛夷志略》。

柏朗嘉宾（Plano Carpini，1182—1252），意大利人，方济各会的创始人之一，1245年奉教皇派遣出使蒙古。著《蒙古史》，又称《柏朗嘉宾蒙古行纪》。

鲁布鲁克（William of Rubruk，约1215—1270），法国人，方济各会修士，1253年受法国国王路易四世派遣出使蒙古。著《鲁布鲁克东行纪》。

孟高维诺（John de monte Corvino，1247—1328），意大利人，方济各会修士，1289年受教皇尼古拉四世派遣出使蒙古，1294年抵达大都，在中国从事传教活动。

马可·波罗（Marco Polo，1254—1324），威尼斯商人，"中世纪四大旅行家"之一，17 岁时随父亲和叔父从威尼斯出发，经陆上丝绸之路，于元至元十二年（1275）来到中国，受到忽必烈的任用。马可·波罗在中国游历和生活了 17 年，他的《马可·波罗游记》向欧洲人展示了伟大的中华文明，在欧洲产生了重大影响。

马黎诺里（Giovanni Marignolli，生卒年不详），意大利佛罗伦萨人，圣方济各会士，由教皇派出的最后一位出使中国的使节。著《马黎诺里游记》（*Der Reisebericht des Johannes Marignolla*）。

鄂多立克（Odoric de Pordenone，1265—1331），意大利人，圣方济各会修士，"中世纪四大旅行家"之一，著有《鄂多立克东游录》。

伊本·白图泰（Ibn Battūta，1304—1377），摩洛哥阿拉伯人，"中世纪四大旅行家"之一，著有游记《异域奇闻揽胜》。

札马鲁丁（Jamāl al-Dīn，生卒年不详），波斯人，1249—1252年间应召东来，效力于蒙哥帐下，后来转而为忽必烈服务。忽必烈派他回伊尔汗国去马拉盖天文台参观学习。至元四年（1267），带着马拉盖天文台的新成果回到忽必烈宫廷，进献西域天文仪器 7件，根据伊斯兰历法，撰《万年历》。

郑和（约 1371—1433），世称"三保太监"（又作"三宝太监"），明朝航海家、外交家。郑和曾率领庞大的舰队七下西洋，到达亚非 30 多个国家和地区，在世界航海史上谱写了光辉的一页，是 15 世纪初叶世界航海史上的空前壮举。"郑和下西洋"对于扩大明王朝的国际声威，传播先进的中华文明，加强中国与海外诸国之间的相互了解与交流，起到了巨大的推进作用。

马欢（约 1380—1460），字宗道，号会稽山樵，浙江会稽（今绍兴）人。他通晓阿拉伯语，任通事（翻译官），曾随郑和于永乐十一年（1413）、永乐十九年（1421）和宣德五年（1430）三次下西洋。著《瀛涯胜览》。

　　费信（约 1388—? ），字公晓，吴郡昆山（今江苏昆山）人，先后参加了郑和第三次（1409）、第四次（1413）、第五次（1416）、第七次（1430）下西洋。著《星槎胜览》。

　　巩珍（生卒年不详），号养素生，应天（今南京）人，宣德五年（1430）郑和最后一次下西洋，他为总制之幕（相当于秘书）随行。著《西洋番国志》1 卷。

　　亨利王子（Henry the Navigator，1394—1460），葡萄牙航海家，葡萄牙海上探险的发动者和组织者。

　　迪亚士（Bartolomeu Dias，约 1450—1500），葡萄牙航海家，1486 年至 1488 年，率领探险队航达好望角。

　　哥伦布（Christopher Columbus，1451—1506），意大利航海家，1492 年，率领西班牙船队横渡大西洋，到达中美洲。

　　达·伽马（Vasco da Gama，1460—1524），葡萄牙航海家，1497 年至 1499 年，率领远征队从里斯本出发，绕过非洲南端，抵达卡利卡特，首次打通了东印度航路。

　　麦哲伦（Fernando de Magallanes，1480—1521），葡萄牙航海家，1519 年至 1521 年，率领西班牙船队进行了人类历史上第一次环球航行。

　　利玛窦（Matteo Ricci，1552—1610），意大利耶稣会传教士，明清之际最早来华的天主教传教士，开辟了天主教在中国的传教事业，为中西文化交流做出重要贡献，著有《利玛窦中国札记》。

　　汤若望（Jeam Adam Schall von Bell，1591—1666），德国传教士，是继利玛窦来华之后极为重要的耶稣会士之一。汤若望在华 40 余年，经历了明、清两个朝代，为中西文化交流做出了重要贡献。

南怀仁（Ferdinand Verbiest，1623—1688），比利时耶稣会传教士，康熙时任钦天监监副，是继利玛窦和汤若望之后又一位具有重要影响的人物。

李希霍芬（Ferdinand von Richthofen，1833—1905），德国地理学家和地质学家，从1868年到1872年，先后对中国进行了7次考察，最先提出"丝绸之路"的名称。

斯文·赫定（Sven Hedin，1865—1952），瑞典探险家，师从李希霍芬，1890年至1930年间，8次到中国西部地区探险考察，其间发现了楼兰遗址。

五、参考文献

1. ［澳大利亚］安东尼·瑞德著，孙来臣等译：《东南亚的贸易时代：1450—1680年》（2卷），商务印书馆2010年版。

2. ［法］安田朴著，耿昇译：《中国文化西传欧洲史》，商务印书馆2000年版。

3. 白寿彝：《中国交通史》，团结出版社2007年版。

4. ［法］布尔努瓦著，耿昇译：《丝绸之路》，山东画报出版社2001年版。

5. 蔡鸿生：《中外交流史事考述》，大象出版社2007年版。

6. 常任侠：《海上丝路与文化交流》，海洋出版社1985年版。

7. 常任侠：《丝绸之路与西域文化艺术》，上海文艺出版社1981年版。

8. 陈高华等：《海上丝绸之路》，海洋出版社1991年版。

9. 陈国栋：《东亚海域一千年：历史上的海洋中国与对外贸易》，山东画报出版社2006年版。

10. 陈伟明、王元林：《古代中外交通史略》，中国华侨出版社2002年版。

11. 陈炎：《海上丝绸之路与中外文化交流》，北京大学出版社2002年版。

12. ［美］邓恩著，余三乐、石蓉译：《从利玛窦到汤若望——晚明的耶稣会传教士》，上海古籍出版社2003年版。

13. ［美］狄宇宙著，贺严、高书文译：《古代中国与其强邻：东亚历史上游牧力量的兴起》，中国社会科学出版社2010年版。

14. ［法］F.B.于格、E.于格著，耿昇译：《海市蜃楼中的帝国：丝绸之路上的人、神与神话》，喀什维吾尔文出版社2004年版。

15. 方豪：《中西交通史》（2卷），上海人民出版社2008年版。

16. ［英］菲利普·D.柯丁著，鲍晨译：《世界历史上的跨文化贸易》，山东画报出版社2009年版。

17. 冯承钧：《中国南洋交通史》，商务印书馆1937年版。

18. ［美］弗雷德里克·J.梯加特著，丘进译：《罗马与中国——历史事件的关系研究》，大象出版社2009年版。

19. 黄纯艳：《宋代海外贸易》，社会科学文献出版社2003年版。

20. 黄启臣主编：《广东海上丝绸之路史》，广东经济出版社2003年版。

21. 纪宗安：《9世纪前的中亚北部与中西交通》，中华书局2008年版。

22. 李冀平、朱学群、王连茂主编：《泉州文化与海上丝绸之路》，社会科学文献出版社2007年版。

23. 李金明：《明代海外贸易史》，中国社会科学出版社1990年版。

24. 李康华等：《中国对外贸易史简论》，对外贸易出版社1981年版。

25. 李英魁主编：《宁波与海上丝绸之路》，科学出版社2006年版。

26. 联合国教科文组织、中国社会科学院考古研究所编：《十世纪前的丝绸之路和东西文化交流》，新世界出版社1996年版。

27. 林梅村：《丝绸之路考古十五讲》，北京大学出版社2006年版。

28. 林英：《金钱之旅——从君士坦丁堡到长安》，人民美术出版社

2004年版。

29. 刘凤鸣：《山东半岛与东方海上丝绸之路》，人民出版社2007年版。

30. 刘迎胜：《丝绸之路》，江苏人民出版社2014年版。

31. 刘迎胜：《丝路文化·草原卷》，浙江人民出版社1995年版。

32. 马建春：《大食·西域与古代中国》，上海古籍出版社2008年版。

33. ［法］阿里·玛扎海里著，耿昇译：《丝绸之路——中国波斯文化交流史》，中华书局1993年版。

34. 墨川：《南宋大航海时代》，经济管理出版社2008年版。

35. 潘吉星：《中国古代四大发明——源流、外传及其世界影响》，中国科技大学出版社2002年版。

36. ［法］让—诺埃尔·罗伯特著，马军、宋敏生译：《从罗马到中国——恺撒大帝时代的丝绸之路》，广西师范大学出版社2005年版。

37. 荣新江、张志清主编：《从撒马尔罕到长安——粟特人在中国的文化遗迹》，北京图书馆出版社2004年版。

38. 荣新江：《从张骞到马可·波罗：丝绸之路十八讲》，江西人民出版社2022年版。

39. 荣新江：《中古中国与外来文明》，生活·读书·新知三联书店2001年版。

40. 沈福伟：《中西文化交流史》（第2版），上海人民出版社2006年版。

41. 石云涛：《三至六世纪丝绸之路的变迁》，文化艺术出版社2007年版。

42. 石云涛：《早期中西交通与交流史稿》，学苑出版社2003年版。

43. 宿白：《考古发现与中西文化交流》，文物出版社2012年版。

44. 孙昌武：《中国佛教文化史》（5卷），中华书局2010年版。

45. 孙光圻：《中国古代航海史》，海洋出版社1989年版。

46. 王绵厚、朴文英：《中国东北与东北亚古代交通史》，辽宁人民出版社2016年版。

47. 王天有、徐凯、万明编：《郑和远航与世界文明——纪念郑和下西洋600周年论文集》，北京大学出版社2005年版。

48. 王子今：《秦汉交通史稿》（增订版），中国人民大学出版社2013年版。

49. 王子今：《秦汉交通史新识》，中国社会科学出版社2015年版。

50. ［英］吴芳思著，赵学工译：《丝绸之路2000年》，山东画报出版社2008年版。

51. 伍加伦、江玉祥主编：《古代西南丝绸之路研究》，四川大学出版社1990年版。

52. 武斌：《丝绸之路全史》（2卷），辽宁教育出版社2018年版。

53. 武斌：《丝绸之路文明史》（3卷），山东人民出版社2023年版。

54. 向达：《唐代长安与西域文明》，河北教育出版社2001年版。

55. ［美］谢弗著，吴玉贵译：《唐代的外来文明》，中国社会科学出版社1995年版。

56. 杨怀中主编：《郑和与文明对话》，宁夏人民出版社2006年版。

57. ［苏联］约·彼·马吉多维奇著，屈瑞、云海译：《世界探险史》，世界知识出版社1988年版。

58. 张国刚：《胡天汉月映西洋——丝路沧桑三千年》，生活·读书·新知三联书店2019年版。

59. 张国刚：《中西文化关系通史》（2卷），北京大学出版社2019年版。

60. 张锦鹏：《南宋交通史》，上海古籍出版社2008年版。

61. 张静芬：《中国古代造船与航海》，天津教育出版社1991年版。

62. 张庆捷、李书吉、李钢主编：《4—6世纪的北中国与欧亚大陆》，科学出版社2006年版。

63. 张维华：《明清之际中西关系简史》，齐鲁书社1987年版。

64. ［日］长泽和俊著，钟美珠译：《丝绸之路史研究》，天津古籍出版社1990年版。

65. 赵丰主编：《中国丝绸通史》，苏州大学出版社2005年版。

66. 周一良主编：《中外文化交流史》，河南人民出版社1987年版。

图书在版编目（CIP）数据

丝绸之路简史 / 武斌著. -- 北京：外文出版社，
2024.1
　（学术中国）
　ISBN 978-7-119-13912-8

　Ⅰ.①丝… Ⅱ.①武… Ⅲ.①丝绸之路－历史 Ⅳ.
①K928.6

中国国家版本馆CIP数据核字(2023)第250483号

出版指导：胡开敏
出版统筹：文　芳
责任编辑：熊冰頔　刘婷婷
特约审稿：陈　燕
装帧设计：一瓢文化・邱特聪
印刷监制：章云天

丝绸之路简史

武　斌　著

© 2024外文出版社有限责任公司
出 版 人：胡开敏
出版发行：外文出版社有限责任公司
地　　址：中国北京西城区百万庄大街 24 号　　　**邮政编码：**100037
网　　址：http://www.flp.com.cn　　　　　　　　**电子邮箱：**flp@cipg.org.cn
电　　话：008610–68320579（总编室）　　　　008610–68996144（编辑部）
　　　　　　008610–68995852（发行部）　　　　008610–68996183（投稿电话）
制　　版：北京维诺传媒文化有限公司
印　　刷：北京中科印刷有限公司
经　　销：新华书店 / 外文书店
开　　本：700mm×1000mm　　1/16　　　　**印　张：**24　**字　数：**250 千字
版　　次：2024 年 1 月第 1 版第 1 次印刷
书　　号：ISBN 978–7–119–13912–8
定　　价：98.00 元